高等院校“十三五”**电子商务系列**规划教材

全彩 微课版

网店美工

第2版

视觉设计实战教程

王莎 夏收 ◎ 主编

赵晓红 倪莉莉 马若男 ◎ 副主编

人民邮电出版社

北京

图书在版编目（C I P）数据

网店美工视觉设计实战教程 ：全彩微课版 / 王莎，
夏收主编. -- 2版. -- 北京 : 人民邮电出版社，2020.8（2021.1 重印）
高等院校“十三五”电子商务系列规划教材
ISBN 978-7-115-53373-9

Ⅰ. ①网… Ⅱ. ①王… ②夏… Ⅲ. ①网店－设计－
高等学校－教材 Ⅳ. ①F713.361.2

中国版本图书馆CIP数据核字(2020)第021244号

内 容 提 要

本书从网店美工的角度出发，不仅结合大量精美案例讲解了网店页面的视觉设计内容，也为网店卖家装修网店页面提供了指导。本书共 10 章，涵盖网店美工必备的各项知识与技能，主要包括网店美工基础知识、图片调色、图片修饰、店铺首页核心模块设计、详情页视觉设计、店铺装修、视觉营销推广图的制作，以及无线终端店铺首页、详情页的视觉设计与装修，最后还讲解了无线终端 H5 设计。本书结构清晰、图文并茂，可有效地引导读者对网店页面进行视觉设计与装修，并提高读者的职业技能和职业素养。

本书可作为高等院校电子商务专业相关课程的教材，也可作为有志于或正在从事网店美工相关职业的人员的参考书。

◆ 主　　编　王　莎　夏　收
副 主 编　赵晓红　倪莉莉　马若男
责任编辑　孙燕燕
责任印制　周昇亮

◆ 人民邮电出版社出版发行　　北京市丰台区成寿寺路 11 号
邮编　100164　　电子邮件　315@ptpress.com.cn
网址　https://www.ptpress.com.cn
天津画中画印刷有限公司印刷

◆ 开本：700×1000　1/16
印张：13.75　　2020 年 8 月第 2 版
字数：309 千字　　2021 年 1 月天津第 3 次印刷

定价：59.80 元

读者服务热线：(010)81055256　印装质量热线：(010)81055316
反盗版热线：(010)81055315
广告经营许可证：京东市监广登字 20170147 号

一、本书编写目的

随着电子商务的迅速发展，网上购物日益火爆，各类网店如雨后春笋般涌现。卖家要想在众多网店中脱颖而出，吸引消费者浏览并刺激消费者产生购买行为，网店的页面设计就显得至关重要。为了帮助读者掌握网店美工视觉设计的基本技能，编者在第1版的基础上对内容、案例、实战演练、习题等进行了优化，其主要表现如下。

（一）内容优化

电子商务的快速发展使网店的营销与推广方式不断增多，尤其是目前在各大平台刷屏的H5，它比普通的图文更有趣。基于此，我们对内容进行了优化，增加了无线终端H5设计的内容，以帮助读者更好地进行视觉设计，从而吸引消费者进行消费。

（二）案例、实战演练、习题等优化

除了对内容进行了优化外，我们对案例、实战演练、习题等也做了优化，以帮助读者快速理解与掌握对网店页面进行视觉设计的技巧和方法。

二、本书主要内容

本书主要内容包括网店美工基础、网店图片处理、店铺装修、无线终端应用4篇，共计10章内容。各篇的具体内容分别如下。

第1篇（网店美工基础）：包含第1章的内容，主要介绍网店美工的工作范畴、网店美工的技能要求、网店美工必备的视觉营销知识等。通过学习本篇内容，读者可明确网店美工的职责、了解视觉营销设计的相关知识等，从而为后面进行店铺元素设计、首页设计与详情页设计打下基础。

第2篇（网店图片处理）：包含第2章和第3章的内容，主要介绍图片的调色和修饰方法等。具体内容包括处理曝光不足或曝光过度的图片、图片调色、修饰图片、丰富图片内容、添加图片特效等。通过学习本篇内容，读者能够调整图片的色彩，以及使用形状、文本等元素装饰与说明图片。

第3篇（店铺装修）：包含第4章~第7章的内容，主要介绍店铺首页核心模块设计和详情页视觉设计，以及店铺装修、视觉营销推广图的制作等。通过学习本篇内容，读者可以在了解店铺相关页面的包含要素、设计要点等知识的基础上，快速学会网上店铺的装修方法。

第4篇（无线终端应用）：包含第8章~第10章的内容，主要介绍无线终端店铺首页设计基础、无线终端店铺首页关键模块的视觉设计、无线终端店铺首页装修、无线终端详情页的设计与装修，以及H5的基础知识与H5的制作等。通过学习本篇内容，读者不仅可以快速完成无线终端店铺的设计与装修，还能掌握H5的基础知识与H5的制作方法。

三、本书主要特点

（一）内容丰富，结构合理

本书从网店美工岗位的认知入手，一步步地介绍网店美工所涉及的知识，由浅入深，层层深入。同时，本书内容基本按照“设计知识+Photoshop操作知识”的结构进行编写，理论联系实际，便于读者快速掌握网店美工的工作技能。

（二）案例丰富，实践性强

本书结合网店美工岗位的实际需求进行设计，知识讲解与实例同步进行，案例丰富、实用；每章后还设计了“实战演练”模块和“课后练习”模块，以加强读者对知识的理解与运用能力。

（三）资源齐备，方便学习

本书采用二维码形式嵌入微课视频，读者通过扫描二维码可随时随地学习，以提高学习效率。

本书不仅提供配套的视频教学资料（二维码），而且提供素材和效果文件、PPT课件、教学大纲、网店设计常用素材、网店装修精美案例、网店装修代码等教学资源，用书教师可登录人邮教育社区（www.ryjiaoyu.com）进行下载。

本书由王莎、夏收担任主编，由赵晓红、倪莉莉、马若男担任副主编。具体分工为：湖南涉外经济学院王莎编写了第1章、第3章和第4章，咸宁职业技术学院夏收编写了第2章、第6章和第9章，衡水职业技术学院赵晓红编写了第7章及部分第8章内容，铜陵职业技术学院倪莉莉编写了第5章及部分第8章内容，长春科技学院马若男编写了第10章。王莎进行最后的统稿工作。由于编者水平有限，书中难免存在不足之处，欢迎广大读者批评指正。

编者

2020年1月

第 1 篇 网店美工基础

第 2 篇 网店图片处理

第3篇 店铺装修

第 4 篇 无线终端应用

第1篇　网店美工基础

第1章　网店美工基础知识

一个好的网店必然会有一个美观的网上店铺展示，而网店美工的作用就在于从视觉角度上快速提升网上店铺的形象，传达商品信息，树立品牌形象，并吸引更多消费者进店浏览。一名优秀的网店美工，除了需要了解网店美工的工作范畴，以及具有网店美工必备的技能外，还需要掌握网店美工的一些基础知识。本章将从网店美工必备的视觉营销知识，以及网店美工常用的图片制作与处理软件——Photoshop CS6的使用两个方面讲解网店美工需要掌握的基础知识与技能。

学习目标：

* 学习色彩搭配技巧
* 熟悉图形元素的应用方法
* 熟悉文字的应用方法

技能目标：

* 熟悉Photoshop CS6的基本操作
* 掌握Photoshop CS6抠图的方法

1.1 网店美工概述

可能很多读者都是第一次接触网店美工岗位，对此岗位并不熟悉。因此本小节从基础知识出发，介绍网店美工的工作范畴、网店美工的技能要求，为后面学习网店美工设计奠定基础。

1.1.1 网店美工的工作范畴

网店美工的工作范畴比较广泛，主要负责图片的美化、店铺的装修、页面的设计，以及运营推广等工作，下面将进行具体介绍。

1. 图片的美化

图片是店铺商品的展现形式，拍摄的商品图片可能会因为各种问题不能直接上架，网店美工需要负责对每款商品的图片进行设计和美化，让商品图片的展现效果更加吸引消费者的注意力，具体包括商品的拍摄及商品图片的校色、美化，以及丰富图片内容等。图1-1所示为对商品图片进行调色、添加图形以及文本修饰前后的对比效果。

图1-1　图片美化前后的对比效果

2. 店铺的装修

店铺装修是网店美工的必备技能之一。店铺包括快速导航、促销、描述、宝贝分类、商品展示等模块，网店美工通过对店铺的模块进行编辑，能够快速完成对店铺店招、导航条、轮播海报等模块的装修。图1-2所示为店铺的部分基础模块和店铺首页的部分装修效果。

图1-2　店铺的部分基础模块和店铺首页的部分装修效果

3. 页面的设计

页面的设计包括页面布局和页面的色彩搭配，此项工作要求网店美工具有良好的审美观与扎实的美术功底，能独立完成店铺首页、商品详情页、活动页的设计。网店美工通过各个页面的设计打造独特的店铺特色，进而促使消费者选购商品，增加店铺销量。图1-3所示为某女装店铺的首页和某护肤品店铺的“双11”活动专页，从店铺配色、字体等元素上可知该店铺的风格与商品特色。

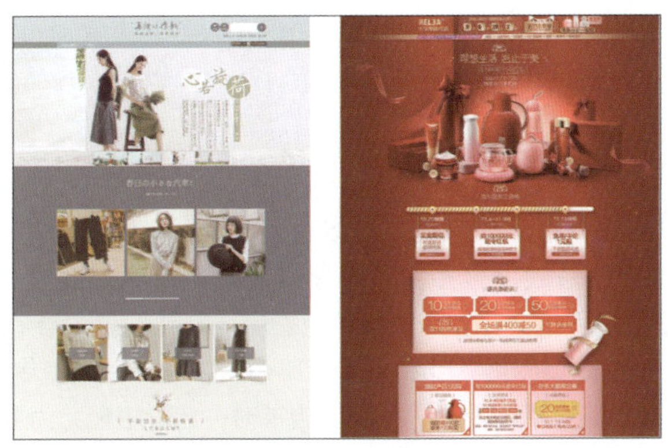

图1–3　某女装店铺的首页和某护肤品店铺的“双11”活动专页

4. 运营推广

网店美工要挖掘消费者的浏览习惯和点击需求，从消费者的角度来优化店铺，提高店铺的实用性，并根据商品的上架情况和促销信息制作促销广告位，设计主图、直通车图、海报等。图1-4所示为“华为官方旗舰店”店铺的活动海报。

图1–4　“华为官方旗舰店”店铺的活动海报

1.1.2　网店美工的技能要求

一名合格的网店美工，除了要能够熟练使用Photoshop、Flash、Fireworks、Dreamweaver等常用的设计与制作软件外，还需要具备较强的美术功底和审美能力以及丰富的想象力、创造力，并且还要熟悉简单的代码操作，具有良好的文字功底，能够写出突出商品亮点的广告文案。一个能突出商品亮点的广告文案不仅能打动消费者，还能展示商品的优越性。因此，优秀的网店美工不仅需要有强大的专业技能，更要懂得如何将良好的营销思维运用到页面设计中，并且还需要有良好的沟通理解能力和团队合作意识。

1.2 网店美工必备的视觉营销知识

在实体店中消费者可以用五官去感知商品的质量，而在网店中消费者就只能通过色彩、图片、文字、视频等进行查看，以了解商品，因此网店的视觉设计将直接影响商品的销量。本节将介绍一些网店美工必备的视觉营销知识，以帮助大家通过色彩搭配、图形、文字等进行网店的视觉营销，最终提高店铺的流量、转化率以及提升品牌形象。

1.2.1 色彩搭配

色彩是一种视觉冲击力很强的元素，可以给消费者留下深刻的第一印象，因此色彩搭配是做好店铺视觉营销的基础。很多商家在装修店铺的时候，并没有考虑色彩搭配的问题，只是随意地堆砌色块，这会让整个页面的色彩变得杂乱无章，给消费者造成视觉疲劳；而好的色彩搭配不仅能够让页面更具亲和力和感染力，快速抓住消费者的视线，而且还能提高店铺的浏览量与商品的购买率。因此，在装修店铺时，色彩搭配尤为重要。

1. 色彩的属性与对比

色相、明度和纯度是色彩最基本的3要素。色相即各类色彩给人的视觉感受，如红、黄、绿、蓝等各种颜色；明度是眼睛对光源和物体表面明暗程度的感觉，该明暗程度取决于光线的强弱；纯度也称饱和度，是指眼睛对色彩鲜艳度与浑浊度的感受。在进行色彩搭配时，经常需要用到色彩的对比，下面我们将对常用的色彩对比进行介绍。

（1）明度对比：即利用色彩的明暗程度进行对比。恰当的明度对比可以使页面产生光感、明快感、清晰感。通常情况下，当明度对比较强时，对比度高，对应的清晰度也较高；而当明度对比较弱时，配色效果往往不佳，页面会显得柔和单薄、形象不够明朗。图1-5所示为不同明度的橙色的对比效果。

（2）纯度对比：即利用纯度的高低形成对比。纯度对比较弱的画面，其视觉效果也较差，适合长时间观看；纯度对比适中的画面，看上去和谐、丰富，可以突显画面的主次；纯度对比越强的画面，越鲜艳明朗、富有生机。图1-6所示为不同纯度的红色的对比效果。

（3）色相对比：即利用色相之间的差别形成对比。网店美工在进行色相对比时需要考虑其他色相与主色相之间的关系，如原色对比、间色对比、补色对比、邻近色对比，以及最后需要表现的效果。其中，原色对比一般指红色、黄色和蓝色的对比；间色对比是指两种原色调配而成的颜色对比，如红+黄=橙，红+蓝=紫；补色对比是指色相环中的一个颜色与180° 对角的颜色对比；邻近色对比是指色相环上的色相在15° 以内的颜色对比。

（4）冷暖色对比：从颜色给人带来的感官刺激进行考量，黄、橙、红等颜色能给人带来温暖、热情、奔放的感觉，属于暖色调；蓝、蓝绿、紫等颜色能给人带来凉爽、寒冷、低调的感觉，属于冷色调。图1-7所示为冷色调和暖色调的对比效果。

图1-5　不同明度的橙色的对比效果

图1-6　不同纯度的红色的对比效果

图1-7　冷色调和暖色调的对比效果

（5）色彩面积对比：各种色彩在画面中所占面积的大小不同，其所呈现的对比效果也就不同。图1-8所示为某女装店铺全屏海报色彩面积的对比效果，在大面积的红色背景中加入小面积的其他颜色，可以起到协调和平衡视觉、强调促销文字、突出视觉中心的作用。

图1-8　某女装店铺全屏海报色彩面积的对比效果

2. 主色、辅助色与点缀色

网店美工在搭配店铺色彩时不能随意搭配，需要遵循一定的比例与程序。网店装修配色的黄金比例为“70∶25∶5”，其中，主色占总版面的70%，辅助色占25%，而其他点缀色占5%。网店装修的配色程序为：首先根据店铺风格、类目选择占用大面积的主色，然后根据主色来选择搭配的辅助色与点缀色，用于突出页面的重点，平衡视觉效果。图1-9所示为主色、辅助色与点缀色的应用案例。

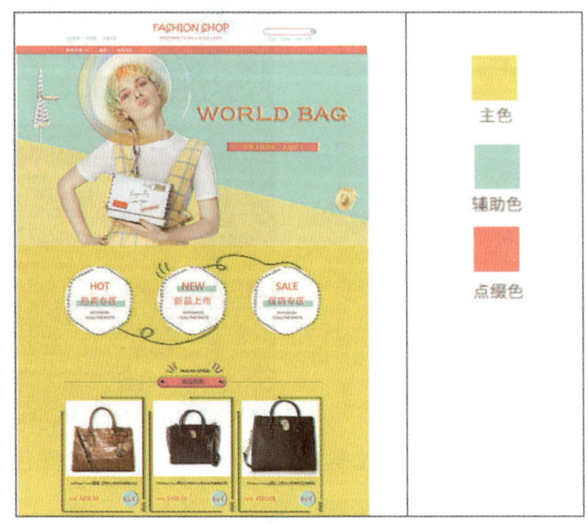

图1–9　主色、辅助色与点缀色的应用案例

在色彩搭配中，主色、辅助色与点缀色是3种具有不同功能的颜色，具体介绍如下。

（1）主色：主色是页面中占用面积最大、最吸引消费者的颜色，它决定了店铺的整体风格。但主色不宜过多，一般控制在1~3种，颜色过多容易让消费者产生视觉疲劳。主色不是随意选择的，网店美工需要系统地分析自己品牌的受众人群的心理特征，找到受众人群易于接受的色彩，如水果店铺适合选择绿色、黄色和橙色等比较清新的颜色作为主色。

（2）辅助色：辅助色在页面中的占用面积小于主色，用于烘托主色。合理应用辅助色能丰富页面的色彩，使页面更加完整、美观。

（3）点缀色：点缀色是指页面中面积小、色彩比较醒目的一种或多种颜色。合理应用点缀色，可以起到画龙点睛的作用，使页面主次更加分明、富有变化。

1.2.2　图形元素的应用

网店美工在设计页面时，经常会利用图形元素来进行装饰，这样既丰富了页面的视觉效果，又生动地表现了商品的信息，同时还打破了纯文字页面给人的呆板视觉效果。点、线、面是图形中最基本的三大要素，三者结合使用，能够使页面呈现良好的视觉效果。

1. 点

点是可见的最小的形式单元，具有凝聚视觉的作用，可以使画面布局显得合理舒适、灵动且富有冲击力。点的表现形式丰富多样，既包含圆点、方点、三角点等有规则的点，又包含锯齿点、雨点、泥点、墨点等不规则的点。如图1-10所示，左图为点的表现形式之一，右图点元素在文字周围的应用，这些点元素可以丰富画面，突出主题。

图1-10　点

2. 线

线在视觉形态中可以表现长度、宽度、位置、方向和性格，具有优美和简洁的特点，经常用于渲染画面，引导、串联或分割画面元素。线分为水平线、垂直线、曲线、斜线。不同线的形态所表达的情感不同，水平线和垂直线大气、明确、庄严；曲线柔和流畅、优雅灵动；斜线视觉冲击力强，可以展现活力四射的感觉。如图1-11所示，左图为斜线素材，右图为直线在文本串联方面的应用。

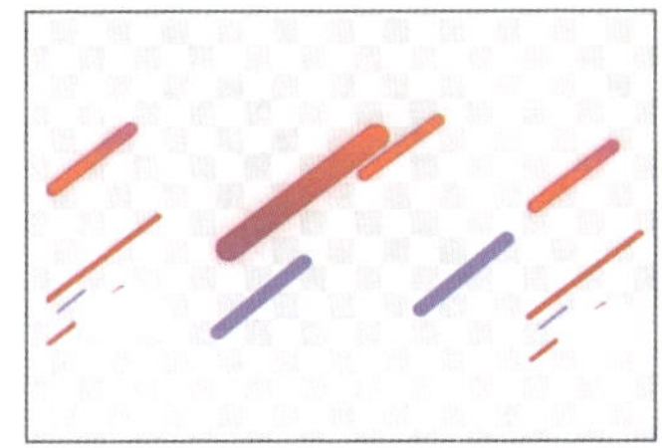

图1-11　线

3. 面

点的放大即为面，通过线的分割所产生的各种比例的空间也可以称为面。面有长度、宽度、方向、位置、摆放角度等特性。面具有组合信息、分割画面、平衡和丰富空间层次、烘托与深化主题的作用。网店美工利用面来设计、美化页面时需要注意，面与面之间要通过不同的排列来进行灵活对比。图1-12所示为面元素的使用案例，如使用云朵、圆形、矩形等来装饰画面。

图1-12　面

↘ 1.2.3　文字的应用

合理的色彩搭配可以使画面变得生动，而合理的文字搭配能够增强视觉传达效果，更直观地向消费者阐述商品的详细信息，引导消费者完成商品的浏览与购买。在设计网店图片时，根据不同的版面选择不同的文字，能让图片呈现的效果更加美观。网店美工首先要精练文字内容，以充分体现所要表达的主题，然后根据文字内容选择合适的字体。

1. 字体的性格特征

不同的字体具有不同的性格特征，网店美工在选择字体时需要根据商品的特征来选择对应的字体。下面我们将对淘宝网店常用的字体性格特征进行介绍。

（1）宋体：宋体是店铺页面中应用较广泛的字体，其笔画横细竖粗，起点与结束点有额外的装饰部分，其外形纤细优雅，体现了浓厚的文艺气息，适合用于标题设计。方正大标宋不仅具有宋体的秀美，还具备黑体的醒目性，因此经常被用于女性商品宣传图的设计。此外，书宋、大宋、中宋、仿宋、细仿宋等也属于常用的宋体。图1-13所示为宋体在家装海报中的应用。

图1-13 宋体

经验之谈：

在鲜花类、珠宝配饰类、女性用品、护肤品、化妆品等以女性消费者为主体的商品设计中，网店美工一般采用纤细秀美、时尚、线条流畅、有粗细变化的字体，如宋体、方正中倩简体、方正纤黑简体、张海山悦线简体、方正兰亭黑简体等。

（2）黑体：黑体笔画粗细一致，粗壮有力、突出醒目，具有强烈的视觉感，商业气息浓厚，常用于促销广告、导航条，或车、剃须刀、重金属、摇滚、竞技游戏、足球等目标群体为男性的商品宣传图的设计中。常见的黑体样式包括粗黑、大黑、中黑、雅黑等。图1-14所示为应用黑体后的页面效果。

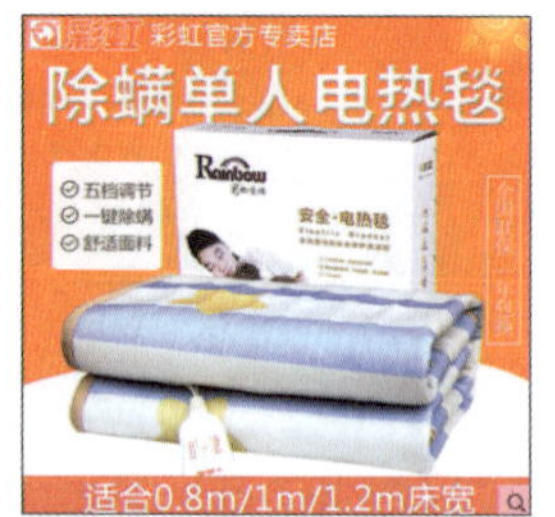

图1-14 黑体

（3）书法体：书法体包括楷体、叶根友毛笔行书、篆书体、隶书体、行书体和燕书体等。书法体具有古朴秀美、历史悠久的特征，常用于古玉、茶叶、笔墨、书籍等古典气息浓厚的店铺设计中，如图1-15所示。

图1–15　书法体

（4）美术体：网店美工在店铺设计中还经常使用美术体类字体，这类字体具有明显的艺术特征，如汉仪娃娃篆简、方正胖娃简体、方正少儿简体、滕祥孔淼卡通简体等字体具有活泼、可爱、肥圆、调皮等艺术特征，多用于零食、玩具、童装、点读机、卡通漫画等以儿童群体为主体的商品宣传图设计中。此外，美术体还指将文本的笔画涂抹变形，或用花瓣、树枝等拼凑成各种图形化的字体，其装饰作用强，主要用于海报的设计，可有效提升店铺的艺术品位，如图1-16所示。

图1–16　美术体

2. 文字的布局技巧

网店美工在确定页面中运用的字体后，还需要对文字进行布局，文字的布局在画面空间、结构、韵律上都是很重要的，可以让画面效果更好。下面我们将对网店视觉营销设计中常用的文字布局技巧进行介绍。

（1）字体的选用与变化：网店美工在排版网店广告文案时，选择2~3种匹配度高的字体能呈现最佳的视觉效果。字体过多会产生零乱而缺乏整体的感觉，容易分散消费者的注意力，使消费者产生视觉疲劳。在选择字体时，网店美工可考虑通过加粗、变细、拉长、压扁或调整行间距等操作来变化字体，使广告文案产生丰富多彩的视觉效果。

（2）文字的统一：网店美工在进行文字的编排时，需要把握文字的统一性，就是使文字的字体、粗细、大小和颜色在搭配组合上给消费者以关联感，这样文字组合才不会显得松散杂乱。

（3）文字的层次布局：在网店视觉营销设计中，文案的显示并非是简单的文字堆砌，而是有层次的。网店美工通常是按重要程度设置文本的显示级别，引导消费者浏览文案的顺序，此情况下首先展示的是该商品所强调的重点。在进行文字的编排时，网店美工可利用字体、粗细、大小与颜色的对比来设计文本的显示级别。图1-17首先通过红色大字号文字与标签突出“周年庆”的主题，然后配合绿色底纹，使用白色粗体文字强调折扣，并用黄色突出具体折扣值，最后使用较小字号的文字说明活动时间。

图1-17　文字的层次布局

1.3 Photoshop CS6的基本操作

随着互联网购物在中国的快速发展，网店美工在电子商务市场中的作用越来越重要。为了使店铺吸引更多消费者的注意力，网店美工需要通过Photoshop制作具有吸引力、宣传力的图片，以增加消费者的信任感，树立品牌形象，从而促进商品销售。而作为一名网店美工新手，其首先应了解并掌握Photoshop的基本使用方法。下面我们将对Photoshop CS6的基本操作进行介绍，主要包括设置前景色与背景色、图层的基本操作、裁剪并更改图片尺寸等。

1.3.1　设置前景色与背景色

前景色是插入、绘制图形的颜色，默认为黑色；背景色是需要处理的图片底色，默认为白色。网店美工可以根据需要设置前景色与背景色。下面我们对设置前景色与背景色常见的操作方法进行介绍。

（1）设置前景色与背景色的颜色：当需要设置前景色与背景色时，单击工具箱底部前景色与背景色对应的色块即可打开颜色设置对话框，大家可在其中选择需要的颜色，图1-18所示为将黑色的前景色设置为绿色。

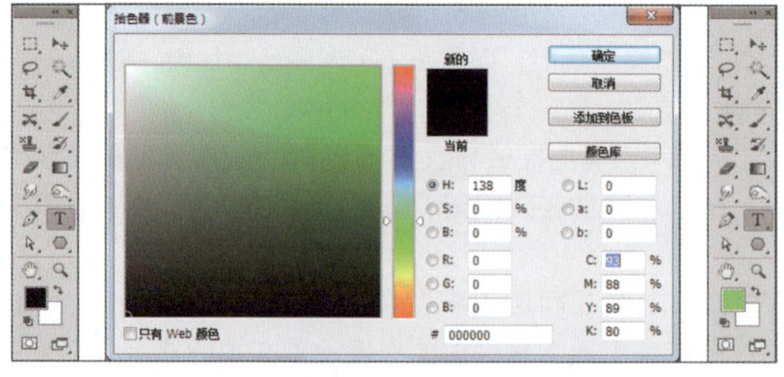

图1-18　将黑色的前景色设置为绿色

（2）恢复默认前景色与背景色：单击■按钮，可恢复为默认的前景色与背景色。

（3）切换前景色与背景色：单击↰按钮，可使前景色与背景色互换。

（4）选区填充：创建选区后，按【Ctrl+Delete】组合键可以用背景色填充当前选区，按【Alt+Delete】组合键可以用前景色填充当前选区。

1.3.2　图层的基本操作

图层的层与层之间是叠加的，若上面图层无内容，则透过上面的图层可以看到下面的图层内容；若上面图层有内容，则会遮挡下面的图层内容。网店美工经常会通过图层的基本操作来进行视觉设计。操作图层主要在“图层”面板中进行，选择【窗口】/【图层】命令即可打开“图层”面板，图1-19所示为“图层”面板中常用的命令。选择好图层后，在“图层”面板上方的下拉列表框中可设置图层的不透明度与混合模式；拖动图层可移动图层的堆叠顺序，使用移动工具拖动图层中的图片可移动图片在画布中的位置；单击对应的按钮即可完成图层的新建、删除、显示/隐藏、锁定、链接，以及添加图层样式、添加图层蒙版等操作。

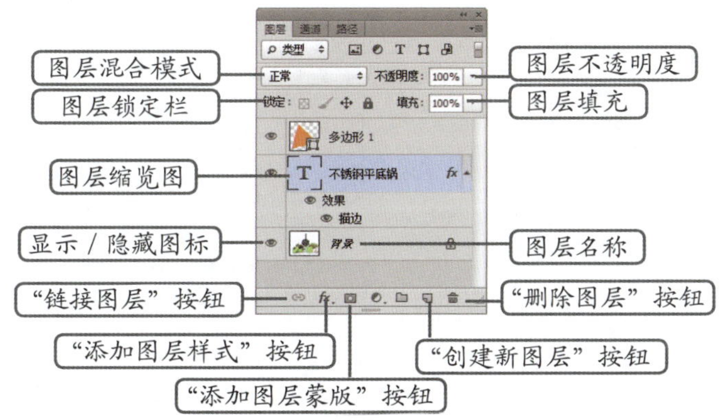

图1-19　“图层”面板中常用的命令

此外，常用的图层操作还包括以下内容。

（1）复制图层：按【Ctrl+J】组合键可在该图层上方得到复制的新图层，拖动图层至“创建新图层”按钮■上，释放鼠标后也可复制该图层。

（2）合并图层：选择两个或两个以上要合并的图层，选择【图层】/【合并图层】命令或按【Ctrl+E】组合键可将多个图层合并为一个图层。选择【图层】/【合并可见图层】命令，或按【Shift+Ctrl+E】组合键将合并可见的图层，其中隐藏的图层不合并。

（3）盖印图层：若要将多个图层的内容合并到一个新的图层中，同时保留原来的图层不变，可执行盖印图层操作。选择多个图层，按【Ctrl+Alt+E】组合键，可将选择的图层盖印到一个新的图层中。

（4）利用图层组管理图层：当图层较多时，网店美工可使用图层组对图层进行分类管理，方便后期查找与修改。选择需要移动到一个图层组的图层，按【Ctrl+G】组合键即可将选中的图层移动到图层组中，双击图层组名称或图层名称可重命名图层组或图层；也可单击“创建新组”按钮新建图层组，然后将图层拖动到该图层组中。

1.3.3 裁剪并更改图片尺寸

网店的不同模块对图片尺寸的要求不同，并且商家拍摄的商品图片可能会因为一些其他原因导致图片尺寸太大而不符合实际需要，因此当图片尺寸过大时，就需要对图片进行裁剪。下面我们以裁剪淘宝主图背景（800像素×800像素）为例，讲解裁剪并更改图片尺寸的具体操作步骤。

微课：裁剪并更改图片尺寸

STEP 01 打开“主图背景.jpg”图片（配套资源:\素材文件\第1章\主图背景.jpg），如图1-20所示。

图1-20 打开素材文件

STEP 02 选择“裁剪工具”，在工具属性栏的“裁剪方式”下拉列表框中选择“1×1（方形）”选项，此时画布中将出现正方形裁剪框，将鼠标光标移至裁剪框内，按住鼠标左键不放，拖动裁剪框，调整裁剪框在图片中的位置，如图1-21所示。

图1-21 确定裁剪区域

STEP 03 确定裁剪区域后按【Enter】键完成裁剪。选择【图像】/【图像大小】命令，在打开的对话框中设置像素大小，此处设置“宽度”和“高度”均为“800像素”，设置“分辨率”为“72像素/英寸”，单击 确定 按钮，如图1-22所示。

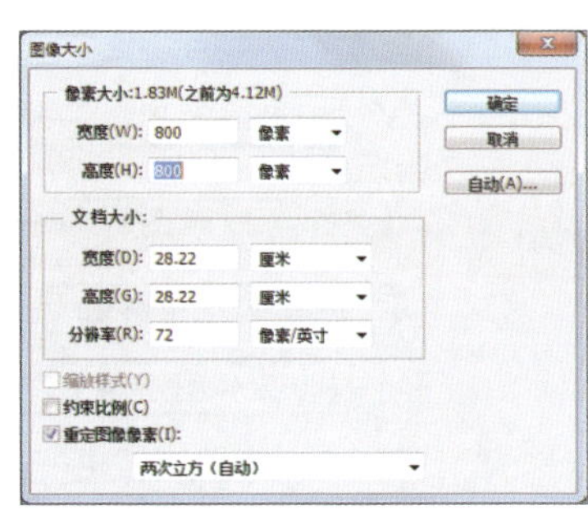

图1-22 调整图像大小

STEP 04 返回图像窗口，发现图片变小，保存文件即可（配套资源:\效果文件\第1章\主图背景.jpg），如图1-23所示。

图1-23 查看图片效果

经验之谈：

若大家选择“不受约束”裁剪方式，可拖动裁剪框周围的控制点自由裁剪图片，若在工具属性栏的文本框中输入裁剪的宽度与高度，可按输入宽度与高度的比例裁剪图片。

1.3.4　批处理图片

在Photoshop中，批处理图片是指为图片的处理创建“动作”，然后利用批处理命令自动对其他图片进行相同处理，常用于修改图片大小、调色、添加边框或标签等。网店美工日常在进行网店装修或网页图文编辑时，常常会遇到图片素材大小不一致的情况，为了节约相同大小图片的调整时间，可用批处理命令对图片的大小进行统一的修改设置，其具体操作步骤如下。

微课：批处理图片

STEP 01 将需要修改的图片存放在同一个文件夹中（配套资源:\素材文件\第1章\女包\），用Photoshop软件打开第一张图片“女包(1).jpg”，选择【窗口】/【动作】命令，打开“动作”面板，单击“动作”面板下方的“创建新动作”按钮，如图1-24所示。

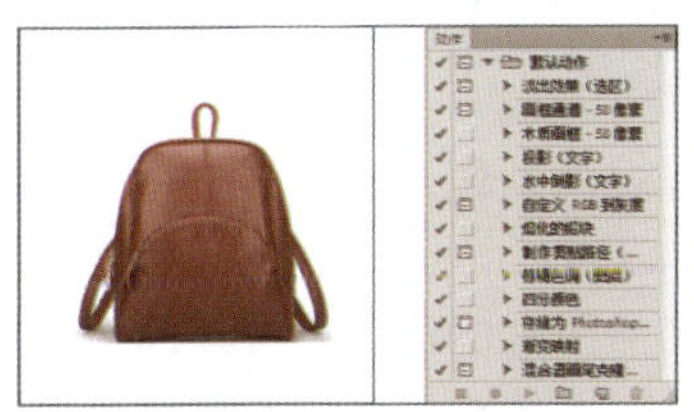

图1-24　打开素材文件

STEP 02 打开“新建动作”对话框，将动作的名称修改为“修改女包尺寸”后，单击 记录 按钮，如图1-25所示。此时“动作”面板中就会出现一个名称为“修改女包尺寸”的新动作，并且下方的“开始记录”按钮处于被激活状态。

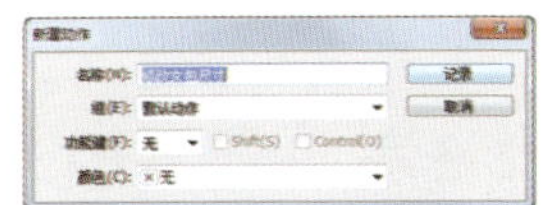

图1-25　新建动作

STEP 03 选择【图像】/【图像大小】命令，打开“图像大小”对话框，单击选中“约束比例”复选框，防止图片变形，将图片高度更改为“200像素”，如图1-26所示。

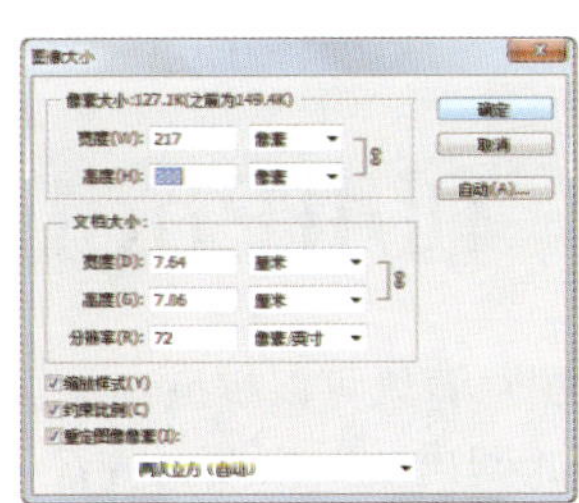

图1-26　更改图片高度

STEP 04 选择【文件】/【存储为】命令，保存处理后的图片。完成文件的保存后，单击“动作”面板下方的“停止播放/记录”按钮完成动作的记录，如图1-27所示。

图1-27　查看创建的动作

STEP 05 选择【文件】/【自动】/【批处理】命令，打开“批处理”对话框，在“动作”下拉列表中选择“修改女包尺寸”选项，再在“源”和“目标”下拉列表中选择“文件夹”选项，分别单击 选择(C)... 按钮，选择批量修改尺寸的图片文件所在的文件夹和处理结果文件夹，如图1-28所示，单击 确定 按钮。

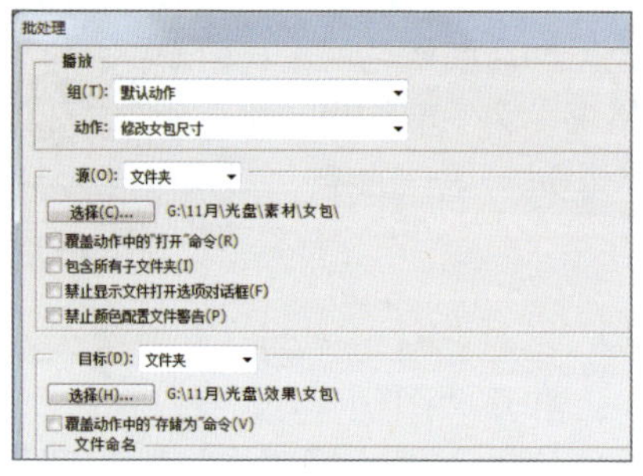

图1-28　设置批处理

STEP 06 设置完成后软件会自动导入和修改所设置文件夹中所有图片的尺寸，处理完成后，其他图片的尺寸大小则变为前面设置的图片的大小，如图1-29所示（配套资源:\效果文件\第1章\女包\）。

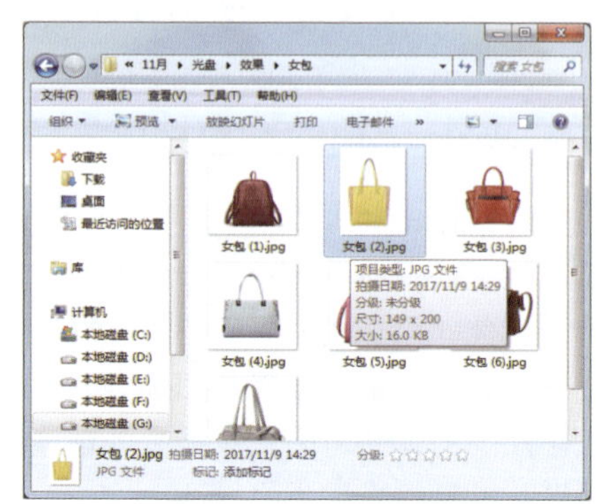

图1–29　查看批处理效果

经验之谈：

如果大家在“目标”下拉列表中选择“储存并关闭”选项，则原来位置的图片将被覆盖，源文件将丢失。

1.4 利用Photoshop CS6抠图

好的图片背景可以提高商品图片的美观度，营造良好的销售氛围，从而提高视觉展现效果，因此网店美工需要对商品图片的背景进行处理。在Photoshop中，网店美工一般采用抠取商品并为其更换更为美观的背景的方法来进行商品图片的优化处理，而此时就需要掌握Photoshop CS6的抠图方法。Photoshop CS6中的抠图方法有很多，选择合适的抠图方法，可以快速准确地完成抠图。下面我们将对常见的几种抠图方法进行介绍。

1.4.1 规则图像抠图

网店美工在抠取一些规则的矩形和圆形商品时，可通过对应的选择工具快速创建选区进行抠图，如矩形选框工具、椭圆选框工具；对于边缘为直线的规则商品，可选择多边形套索工具进行快速抠图。下面利用多边形套索工具和椭圆选框工具抠取图中的面膜，并为其更换背景，其具体操作步骤如下。

微课：规则图像抠图

STEP 01 打开“面膜.jpg”图片（配套资源:\素材文件\第1章\面膜.jpg），选择“多边形套索工具”，在图片边缘直线的转角点单击以确定起点，然后将鼠标光标移动到直线的另一端转折点处单击，如此使用相同的方法继续创建锚点，如图1-30所示。

图1-30　使用多边形套索工具绘制选区

STEP 02 沿着面膜周围创建边缘线条，回到起点后再次单击起点，完成选区的创建，如图1-31所示。

图1-31　完成选区的创建

STEP 03 打开“面膜背景.jpg”图片（配套资源:\素材文件\第1章\面膜背景.jpg），选择“直线工具”在图片上方绘制直线，选择“横排文字工具”输入文字，如图1-32所示。

图1-32　新建白色背景图片

STEP 04 选择“移动工具”，切换到面膜所在的窗口，将鼠标光标移动到选区内部，如图1-33所示。

图1-33　选择“移动工具”

STEP 05 按住鼠标左键不放，将面膜拖动到面膜背景中，按【Ctrl+T】组合键进入自由变换状态，在按住【Shift】键的同时，向左下方拖动右上角的控制点，等比例缩小图片，拖动面膜图片，调整图片的位置，移动面膜图片到背景的合适位置，如图1-34所示。

图1-34　调整图片大小与位置

STEP 06 双击面膜图层，在打开的“图层样式”对话框中单击选中“投影”复选框；将“不透明度、距离、扩展、大小”分别设置为“75%、5像素、0%、13像素”，单击确定按钮，如图1-35所示。

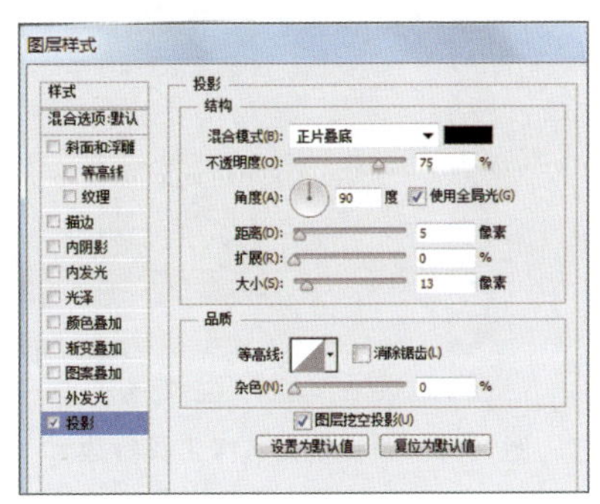

图1-35　添加投影

STEP 07 选择“椭圆选框工具”，在面膜右侧的撕口处按住鼠标左键不放，根据撕口大小拖动鼠标绘制椭圆形，绘制完成后按【Ctrl+T】组合键调整椭圆形的大小与位置，使其与撕口吻合，然后按【Enter】键完成选区的变换，按【Delete】键删除选区中的多余部分，如图1-36所示。

图1-36　创建椭圆形选区

STEP 08 按【Ctrl+D】组合键取消选区，使用相同的方法删除左侧撕口的多余部分，完成白底图片的制作，最终效果如图1-37所示（配套资源:\效果文件\第1章\面膜.psd）。

图1-37　最终效果

1.4.2　简单背景抠图

网店美工在抠取简单的商品或背景时，可使用快速选择工具、魔棒工具单击需要选择的部分区域进行快速选择。下面将介绍利用快速选择工具和魔棒工具，并配合套索工具抠取图中的箱包，最后为其更换背景，其具体操作步骤如下。

微课：简单背景抠图

STEP 01 打开“箱包.jpg”图片（配套资源:\素材文件\第1章\箱包.jpg），选择“快速选择工具”，在工具属性栏中将画笔“大小”设置为“25像素”，将“硬度”设置为“100%”，如图1-38所示。

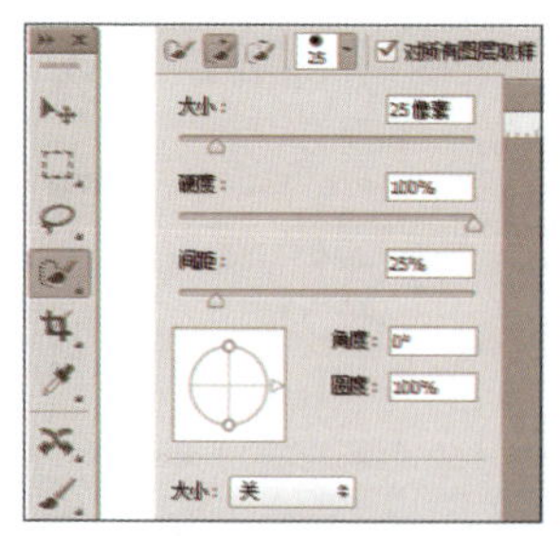

图1-38　设置快速选择工具参数

STEP 02 在箱包的蓝色主体部分按住鼠标左键不放，并拖动鼠标创建选区，如图1-39所示。

图1-39　创建选区

STEP 03 选择“多边形套索工具”，按住【Alt】键，沿着箱子底部边缘绘制不需要选择的区域。绘制完成后，选区中使用多边形套索工具绘制的区域将被减除，如图1-40所示。

图1–40　使用多边形套索工具减选选区

STEP 04 选择“磁性套索工具”，按住【Alt】键，在箱子右侧的底部边缘单击以定位起点，然后沿着箱子边缘移动鼠标光标，在转折点处可单击添加控制点，直至回到起点。绘制完成后，选区中使用磁性套索工具绘制的区域将被减除，如图1-41所示。

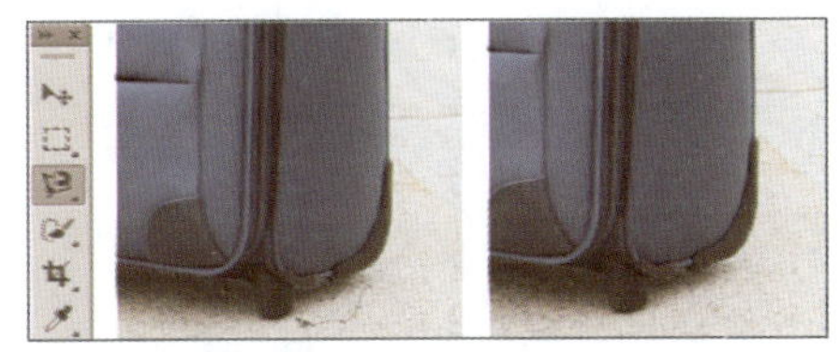

图1–41　使用磁性套索工具减选选区

STEP 05 选择“多边形套索工具”，按住【Shift】键绘制两侧的拉杆形状，将选区添加到箱子选区中；选择“魔棒工具”，在工具属性栏中设置“容差”值为“20”，按住【Shift】键反复单击拉杆顶部的图形，将选区添加到箱子选区中，如图1-42所示。

图1–42　添加选区

STEP 06 完成箱子选区的创建后，按【Shift+F6】组合键，在打开的对话框中将“羽化半径”设置为“1像素”，单击 确定 按钮，如图1-43所示。

图1–43　设置羽化半径

STEP 07 打开“箱包背景.jpg”图片（配套资源:\素材文件\第1章\箱包背景.jpg），选择“移动工具”，拖动选区到箱包背景中，按【Ctrl+T】组合键进入自由变换状态，在按住【Shift】键的同时，向左下方拖动右上角的控制点，等比例缩小图片，移动箱子到画布的合适位置，如图1-44所示。

图1–44　添加背景并缩小图片

STEP 08 选择【图层】/【新建调整图层】/【曲线】命令，在打开的“属性”面板中，拖动曲线，调整亮度与对比度，如图1-45所示。

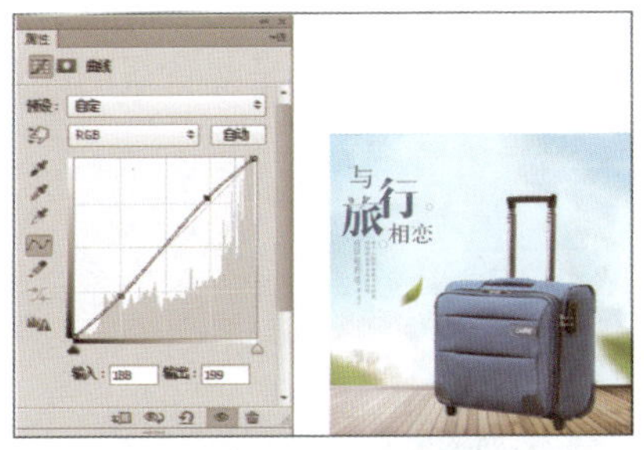

图1–45　调整亮度与对比度

STEP 09 在“图层”面板底部单击“创建新图层”按钮 新建图层，选择新建的图层，将其拖动到箱子图层下方，将前景色设置为“#3f3c3b”，选择“画笔工具”，将画笔硬度设置为“0%”，将画笔不透明度设置为“50%”，调整画笔大小，在新建的图层上绘制箱子底部的阴影，如图1-46所示。

图1-46　绘制阴影

STEP 10 更换背景后的图片最终效果如图1-47所示（配套资源:\效果文件\第1章\箱包.psd）。

图1-47　更换背景后的图片最终效果

1.4.3　复杂图像抠图

当遇到商品的轮廓比较复杂，背景也比较杂乱，或背景与商品的分界不明显的商品图像时，使用上述的抠图方法都很难得到精准的抠图效果，此时网店美工可使用路径抠图工具。而钢笔工具则是网店美工常用的一种路径抠图工具，在抠图时先使用钢笔工具描边商品的轮廓，再将路径转化为选区，可以使抠取的商品更加精准。下面使用钢笔工具抠取图像中的商品，具体操作步骤如下。

微课：复杂图像抠图

STEP 01 打开“润肤乳.jpg”图片（配套资源:\素材文件\第1章\润肤乳.jpg），如图1-48所示。该图中瓶子与背景的颜色太相似，且边缘模糊。

图1-48　打开素材文件

STEP 02 选择“钢笔工具”，在工具属性栏中将工具模式设置为“路径”，在瓶子周围单击并拖动鼠标创建路径，效果如图1-49所示。

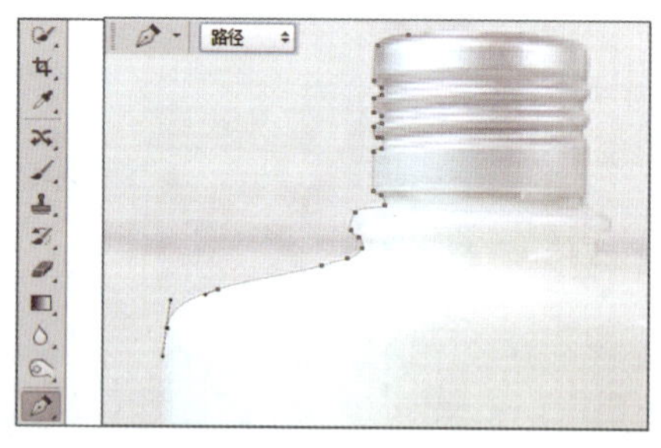

图1-49　绘制路径

经验之谈：

在创建直线段选区时，可直接单击添加锚点；在创建曲线段选区时，需要在添加锚点后，在按住鼠标左键不放的同时拖动鼠标。

STEP 03 当起点与终点完全结合时，完成路径的创建，如图1-50所示。

图1-50　完成路径的创建

STEP 04 在按住【Ctrl】键的同时单击路径，即可选择路径并显示路径上的锚点，编辑路径上的锚点可使路径更加精确。瓶子右侧的边缘不清晰，因此可拖动标尺创建辅助线，根据左侧边缘进行大致调整，如图1-51所示。

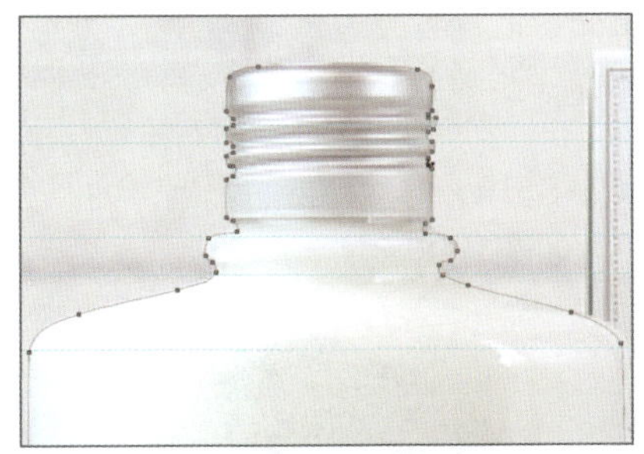

图1-51　编辑路径

经验之谈：

按住【Ctrl】键，移动路径上的锚点调整线条位置，选中锚点，拖动控制柄可调整曲线的弧度；释放【Ctrl】键，单击路径可添加锚点，单击已有锚点可删除锚点；按住【Alt】键，单击锚点可在平滑点与角点之间转换。

STEP 05 完成路径编辑后，按【Ctrl+Enter】组合键将路径转化为选区，按【Shift+F6】组合键，在打开的对话框中将“羽化半径”设置为“1像素”，单击 确定 按钮，如图1-52所示。

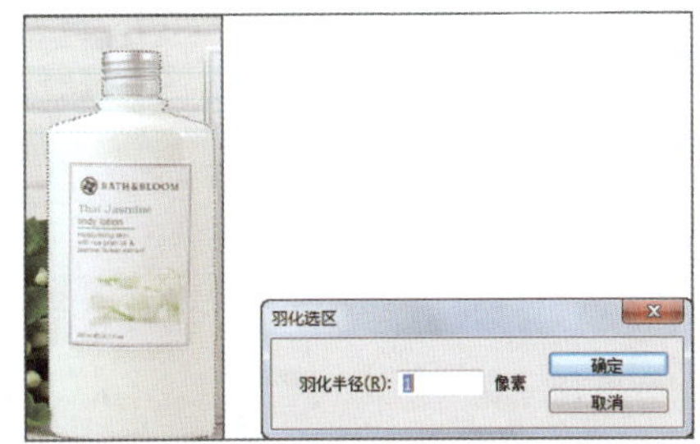

图1-52　将路径转化为选区并羽化选区

STEP 06 打开“润肤乳背景.jpg”图片（配套资源:\素材文件\第1章\润肤乳背景.jpg），选择“移动工具”，拖动选区到润肤乳背景中，按【Ctrl+T】组合键进入自由变换状态，按住【Shift】键，同时向右上方拖动右上角的控制点，放大图片，然后移动瓶子到画布的合适位置，如图1-53所示。

图1-53　添加背景

STEP 07 打开“花纹.psd”图片（配套资源:\素材文件\第1章\花纹.psd），选择“移动工具”，拖动素材到润肤乳背景中，调整其大小与位置，如图1-54所示。

图1-54　添加素材

STEP 08 双击瓶子所在图层的缩略图，在打开的对话框的左侧列表中单击选中“投影”复选框，将“混合模式、不透明度、角度、距离、大小”分别设置为“正片叠底、30%、178度、8像素、24像素”，然后单击 确定 按钮，如图1-55所示。

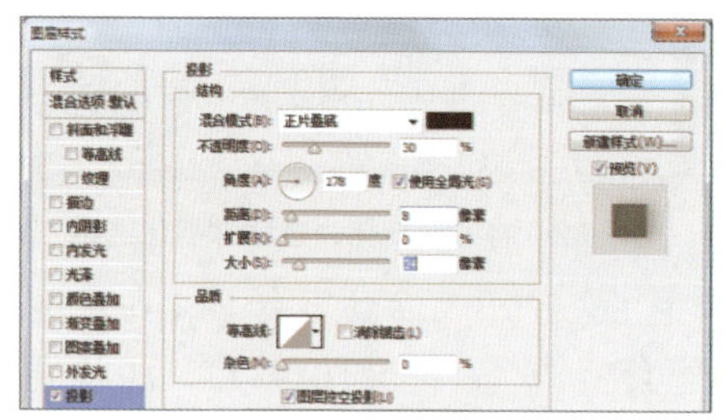

图1-55 添加投影

STEP 09 更换背景后的图片最终效果如图1-56所示（配套资源:\效果文件\第1章\润肤乳.psd）。

图1-56 最终效果

1.4.4 毛发抠图

微课：毛发抠图

对于头发或毛绒类物品来说，采用一般的抠图方法很难达到理想的效果，且非常浪费时间，此时大家可利用Photoshop中的调整边缘功能进行抠取。下面将抠取一只宠物狗图片，其具体操作步骤如下。

STEP 01 打开“宠物.jpg”图片（配套资源:\素材文件\第1章\宠物.jpg），如图1-57所示。其边缘模糊，不易抠取。

图1-57 打开素材文件

STEP 02 选择“魔棒工具”，在工具属性栏中将“容差”值设置为“20”，按住【Shift】键加选背景，按【Ctrl+Shift+I】组合键反选，为其创建选区，如图1-58所示。

图1-58 创建选区

STEP 03 在魔棒工具的工具属性栏中单击 调整边缘... 按钮，在打开的对话框中将

“半径、平滑、羽化、移动边缘”分别设置为“200像素、80、8像素、-15%”，将“输出到”设置为“新建带有图层蒙版的图层”，如图1-59所示。

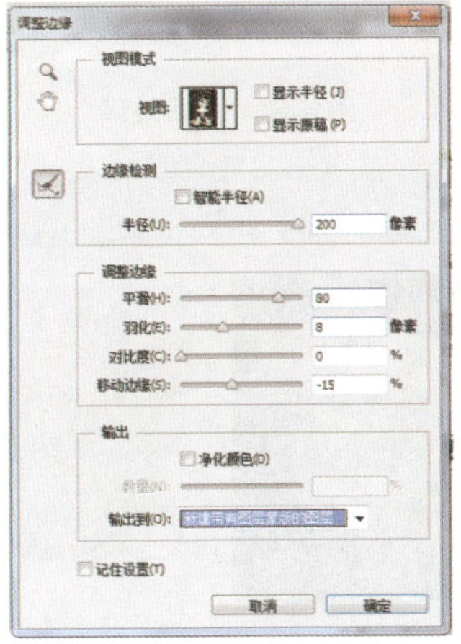

图1-59　设置“调整边缘”的参数

STEP 04 不关闭“调整边缘”对话框，在图像窗口中查看毛发边缘的背景，此时并未完全隐藏，如图1-60所示。

图1-60　查看调整后的效果

STEP 05 在图像窗口的工具属性栏中设置画笔的“大小”为“20”，用其涂抹毛发边缘与背景衔接的部分，隐藏背景，如图1-61所示。

图1-61　手动调整边缘

STEP 06 单击 确定 按钮，关闭“调整边缘”对话框，返回图像窗口，查看新建带有涂层蒙版的图层，此时原图层已经被隐藏，如图1-62所示。

图 1-62　查看调整边缘后的抠图效果

STEP 07 设置前景色为白色，选择“画笔工具”，将画笔大小设置为“5”，选择蒙版缩略图，使用画笔工具涂抹宠物周围被隐藏的部分，如图1-63所示。

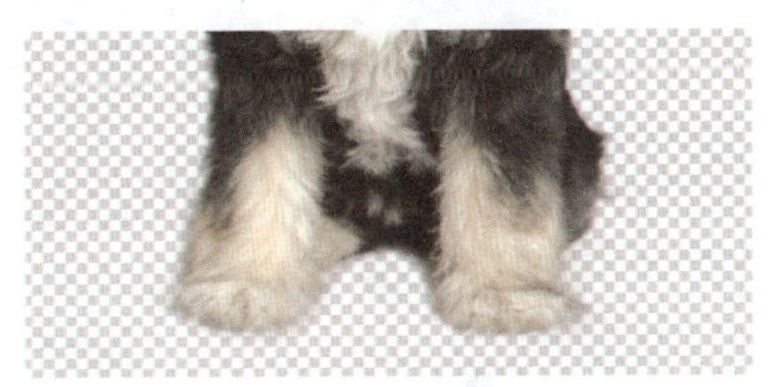

图1-63　细节修改

STEP 08 打开"宠物背景.jpg"图片（配套资源:\素材文件\第1章\宠物背景.jpg），选择"移动工具"，将抠取的图层拖到宠物背景中，调整其大小与位置。更换背景后的图片最终效果如图1-64所示（配套资源:\效果文件\第1章\宠物广告.psd）。

图1-64 最终效果

新手试练

请使用选区工具中的调整边缘功能对毛线帽进行抠图，然后使用画笔工具编辑蒙版，调整抠图效果。原图、调整边缘图、效果图如图 1-65 所示。

图1-65 抠取毛线帽

1.4.5 半透明物体抠图

网店美工在图片中抠取一些特殊的商品时，如水杯、酒杯、婚纱、冰块、矿泉水等，使用一般的抠图工具得不到想要的透明效果，此时可结合使用钢笔工具、图层蒙版和通道等进行抠图。下面以抠取婚纱为例，讲解半透明物体抠图的具体操作步骤。

微课：半透明物体抠图

STEP 01 打开"婚纱.jpg"图片（配套资源:\素材文件\第1章\婚纱.jpg），如图1-66所示。按【Ctrl+J】组合键复制背景图层。

图1-66 打开素材文件

STEP 02 在工具箱中选择"钢笔工具"，沿着人物轮廓绘制路径，注意绘制的路径不包括半透明的婚纱部分，如图1-67所示。

图1-67 绘制路径

STEP 03 打开“路径”面板，将路径保存为“路径1”，如图1-68所示。

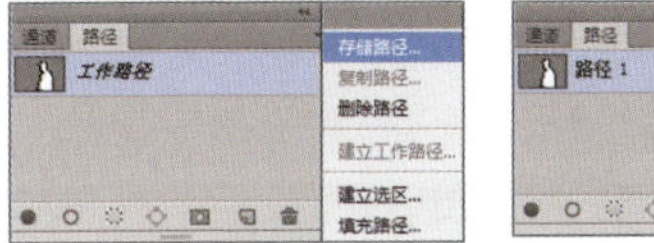

图1–68　存储路径

STEP 04 按【Ctrl+Enter】组合键，将绘制的路径转换为选区，单击“通道”面板中的“将选区储存为通道”按钮，创建“Alpha 1”通道，此时选区自动填充为白色，如图1-69所示。

图1–69　新建通道

STEP 05 复制黑白对比更鲜明的“绿”通道，得到“绿 副本”通道，在“绿 副本”通道中继续使用“钢笔工具”为背景创建选区，如图1-70所示。

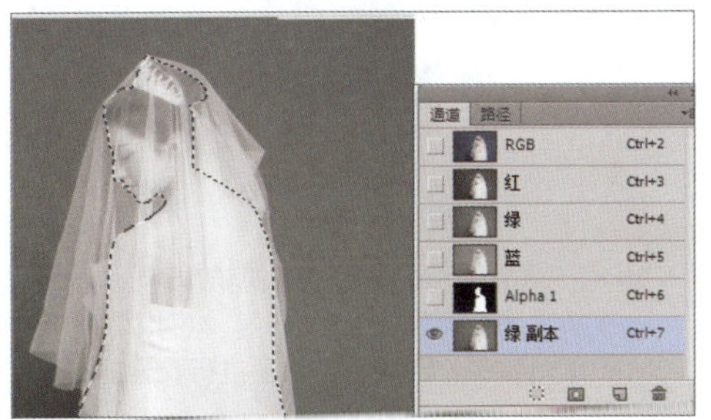

图1–70　为背景创建选区

STEP 06 将前景色恢复为黑色，按【Alt+Delete】组合键将选区填充为黑色，如图1-71所示。按【Ctrl+D】组合键取消选区。

图1–71　填充选区

STEP 07 选择【图像】/【计算】命令，打开“计算”对话框，将源1通道设置为“Alpha 1”，将混合模式设置为“相加”，单击 确定 按钮，如图1-72所示。

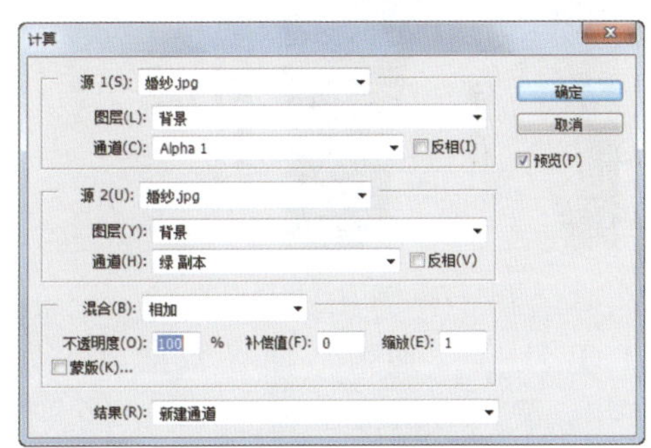

图1–72　计算通道1

STEP 08 查看计算通道的效果，得到Alpha 2通道，如图1-73所示。

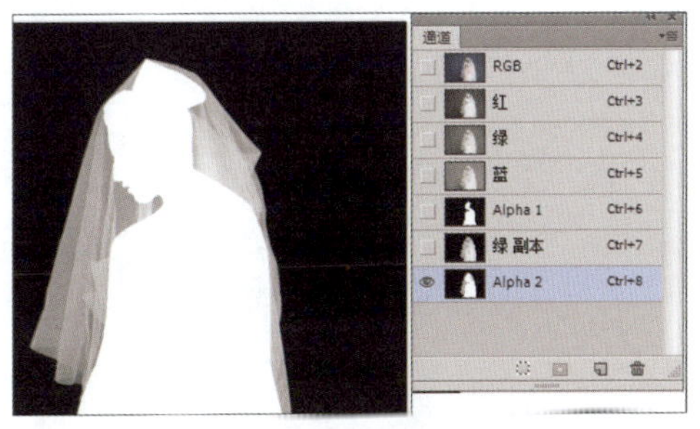

图1–73　查看计算通道效果1

STEP 09 再次打开“计算”对话框，将计算的图层分别设置为“合并图层”和“图层1”，将混合模式设置为“叠加”，单击 确定 按钮，如图1-74所示。

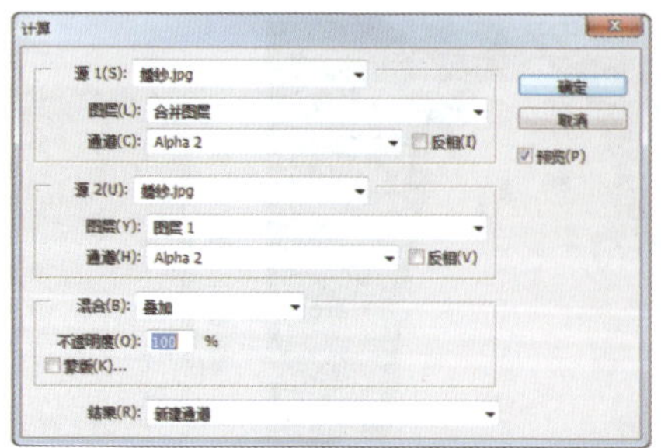

图1-74　计算通道2

STEP 10 查看计算通道的效果，得到Alpha 3通道，如图1-75所示。

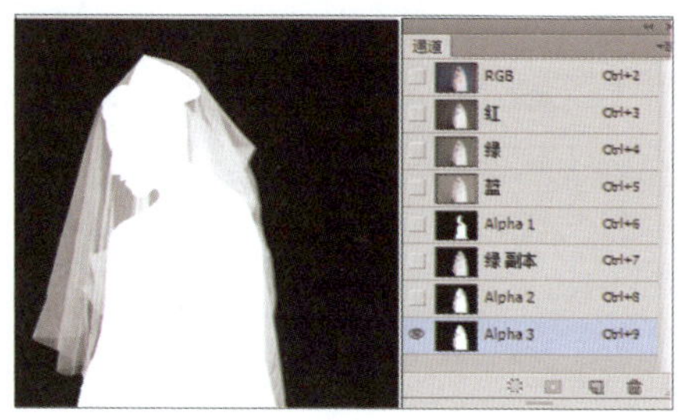

图1-75　查看计算通道效果2

STEP 11 在“通道”面板底部单击 按钮，载入Alpha 3通道的人物选区。切换到“图层”面板中，选择图层1，按【Ctrl+J】组合键复制选区到图层2上，关闭图层1和背景图层，查看抠图效果，如图1-76所示。

图1-76　复制选区

STEP 12 打开“婚纱背景.jpg”图片（配套资源:\素材文件\第1章\婚纱背景.jpg），将人物拖放到婚纱背景图层上方，并调整人物的大小与位置，如图1-77所示。

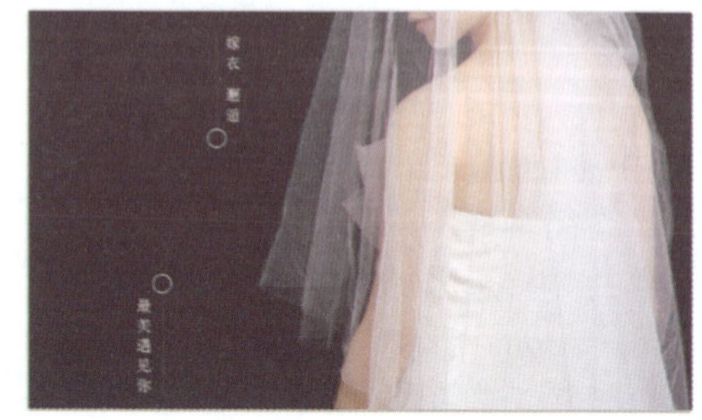

图1-77　更换背景

STEP 13 选择“横排文字工具” T，将字体设置为“宋体”，将字号设置为“20点”，输入“初心不改”文本，并查看最终效果，如图1-78所示（配套资源:\效果文件\第1章\婚纱.psd）。

图1-78　最终效果

经验之谈：

抠取婚纱的背景与添加的背景的差异度决定了抠图后的处理方式，本例添加的背景颜色较深，因此不再需要进行其他的提亮处理。

1.5 实战演练

下面我们将结合本章所讲解的Photoshop CS6的基本操作与抠图知识进行实战演练，以更换沙发图片、榨汁机图片中的背景为例，巩固本章所学知识。

1.5.1　为沙发更换背景

商家在网店中销售沙发时，往往需要搭配背景与文字，来美化沙发的效果图。下面我们以一张沙发的图片为例，讲解抠图与更换背景的方法，更换背景的前后对比效果如图1-79所示。

图1-79　更换背景的前后对比效果

1. 设计思路

处理该沙发图片的设计思路如下。

（1）为沙发创建选区，抠取沙发。

（2）将抠取的沙发移动到背景中，调整沙发的大小与位置。

（3）根据沙发的光影关系，在背景图上制作投影，使沙发与背景融合在一起。

2. 知识要点

完成本例的制作需要掌握以下知识。

（1）利用“快速选择工具”创建选区，按【Shift】键加选选区。

（2）利用【Shift+F6】组合键羽化选区。

（3）设置前景色，使用“画笔工具”添加投影。

3. 操作步骤

以下为更换沙发背景的具体操作步骤。

STEP 01 打开“沙发.jpg”图片（配套资源:\素材文件\第1章\沙发.jpg），使用“快速选择工具”在绿色的沙发上创建选区，按住【Shift】键，加选沙发腿选区，如图1-80所示。

图1-80　创建选区

STEP 02 按【Shift+F6】组合键，在打开的对话框中将“羽化半径”设置为“0.2像素”，单击 确定 按钮，如图1-81所示。

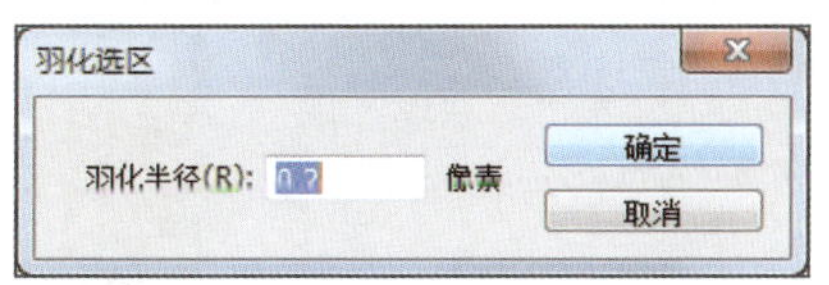

图1-81　设置“羽化选区”参数

STEP 03 切换到“图层”面板，按【Ctrl+J】组合键将选区复制到新建的图层1上，隐藏背景图层，如图1-82所示。

图1-82 复制选区

STEP 04 打开“沙发背景.jpg”图片（配套资源:\素材文件\第1章\沙发背景.jpg），将抠取的沙发图层拖动到背景窗口中，调整沙发的大小与位置，如图1-83所示。

图1-83 拖动图片到背景中

STEP 05 在背景图层上方新建的图层2中，将其前景色设置为“#c9c9c9”，选择“画笔工具”，设置其“硬度”为“78%”，“不透明度”为“100%”；调整画笔大小，在新建的图层上绘制投影，完成本例的制作，最终效果如图1-84所示（配套资源:\效果文件\第1章\沙发.psd）。

图1-84 最终效果

↘ 1.5.2 为榨汁机更换背景

商家在拍摄商品图片时，往往会选择非常简单的背景，但这样拍出的图片难免单调，因此网店美工需要更换商品背景，以突出商品卖点。本例中为了表现榨汁机的特色，我们为其添加带有水果、绿叶和文本说明的清新背景，增加了整个画面的活力。更换背景的前后对比效果如图1-85所示。

图1-85 更换背景的前后对比效果

1. 设计思路

榨汁机是一种与水果密切相关的电器，需要选择清新的、带有新鲜水果的背景，因此本例将为榨汁机添加带有绿叶的水果背景，其设计思路具体如下。

（1）将榨汁机从白色背景中抠取出来。

（2）为其更换水果背景，添加投影，使其与背景更好地融合在一起。

2. 知识要点

完成本例更换背景的制作，需要掌握以下知识。

（1）使用“魔棒工具”，在工具属性栏中设置容差值，为背景创建选区，通过反选为图片创建选区。

（2）利用【Ctrl+J】组合键，复制榨汁机选区。

（3）利用“钢笔工具”和【Ctrl】键选择路径，对选择路径进行锚点的添加、移动、删除等操作。

（4）在“图层样式”对话框中根据需要设置投影参数，并复制图层样式。

3. 操作步骤

下面为榨汁机更换背景，其具体操作步骤如下。

STEP 01 打开“榨汁机.jpg”图片（配套资源:\素材文件\第1章\榨汁机.jpg），选择“魔棒工具”，在工具属性栏中将其“容差”值设置为“10”，单击选择背景，按【Ctrl+Shift+I】组合键反选，为榨汁机创建选区，如图1-86所示。

图1-86　创建选区

STEP 02 按【Ctrl+J】组合键复制选区，选择“钢笔工具”，在工具属性栏中将工具模式设置为“路径”，在榨汁机底部单击并拖动鼠标创建路径，如图1-87所示。

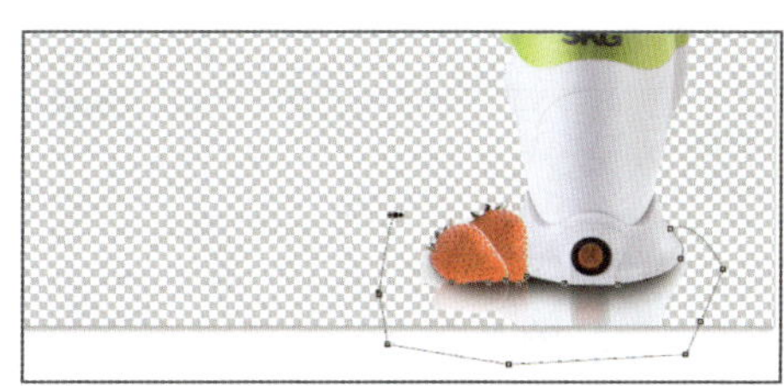

图1-87　创建路径

STEP 03 当起点与终点完全重合时，即可完成路径的创建，闭合路径后按【Ctrl+Enter】组合键将路径转化为选区，如图1-88所示。

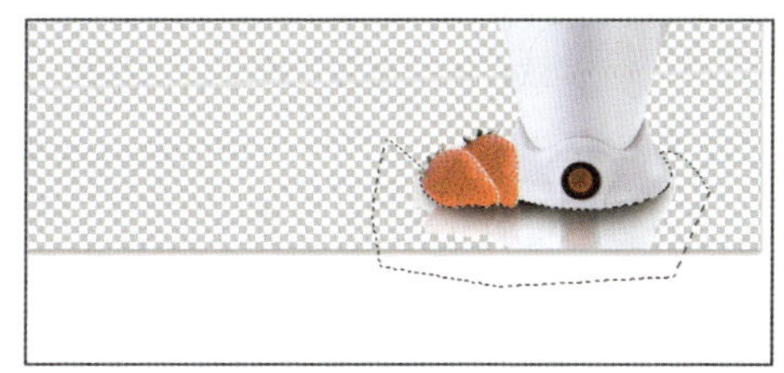

图1-88　编辑路径

STEP 04 按【Delete】键，删除多余背景，按【Ctrl+D】组合键取消选区，完成榨汁机的抠图操作，如图1-89所示。

图1-89 删除多余背景

STEP 05 打开“榨汁机背景.jpg”图片（配套资源:\素材文件\第1章\榨汁机背景.jpg），将抠取的榨汁机图层拖动到背景窗口中，调整榨汁机的大小与位置，如图1-90所示。

图1-90 添加背景

STEP 06 双击榨汁机所在图层的缩略图，在打开的对话框的左侧列表中单击选中“投影”复选框，将“混合模式、不透明度、角度、距离、扩展、大小”分别设置为“正片叠底、50%、82度、5像素、5%、9像素”，单击 确定 按钮，如图1-91所示。

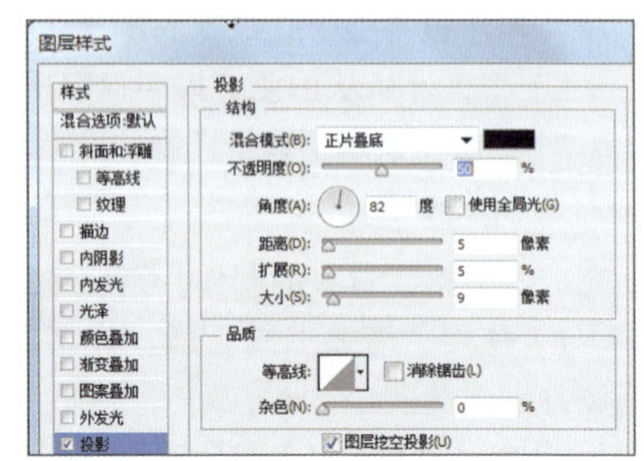

图1-91 添加投影

STEP 07 完成后的最终效果如图1-92所示（配套资源:\效果文件\第1章\榨汁机.psd）。

图1-92 最终效果

经验之谈:

在抠图时，网店美工可灵活使用多种工具，如在本例中使用魔棒工具创建选区后，商品边缘与背景的差值较少，部分边缘并不精确，因此可结合钢笔工具对选区进行编辑。

课后练习

（1）网店美工在处理某些商品图片时，需要抠取多个对象，本练习将同时抠取商品与小狗图片，并将其分别添加到背景图片中（配套资源:\素材文件\第1章\狗粮.jpg、小狗.jpg、狗粮背景.psd）。抠取小狗时，首先使用魔棒工具与反选功能选择小狗，然后通过调整边缘抠取小狗的毛发；在抠取狗粮时，主要涉及钢笔工具的使用，处理前后的对比效果如图1-93所示（配套资源:\效果文件\第1章\狗粮.psd）。

图1-93　狗粮图片处理前后的对比效果

（2）本练习将处理一张美白套装的图片（配套资源:\素材文件\第1章\美白套装.jpg、美白套装背景.jpg）。由于本图背景复杂，且背景颜色与商品的颜色相似，因此我们主要使用了钢笔工具进行精细抠图，然后将其背景颜色更换为与商品颜色更相近的粉色，更显甜蜜感，处理前后的对比效果如图1-94所示（配套资源:\效果文件\第1章\美白套装.psd）。

图1-94　美白套装图片处理前后的对比效果

第 2 篇　网店图片处理

第 2 章　图片调色

一般情况下，为了还原商品的真实颜色，大多数商品图片在拍摄后是不用调色的，尤其是服装类商品，但若由于光线、拍摄角度、背景等因素导致商品图片不能表达商品的真实颜色，网店美工就需要对图片偏色进行校正，使其接近商品本身的颜色。网店美工在对图片进行调色时并不需要进行太多或太复杂的操作，只需对拍摄的原始图片进行对比度、亮度、饱和度等调整即可。

学习目标：

* 了解图片调色的原则
* 熟悉使用调整图层调色的方法

技能目标：

* 掌握提高图片亮度与对比度的方法
* 掌握调整图片的高光、阴影与中间调的方法
* 掌握图片偏色校正的方法
* 熟悉图片特殊颜色调整的方法

2.1 了解图片调色

在商品拍摄过程中由于某些拍摄原因，拍摄出的商品图片有可能出现昏暗、不够清晰、色彩不够艳丽等问题，此时网店美工可以通过Photoshop对图片的亮度、对比度、颜色进行相应的调整，使商品图片更加吸引消费者的注意力。

2.1.1 图片调色的原则

为了使图片满足店铺页面的设计需要，网店美工在进行图片调色时需要掌握一定的调色原则。下面我们将对图片调色的原则进行介绍。

1. 遵循感情色彩调色

不同的图片色彩，可以表达不同的感情。色彩的感情和人类的感情一样，用得合适，则相得益彰，反之则会使图片看上去非常不和谐。如图2-1所示，第一张图片是一张正在茁壮成长的小草图片，它所表达的感情色彩应该是积极向上的，而我们在调整第一张图片的色彩时，没有突出草的生命力；第二张图片是第一次调整后的效果，整张图片呈现的是颓败、灰暗的氛围，没有生机与活力；在调整第三张图片的色彩时，我们增强了整体的亮度与对比度，并为图片添加了黄色调，将绿色小草的饱和度调高，这样的调整使图片既符合了色彩感情，又看上去生机盎然。

图2-1　遵循感情色彩调色

2. 整体色调自然

在对商品图片调色的过程中，为了使整体色调自然平衡，网店美工需要合理调整整体色调的色相、明度、纯度等，使整体色调自然平衡。图2-2所示为淘宝网某店铺的图片，虽然图片上的商品款式不一样，但都选用了暖色调，使展现的效果更加美观，不仅体现了衣服暖和的特征，还营造了一种甜美、温馨的氛围。

图2-2　整体色调自然

3. 图片偏色的调整

对于明显偏色的图片，网店美工可以通过添加其他颜色，或通过增加该颜色的补色来减少该颜色的偏色度。

4. 抓住调色的重点色

重点色一般是图片中色调更强烈、与整体色调反差大、面积小的颜色，其作用是使画面整体色调自然平衡。

5. 色彩的分割

使用白、灰、黑、金、银等中性色分割反差强烈的两种颜色，可以使色彩过渡更自然。

↘ 2.1.2 使用调整图层调色

打开原始图片后，若直接选择亮度/对比度、曲线、色阶、色彩平衡等色彩调整命令对原图进行调色处理，当效果不理想或是中间的某一步调整失误想要修改时，会发现原始图片已经丢失，想要恢复比较麻烦；但若使用调整图层进行调色，可以在不改变原图片的情况下对图片进行颜色与色调的调整。调整图层具有较强的灵活性，可以随时删除、修改、隐藏或显示每一步的调整效果，并且不会对原图造成破坏。所以，对于网店美工而言，养成使用调整图层调色的习惯是很有必要的。以下为使用调整图层的常见操作方法。

1. 新建调整图层

在“图层”面板底部单击“创建新的填充或调整图层”按钮，在弹出的列表中选择调整命令，或执行【图层】/【新建调整图层】命令，在弹出的子菜单中选择相应的命令，都可以新建调整图层。图2-3所示为新建色彩平衡调整图层调整图片色彩的效果。

图2-3　新建调整图层

2. 将调整应用于多个图层

调整图层将应用于它下面的所有图层，因此我们并不需要对每一个图层进行调整，移动调整图层的位置就可改变调整图层的影响图层。图2-4所示为将色彩平衡图层拖动到所有图层最上方后对整个画面的调整效果。

图2-4　将调整应用于多个图层

3. 控制调整范围与调整强度

创建选区和蒙版可以控制调整图层的调整范围，同时使用不同灰度的画笔在调整图层上涂抹，可控制调整图层的调整强度。其中，越靠近白色，调整强度越大；越靠近黑色，调整强度越弱；白色为应用调整，黑色为不应用调整。图2-5所示分别为整个图层应用调整效果，以及使用黑色画笔隐藏蓝色宝石以外的部分，使其不应用“色相/饱和度”的调整效果。

图2-5　更改宝石以外的颜色

经验之谈：

为了更好地控制调整图层的调整范围，网店美工可在新建调整图层前对需要调整的部分创建选区。例如，调整图2-5的宝石颜色时，可使用钢笔工具对宝石进行精细抠图，为其创建选区，然后执行【图层】/【新建调整图层】/【色相/饱和度】命令，在打开的面板中即可调整宝石颜色。

4. 设置调整图层的不透明度与混合模式

选择调整图层，在“图层”面板中设置调整图层的不透明度与混合模式，可获得特殊的调整效果。图2-6所示为在图2-5的基础上设置调整图层的混合模式（“滤色”和“叠加”）后的效果。

图2-6　设置调整图层的混合模式

5. 编辑调整图层

双击“图层”面板中调整图层的第一张缩略图，可打开“调整”属性面板，网店美工可在此修改调整效果。

6. 删除调整图层

选择调整图层，单击“图层”面板底部的“删除图层”按钮，即可删除调整图层，同时删除该调整图层上的效果。

7. 隐藏或显示调整图层

单击调整图层前的指示图层可见性图标，可隐藏和显示调整图层效果。

2.2 处理曝光不足或曝光过度的图片

曝光不足的图片整体色调偏暗，达不到实际场景的亮度，同时暗部没有细节；曝光过度的图片正好相反，整体色调过亮，高光部分没有细节。网店美工在处理图片时经常遇到有这类问题的图片，此时可以利用Photoshop中的“亮度/对比度、色阶、曲线”等调整命令，来快速解决图片灰暗、曝光过度的问题。

2.2.1 提高图片的亮度与对比度

微课：提高亮度与对比度

提高亮度是指提高图片整体的亮度，这种方式可以使图片的暗部细节更好地展现出来。提高对比度是指提高一张图片明暗区域中最亮的白色和最暗的黑色之间的差异程度，明暗区域的差异程度越大，图片对比度越高；反之，明暗区域的差异程度越小，图片的对比度就越低。下面将调整一幅图片的亮度与对比度，以提高图片品质，其具体操作步骤如下。

STEP 01 打开“马丁靴.jpg”图片（配套资源:\素材文件\第2章\马丁靴.jpg），如图2-7所示。该图片整体偏暗，并且颜色偏灰，边缘不清晰。

图2-7 打开素材文件

STEP 02 选择【图层】/【新建调整图层】/【亮度/对比度】命令，在打开的“属性”面板中将“亮度、对比度”分别设置为“13、55”，如图2-8所示。

经验之谈：

在“属性”面板中单击 自动 按钮可自动将图片中最深的颜色加强为黑色，最亮的颜色加强为白色，可以快速提高图片亮度和暗度的对比度。

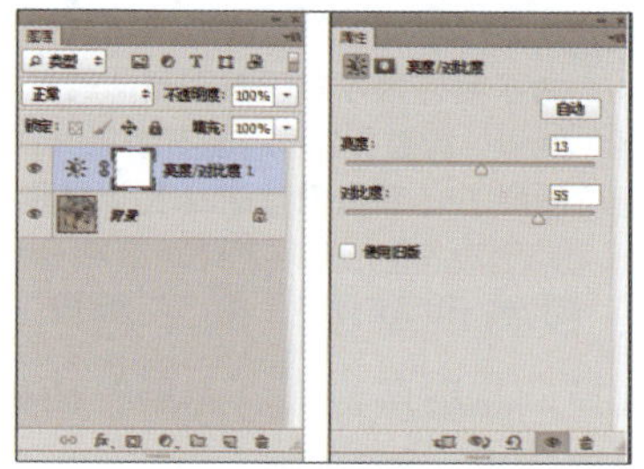

图2-8 提高亮度/对比度

STEP 03 查看调整后的效果，然后保存文件即可（配套资源:\效果文件\第2章\马丁靴.psd），如图2-9所示。

图2-9 最终效果

2.2.2 调整图片的高光、阴影与中间调

高光是指图片中最亮的地方，阴影是指图片中最暗的地方，中间调是指除图片中最暗和最亮的地方外的其他地方。调整高光、阴影与中间调，可以增加图片的层次感，合理分布图片的光影。下面为利用“色阶”“曲线”与“阴影/高光”命令来调整图片的高光、阴影与中间调的方法。

1. 使用“色阶”命令调整

“色阶”命令可以精确地调整图片的中间色与对比度，利用“色阶”命令调整对比度的方法是将左边的黑色滑块向右移动确定直方图开始的位置，将右边的白色滑块向左移动确定直方图结束的位置。下面利用“色阶”命令调整图片的曝光度，增强明暗对比，其具体操作步骤如下。

STEP 01 打开“房间.jpg”图片（配套资源:\素材文件\第2章\房间.jpg），如图2-10所示，该图片颜色偏灰。

图2-10 打开素材文件

STEP 02 选择【图层】/【新建调整图层】/【色阶】命令，在打开的“属性”面板中将“左侧滑块值、中间滑块值、右侧滑块值”分别设置为“21、1.05、202”，如图2-11所示。

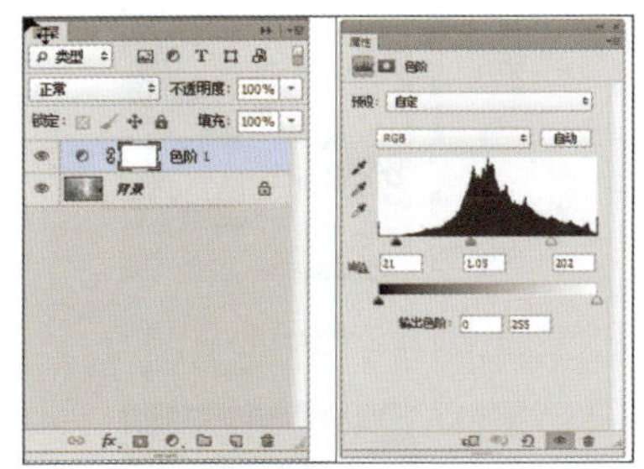

图2-11 调整色阶

经验之谈：

在色阶直方图中，黑色滑块表示暗调，灰色滑块表示中间调，白色滑块表示高光。若像素主要集中在左侧，表示图片偏暗；像素主要集中在右侧，表示图片偏亮；像素主要集中在中间，表示图片明暗对比不足；像素主要集中在两边，表示图片明暗对比太强烈。

STEP 03 调整色阶后的图片变白，明暗对比效果增强，如图2-12所示。

图2-12 调整色阶后的效果

STEP 04 选择【图层】/【新建调整图层】/【曝光度】命令，在打开的“属性”面板中将“曝光度、位移”的值分别设置为“+0.20、-0.0500”，使图片对比效果更明显，如图2-13所示。

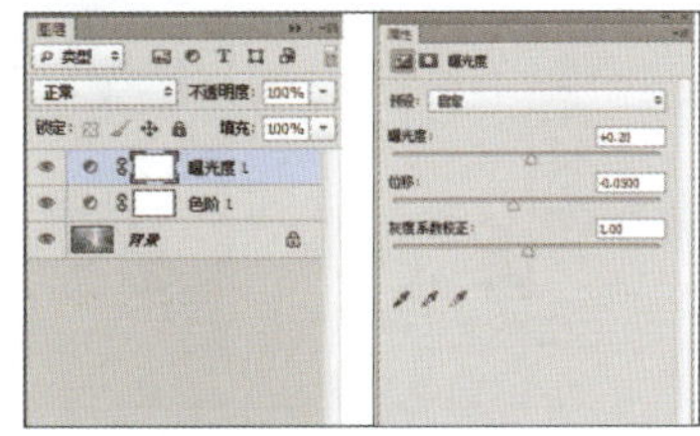

图2-13 增加曝光度

STEP 05 调整曝光度后的图片，明暗对比更加鲜明，体现了房间的通透感，如图2-14所示（配套资源:\效果文件\第2章\房间.psd）。

图2-14 最终调整效果

新手试练

请你先调整童装实拍图片的亮度与对比度，然后利用“色阶”命令调整明暗对比，重点从背景中突出服装的轮廓，使调整后的服装更加清晰，参考效果如图2-15所示。

图2-15 调整明暗对比前后的效果

2. 使用“曲线”命令调整

通过“曲线”命令可对图片色彩、亮度和对比度进行调整，使图片更具质感。网店美工可选择【图层】/【新建调整图层】/【曲线】命令，在打开的“属性”面板中通过拖动RGB通道的曲线快速完成调整。调整过程中可单击曲线添加控制点，拖动控制点可控制曲线的弧度。

（1）不同的曲线形状对亮度/对比度效果的影响。使用曲线调整时，曲线的形状直接影响调整后的亮度/对比度的效果，常见的曲线形状有S形曲线（提高图片的对比度）、反S形曲线（降低图片的对比度）、曲线向上（提高图片的整体亮度）、曲线向下（降低图片的整体亮度），如图2-16所示。

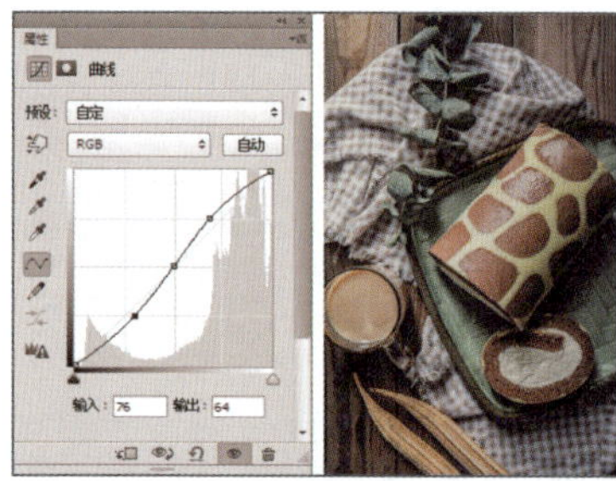

① S形曲线（提高图片的对比度）

② 反S形曲线（降低图片的对比度）

③ 曲线向上（提高图片的整体亮度）

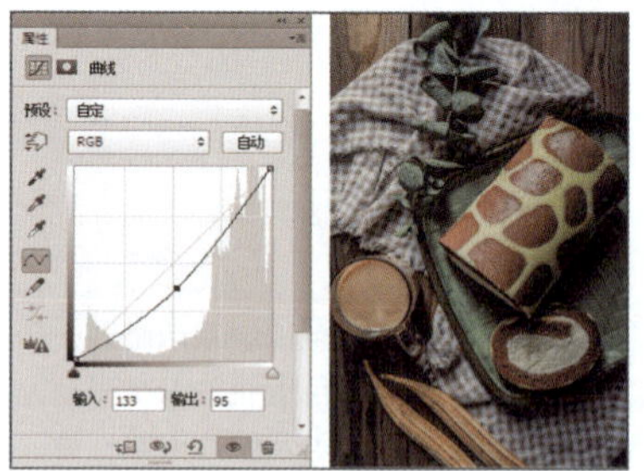

④ 曲线向下（降低图片的整体亮度）

图2-16 不同的曲线调整对于亮度/对比度效果的影响

经验之谈：

曲线左下角的锚点用于控制亮度，向左拖动锚点可提高亮度，向右拖动锚点可降低亮度；右上角的锚点用于控制对比度，向上拖动锚点可降低对比度，向下拖动锚点可提高对比度。

（2）使用高光、阴影与中间调吸管调整。我们在调整色阶或曲线时，在打开的“属性”面板中可发现高光、阴影与中间调吸管，单击相应的吸管后，可直接在图片中吸取高光、阴影和中间调像素，然后根据吸取的像素自动调整图片的亮度与对比度。下面利用“曲线”命令中的高光、阴影与中间调吸管调整“潮流风衣.jpg”图片，其具体操作步骤如下。

微课：使用高光、阴影与中间调吸管调整

STEP 01 打开“潮流风衣.jpg”图片（配套资源:\素材文件\第2章\潮流风衣.jpg），如图2-17所示。该图片整体偏暗，并且颜色偏灰，边缘不清晰。

图2-17 打开素材文件

STEP 02 选择【图层】/【新建调整图层】/【曲线】命令，在打开的“属性”面板中单击按钮，然后切换到图像窗口，单击黑色的裤子，自动调整图片暗部，如图2-18所示。

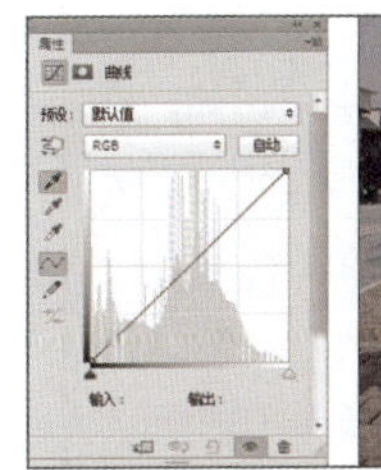

图2-18 调整图片暗部

STEP 03 单击按钮，然后切换到图像窗口，单击模特身后的墙壁，自动调整图片中间调，如图2-19所示。

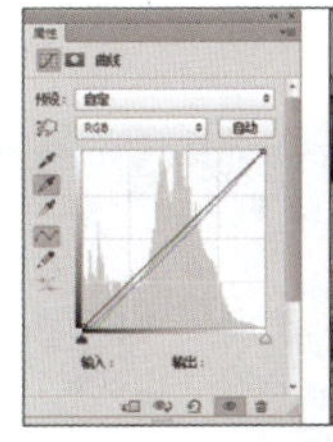

图2-19 调整图片中间调

STEP 04 单击按钮，然后切换到图像窗口，单击模特所穿的白色鞋子，自动调整图片高光，如图2-20所示。

图2-20 调整图片高光

STEP 05 调整后的图片效果（配套资源:\效果文件\第2章\潮流风衣.psd），如图2-21所示。此时，图片变亮，并且对比度有所提高。

图2-21 最终效果

3. 使用“阴影/高光”命令调整

网店美工利用“阴影/高光”命令不是简单地使图片提亮或变暗，而是通过提亮或变暗图片中的阴影或高光的像素色调来修复图片中过亮或过暗的区域，从而使图片尽量显示更多的细节，主要用于修复具有逆光问题或者由于太接近相机闪光灯而有些发白的焦点的图片。下面利用“阴影/高光”命令调整“水果.jpg”图片，使图片中的水果、陶瓷品更加清晰，其具体操作步骤如下。

微课：使用“阴影/高光”命令调整

STEP 01 打开“水果.jpg”图片（配套资源:\素材文件\第2章\水果.jpg），如图2-22所示。该图片由于逆光问题，画面背景偏暗，暗部细节不清晰。

图2-22　打开素材文件

STEP 02 按【Ctrl+J】组合键复制图层，如图2-23所示。

图2-23　复制图层

经验之谈：

由于利用“阴影/高光”命令无法使用调整图层进行调整，因而为了不破坏原图，我们在操作前需要先复制图层。

STEP 03 选择复制后的图层，选择【图像】/【调整】/【阴影/高光】命令，打开“阴影/高光”对话框，单击选中“显示更多选项”复选框，将“阴影数量、色调宽度、半径”分别设置为“35%、50%、30像素”，将“高光数量、色调宽度、半径”分别设置为“0%、50%、30像素”，将“调整颜色校正、中间调对比度”分别设置为“+20、0”，单击 确定 按钮，如图2-24所示。

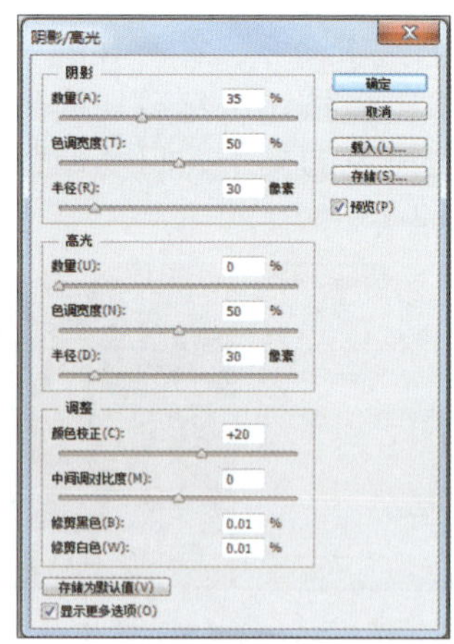

图2-24　设置“阴影/高光”参数

经验之谈：

"数量"用于设置阴影和高光的变亮程度；"色调宽度"用于控制阴影和高光的色彩修改范围；"半径"用于控制每个像素周围相邻像素的大小。

STEP 04 返回图像窗口，查看图片调整后的效果（配套资源:\效果文件\第2章\水果.psd），如图2-25所示。

图2-25　图片调整后的效果

2.3 图片调色

图片调色主要可分为图片偏色校正与图片特殊颜色调整。其中，图片偏色校正指恢复商品的原本颜色，减小图片与商品的真实颜色差异；图片特殊颜色调整是指改变原图效果，制作一些具有特殊色彩风格的图片。

↘ 2.3.1　图片偏色校正

图片偏色问题在图片处理中十分常见，如阴天拍摄的图片会偏淡蓝色，在室内钨丝灯光下拍摄出来的图片会偏黄，而底片本身也可能导致图片偏色。为避免引起消费者质疑，此时，可以通过以下几种方法对偏色的图片进行校正。

1. 使用"色相/饱和度"命令校正单种颜色

"色相/饱和度"命令可以对图片的整体色相、饱和度、亮度进行调整，从而改变图片颜色，常被用于处理图片中不协调的单种颜色。下面通过"色相/饱和度"命令调整"草莓.jpg"图片，使草莓颜色恢复正常，其具体操作步骤如下。

微课：使用"色相/饱和度"命令校正单种颜色

STEP 01 打开"草莓.jpg"图片（配套资源:\素材文件\第2章\草莓.jpg），如图2-26所示。

经验之谈：

由于图片中背景颜色偏绿，导致草莓颜色偏绿，画面整体效果不够美观，因此需要加强草莓的红色与绿叶的绿色，让对比更加强烈。

图2-26　打开素材文件

STEP 02 选择【图层】/【新建调整图

层】/【色相/饱和度】命令，打开“属性”面板，在“预设”下方的下拉列表中选择“红色”选项，在“色相、饱和度”数值框中分别输入“-14、+40”。

STEP 03 在“预设”下方的下拉列表中选择“绿色”选项，在“色相、饱和度”数值框中分别输入“+10、+17”，如图2-27所示。

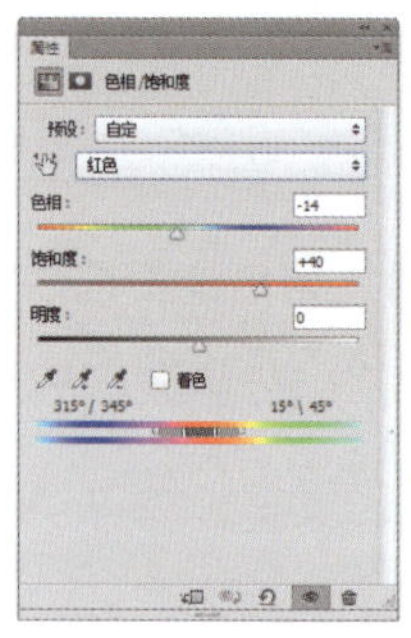
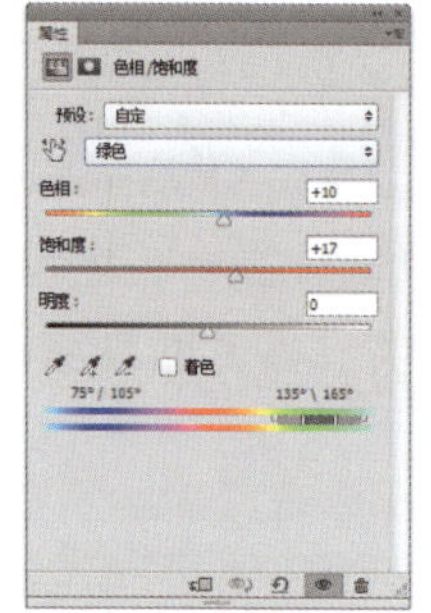

图2-27 调整可选颜色“红色”和“绿色”

STEP 04 完成后的效果如图2-28所示（配套资源:\效果文件\第2章\草莓.psd）。

图2-28 单色调整效果

2. 使用“色彩平衡”命令校正图片颜色

“色彩平衡”命令可以更改图片整体颜色的混合程度，多用于调整明显偏色的图片。下面通过“色彩平衡”命令调整“桂花糕.jpg”图片颜色，其具体操作步骤如下。

微课：使用“色彩平衡”命令校正图片颜色

STEP 01 打开“桂花糕.jpg”图片（配套资源:\素材文件\第2章\桂花糕.jpg），如图2-29所示。该图片颜色整体偏暖色调，因此需要为画面添加冷色调来平衡整个画面。

图2-29 打开素材文件

STEP 02 选择【图层】/【新建调整图层】/【色彩平衡】命令，打开“属性”面板，在“色调”下拉列表中选择“中间调”选项，再在“青色-红色、洋红-绿色、黄色-蓝色”的数值框中分别输入“-20、+2、+13”，减少图片中的红色，增加绿色，如图2-30所示。

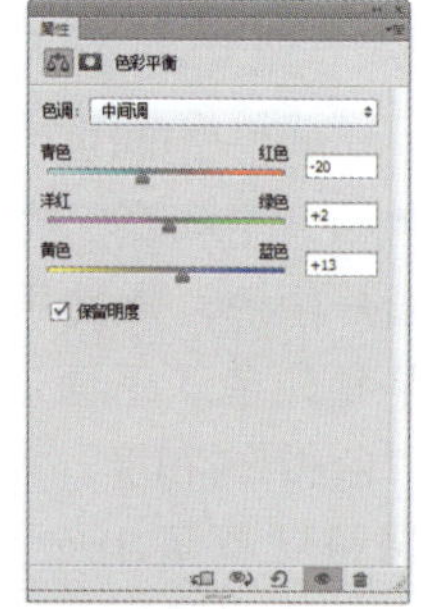

图2-30 调整中间调

STEP 03 在“色调”下拉列表中选择“阴影”选项，再在“青色-红色”数值框中输入“-3”，增加暗部的绿色；在“色调”下拉列表中选择“高光”选项，再在“青色-红色、洋红-绿色、黄色-蓝色”的数值框中分别输入“-12、

+7、-13”，如图2-31所示。

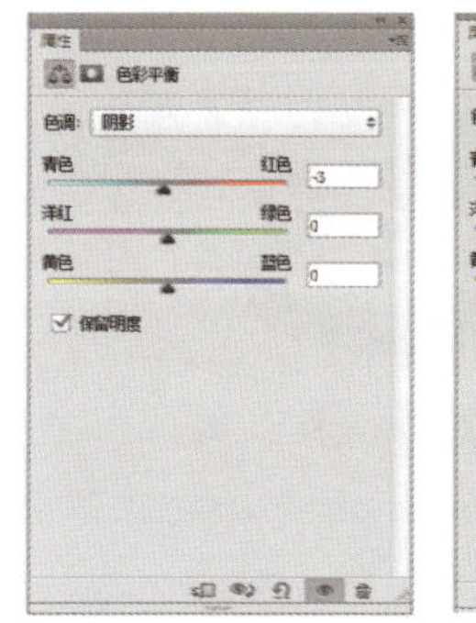

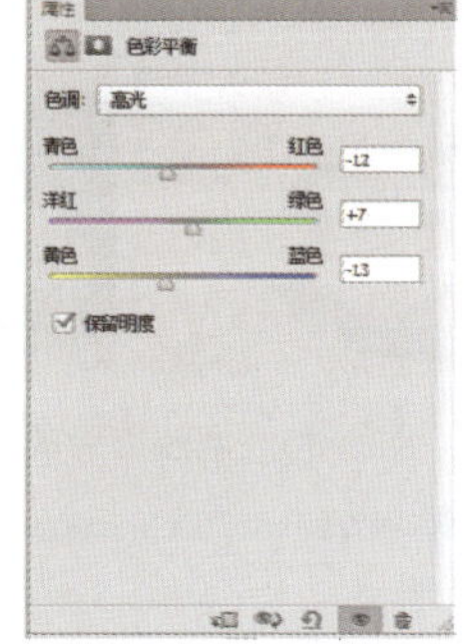

图2-31　调整阴影和高光

STEP 04 调整后的效果如图2-32所示（配套资源:\效果文件\第2章\桂花糕.psd）。

图2-32　最终效果

3. 使用“匹配颜色”命令校正偏色

网店美工在处理偏色严重的图片时可以使用“匹配颜色”命令，快速校正图片的偏色。下面通过“匹配颜色”命令校正偏黄的“葡萄.jpg”图片，其具体操作步骤如下。

微课：使用“匹配颜色”命令校正偏色

STEP 01 打开“葡萄.jpg”图片（配套资源:\素材文件\第2章\葡萄.jpg），如图2-33所示。该图片颜色偏黄。

图2-33　打开素材文件

STEP 02 按【Ctrl+J】组合键复制图层，选择复制的图层，选择【图像】/【调整】/【匹配颜色】命令，打开“匹配颜色”对话框，单击选中“中和”复选框；此时偏色得到校正，但图片偏暗，并且颜色整体偏绿，因此分别在“明亮度、颜色强度、渐隐”数值框中输入“150、120、30”，单击 确定 按钮，如图2-34所示。

图2-34　匹配颜色

STEP 03 返回图像窗口，查看调整后的色彩效果，完成后的效果如图2-35所示（配套资源:\效果文件\第2章\葡萄.psd）。

图2-35　最终调整效果

新手试练

下面对男鞋图片进行偏色处理。首先使用“匹配颜色”命令快速校正偏色，其次使用“色彩平衡”命令适当添加红色，最后适当提高图片的亮度与对比度，完成对男鞋图片的处理，如图2-36所示。

图2-36　调整前后的对比效果

2.3.2　图片特殊颜色调整

微课：使用“可选颜色”命令更改单种颜色

特殊颜色调整是指为了满足需要，更改图片中商品的颜色，或调整图片的色调和颜色，以获得个性化的视觉效果。下面将利用“可选颜色”“替换颜色”“曲线”命令对图片进行特殊颜色调整。

1. 使用“可选颜色”命令更改单种颜色

“可选颜色”命令可以对图片中的某种颜色进行有针对性的修改，同时不影响图片中的其他颜色。它主要通过控制印刷油墨的含量来控制颜色，其可控的颜色包括青色、洋红、黄色和黑色。下面为通过“可选颜色”命令将“冰淇淋.jpg”图片中的黄色背景加深的操作步骤。

STEP 01 打开“冰淇淋.jpg”图片（配套资源:\素材文件\第2章\冰淇淋.jpg），如图2-37所示。该图片颜色偏黄，且画面有些朦胧。

图2-37　打开素材文件

STEP 02 选择【图层】/【新建调整图层】/【可选颜色】命令，在打开的“属性”面板的“颜色”下拉列表中选择“黄色”选项，将“黄色”和“黑色”均设置为“+100%”，接着选择“红色”选项，进行相同设置，增加背景黄色的浓度，如图2-38所示。

图2-38　设置背景浓度

STEP 03 在图像窗口查看调整后的图片效果，此时背景与商品的对比更加鲜明，图片色彩更加艳丽，如图2-39所示（配套资源:\效果文件\第2章\冰淇淋.psd）。

图2-39　最终效果

2. 使用“替换颜色”命令替换颜色

使用“替换颜色”命令可以将图片中所选择的颜色替换为其他颜色，并且可以对选中颜色的色相、饱和度和亮度进行调整。下面通过“替换颜色”命令将“女大衣.jpg”图片中的红色替换为橘黄色，其具体操作步骤如下。

微课：使用“替换颜色”命令替换颜色

STEP 01 打开“女大衣.jpg”图片（配套资源:\素材文件\第2章\女大衣.jpg），如图2-40所示，按【Ctrl+J】组合键复制图层。

图2-40　打开素材文件

STEP 02 选择复制的图层，使用魔棒工具为红色大衣创建选区，在创建过程中，按住【Shift】键可加选选区，按住【Alt】键可减选选区。创建选区完成后选择【选择】/【修改】/【扩展】命令，在打开的对话框中将扩展量设置为“2像素”，单击 确定 按钮，如图2-41所示。

图2-41　创建并扩展选区

STEP 03 选择【图像】/【调整】/【替换颜色】命令，打开“替换颜色”对话框，单击按钮，在图像窗口中单击红色大衣吸取颜色，单击选中“选区”单选项（白色区域为颜色替换的范围），在“颜色容差”数值框中输入“200”，在“替换”栏中将“色相、饱和度”分别设置为“+38、+22”，单击 确定 按钮，如图2-42所示。

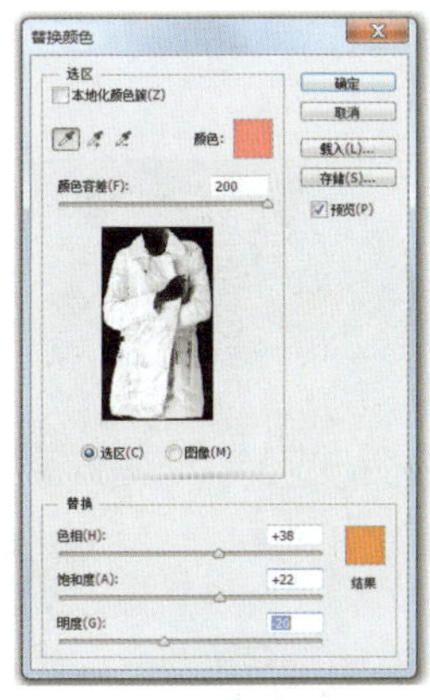

图2-42　设置替换颜色

STEP 04 返回图像窗口，按【Ctrl+D】

组合键取消选区，此时大衣颜色已经由红色变为橘黄色，最终效果如图2-43所示（配套资源:\效果文件\第2章\女大衣.psd）。

图2-43 最终效果

3. 使用“曲线”命令快速调色

使用“曲线”命令可以快速为图片添加特殊的色调。下面通过“曲线”命令的“蓝”通道为“婚鞋.jpg”图片添加梦幻蓝光效果，其具体操作步骤如下。

微课：使用“曲线”命令快速调色

STEP 01 打开“婚鞋.jpg”图片（配套资源:\素材文件\第2章\婚鞋.jpg），如图2-44所示。

图2-44 打开素材文件

STEP 02 选择【图层】/【新建调整图层】/【曲线】命令，在打开的“属性”面板中拖动曲线，调整图片的亮度与对比度，如图2-45所示。

图2-45 调整亮度与对比度

STEP 03 在“预设”下方的下拉列表中选择“蓝”通道，向上拖动曲线为图片添加蓝色调，如图2-46所示，然后查看图片调整效果（配套资源:\效果文件\第2章\婚鞋.psd）。

经验之谈：

选择【图像】/【调整】/【照片滤镜】命令，也可以快速调整整张图片的色调。

图2-46 添加蓝色调

2.4 实战演练

下面我们将结合本章所讲解的调色知识进行实战演练，以童装调色和打造街拍图片风格为例，巩固本章所学知识。

↘ 2.4.1　童装调色

微课：童装调色

对于服装类商品来说，网店美工只需适当调整色彩与光线，提高服装的对比度、饱和度，使其尽量接近商品本身颜色，再进行背景的更换即可。下面我们将以一张童装连衣裙的图片为例，讲解调色处理的方法，并更换背景，童装调色处理前后的对比效果如图2-47所示。

图2-47　调色处理前后的对比效果

1. 设计思路

处理该童装图片的设计思路如下。

（1）首先将图片中的童装抠取出来，以方便调整童装色彩。

（2）抠取的童装整体颜色明显偏暗，因此需要通过"色阶"命令提高童装的亮度。

（3）调整亮度后，图片中的色彩饱和度依然不够，色彩暗沉，选择"色相/饱和度"命令提高童装的色彩鲜艳度。

（4）通过"曲线"命令，提高童装整体的亮度，并运用蒙版工具保留褶皱与缝纫线的暗部部分。

（5）添加童装背景，美化童装图片，使其更加富有童趣。

2. 知识要点

若想完成本例图片的制作，就需要掌握以下知识。

（1）利用"魔棒工具"创建选区，并删除背景部分。

（2）利用"图层"面板底部的"创建新的填充或调整图层"按钮，或【图层】/【新建调整图层】命令，新建调整图层。

（3）使用蒙版和"画笔工具"，控制色彩调整的范围。

（4）利用"替换颜色""色阶""可选颜色""曲线"命令，调整图片颜色。

3. 操作步骤

下面为对童装图片进行处理的具体操作步骤。

STEP 01 打开“童装.jpg”图片（配套资源:\素材文件\第2章\童装.jpg），选择“魔棒工具”，在工具属性栏中将其“容差”值设置为“5”，单击选择灰色背景，按【Ctrl+Shift+I】组合键反选，为童装创建选区，按【Shift+F6】组合键打开“羽化选区”对话框，将羽化半径设置为“0.5像素”，单击 确定 按钮，如图2-48所示。

图2-48 创建选区并设置羽化半径

STEP 02 选择【文件】/【新建】命令，在打开的对话框中将其名称设置为“童装”，将“宽度”和“高度”均设置为“800像素”，将分辨率设置为“72像素/英寸”，将“背景内容”设置为“白色”，单击 确定 按钮，新建白色背景图片，如图2-49所示。

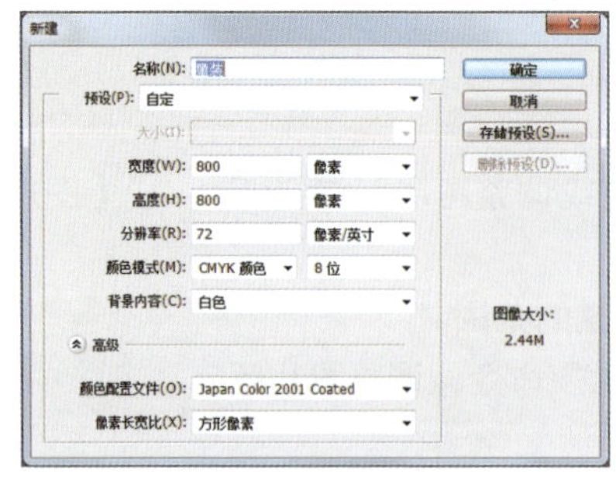

图2-49 新建白色背景图片

STEP 03 选择“移动工具”，切换到图片所在窗口，将衣服选区拖动到新建的图片中，如图2-50所示。

图2-50 移动图片到白色背景中

STEP 04 选择【图层】/【新建调整图层】/【色阶】命令，在打开的“属性”面板中将左侧滑块值设置为“12”，右侧滑块值设置为“200”，如图2-51所示，完成后图片变亮。

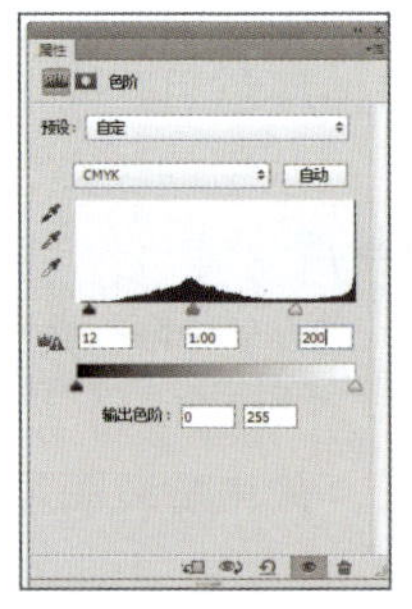

图2-51 调整色阶

STEP 05 选择【图层】/【新建调整图层】/【色相/饱和度】命令，打开“属性”面板，在“预设”下方的下拉列表中选择“红色”选项，在“色相、饱和度、明度”数值框中分别输入“-27、+31、+31”；在“预设”下方的下拉列表中选择“全图”选项，在“色相、饱和度、明度”数值框中分别输入“0、+38、+12”，如图2-52所示。

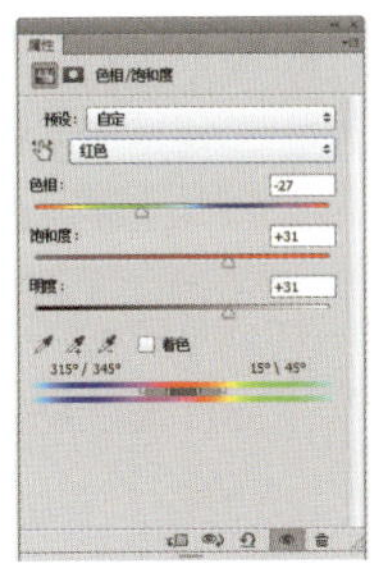

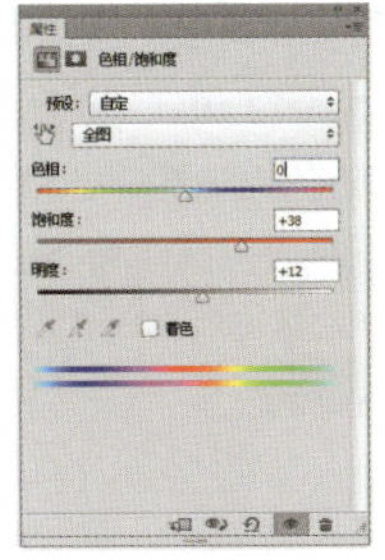

图2-52　调整色相/饱和度

STEP 06 为了让图片的对比更加强烈，我们需要让亮部的对比度降低。选择【图层】/【新建调整图层】/【曲线】命令，将右上方的控制点向下方拖动，将输出值更改为“80”，如图2-53所示，此时图片变亮，图片的对比度降低。

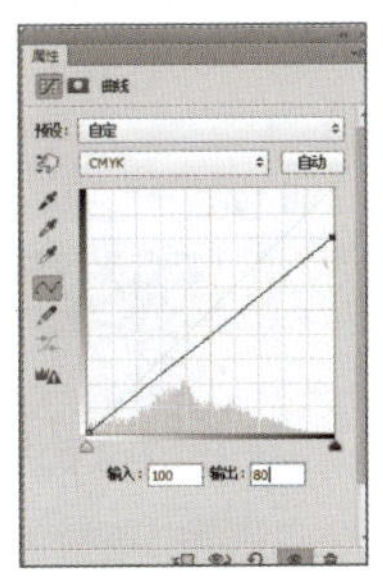

图2-53　提高亮度并降低图片的对比度

STEP 07 在“图层”面板中选择“曲线1”图层中的白色蒙版，选中蒙版后，其四角增加边框线，将前景色设置为“黑色”，按【Alt+Delete】组合键将蒙版填充为“黑色”；将前景色设置为“白色”，选择“画笔工具”，将画笔硬度设置为“0%”，不透明度设置为“66%”，调整画笔大小，用其涂抹褶皱处，如图2-54所示。

图2-54　提高对比度

STEP 08 选择【文件】/【置入】命令，在打开的对话框中选择素材的路径，双击“童装背景.jpg”图片（配套资源:\素材文件\第2章\童装背景.jpg），置入背景图片，将背景图层拖动到白色背景上方，并调整童装以及调整图层的大小与位置，效果如图2-55所示（配套资源:\效果文件\第2章\童装.psd）。

图2-55　最终效果

2.4.2　打造街拍图片风格

为了展示网店的特色，许多淘宝商家会使用街拍图片。街拍图片可广泛用于服装、鞋、箱包、围巾等商品中。而街拍的图片若不经过特殊处理，效果往往不理想。下面我们以处理街拍图片为例，为街拍图片打造暖色系的效果，处理前后的对比效果如图2-56

所示。

图2-56 处理前后的对比效果

1. 设计思路

淡淡的暖色是一种比较舒适的颜色，将图片打造成暖色系图片的设计思路如下。

（1）使用“色彩平衡”命令选择中间调调整，可以快速将图片调整为暖色系的图片。

（2）使用“可选颜色”命令来调整局部颜色，增加补光。

（3）使用“色彩平衡”命令选择高光调整，添加红色与蓝色，对图片中人物的皮肤与衣服的颜色进行渲染。

2. 知识要点

完成本例图片的制作，大家需要掌握以下知识。

（1）利用【图层】/【新建调整图层】/【色彩平衡】命令，设置“色彩平衡”参数。

（2）利用【图层】/【新建调整图层】/【可选颜色】命令，设置“可选颜色”参数。

微课：打造街拍图片风格

3. 操作步骤

下面为制作暖色系图片的具体操作步骤。

STEP 01 打开“街拍.jpg”图片（配套资源:\素材文件\第2章\街拍.jpg），选择【图层】/【新建调整图层】/【色彩平衡】命令，打开“属性”面板，在“色调”下拉列表中选择“中间调”选项，在“青色-红色、洋红-绿色、黄色-蓝色”数值框中分别输入“0、0、-49”，增加黄色，如图2-57所示。

图2-57 增加黄色

选择【图层】/【新建调整图层】/【可选颜色】命令，在打开的“属性”面板中的“颜色”下拉列表中选择“黄色”选项，在“青色、洋红、黄色”数值框中分别输入“-36、30、-13”，减少黄色与青色，添加洋红色，如图2-58所示。

图2-58　为黄色添加洋红色补光

STEP 02 在“颜色”下拉列表中选择“绿色”选项，在“青色、洋红、黄色”数值框中分别输入“-99、100、-24”，为绿色添加洋红色的补光，如图2-59所示。

图2-59　为绿色添加洋红色的补光

STEP 03 选择【图层】/【新建调整图层】/【色彩平衡】命令，打开“属性”面板，在“色调”下拉列表中选择“高光”选项，在“青色-红色、洋红-绿色、黄色-蓝色”数值框中分别输入“6、0、9”，为高光添加补色，使暖色调图片更加自然，最终效果如图2-60所示（配套资源:\效果文件\第2章\街拍.psd）。

图2-60　最终效果

课后练习

（1）网店美工在处理色彩鲜艳的商品图片时，需要增加图片色彩的饱和度。本练习将处理一张曝光不足、色彩暗淡的酒瓶图片（配套资源:\素材文件\第2章\酒瓶.jpg），处理后的图片颜色鲜艳、美观。处理时，我们先使用“曲线”命令提高图片亮度，然后使用“色阶”命令增加明部和暗部的对比度，调整前后的对比效果如图2-61所示（配套资源:\效果文件\第2章\酒瓶.psd）。

图2-61　酒瓶图片调整前后的对比效果

（2）本练习将处理一张曝光不足、色彩暗淡的皮鞋图片（配套资源:\素材文件\第2章\皮鞋.jpg），处理后图片中的皮鞋光泽度提高，图片背景生机盎然。处理该图片时，我们首先需要适当提高图片的亮度与对比度，然后使用“可选颜色”命令对背景中的绿色进行渲染，皮鞋图片调整前后的对比效果如图2-62所示（配套资源:\效果文件\第2章\皮鞋.psd）。

图2-62　皮鞋图片调整前后的对比效果

第3章　图片修饰

消费者在网上购物时，大部分都是先看商品的图片再看文字内容，因此一张好的商品图片对商品交易的成功有很大帮助。网店美工除了需要对图片进行修改尺寸、调色处理外，还可以对图片进行适当的修饰，让图片清晰美观，如去除污点杂质、美化模特、制作金属质感的效果、添加文本修饰、制作高光与发光效果等。本章将对图片修饰的常见手法进行讲解。

学习目标：

* 认识涂抹与模糊工具
* 认识加深与减淡工具
* 认识仿制图章工具
* 认识污点修复与修补工具
* 认识文本与形状工具

技能目标：

* 掌握去除污点、去除背景中多余的物品和美化模特的方法
* 掌握添加高光、添加发光和背景虚化的制作方法
* 熟悉光滑材质处理的方法
* 熟悉金属质感的制作方法
* 掌握提高图片清晰度的方法
* 掌握添加文本、图形元素的方法

3.1 修饰图片

网店美工在修饰图片时要根据修饰的要求和目的选择不同的修饰方法，如要去除图片背景中多余的物体，就需要运用仿制图章工具对其进行涂抹处理；要提高商品图片的清晰度，就需要运用滤镜对其进行清晰处理。本章将介绍修饰图片的几种常见方法。

3.1.1 清除图片上的污迹

微课：清除图片上的污迹

除了天气、灯光、技术等原因可能造成图片的视觉效果不好之外，商品本身的污渍或者拍摄环境也会导致图片不够美观，此时网店美工可利用内容识别填充功能和内容感知移动工具来快速对图片进行处理，其具体操作步骤如下。

STEP 01 打开“小白鞋.jpg”图片（配套资源:\素材文件\第3章\小白鞋.jpg），如图3-1所示。

图3-1 打开素材文件

STEP 02 使用“套索工具”为图片中鞋子的污迹部分创建选区，如图3-2所示。

图3-2 创建选区

STEP 03 选择【编辑】/【填充】命令，在打开的对话框的“使用”下拉列表中选择“内容识别”选项，单击 确定 按钮，如图3-3所示。

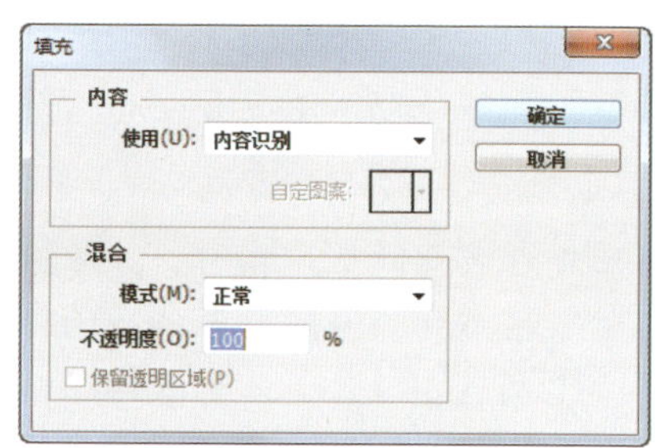

图3-3 内容识别填充

STEP 04 返回工作界面查看污迹被清除后的效果，如图3-4所示。

图3-4 污迹被清除后的效果

STEP 05 使用相同的方法为图片中其他有污迹的部分创建选区，使用“内容识别”填充功能清除污迹，若清除不到位，可选择“内容感知移动工具”，在污迹旁边干净的面料处绘制能够覆盖污迹区域的选区，如图3-5所示。

图3-5　绘制取样选区

STEP 06 将选区拖动到污迹上，即可覆盖并清除污迹，污迹被清除后的效果如图3-6所示（配套资源:\效果文件\第3章\小白鞋.jpg）。

图3-6　最终效果

3.1.2　去除背景中多余的物品

微课：去除背景中多余的物品

网店美工在处理背景较复杂的图片时，若需要去除背景中多余的物品，采用前面的方法可能并不能达到理想的效果，此时可结合仿制图章工具进行修复。下面将讲解去除便携榨汁机图片背景中的手指的操作，其具体操作步骤如下。

STEP 01 打开“便携榨汁机.jpg”图片（配套资源:\素材文件\第3章\便携榨汁机.jpg），如图3-7所示，按【Ctrl+J】组合键复制图层。

图3-7　打开素材文件

STEP 02 使用任意选区创建工具沿着榨汁机下方手握位置创建选区，选择“仿制图章工具”，按【[】键或【]】键调整印章大小，按【Alt】键在手上方的空白背景处取样，在选区内涂抹，在涂抹过程中可以不断取样背景上的区域，从而去除背景中的手图像，如图3-8所示。

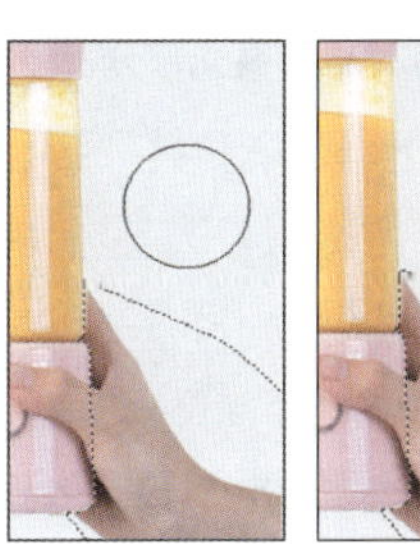
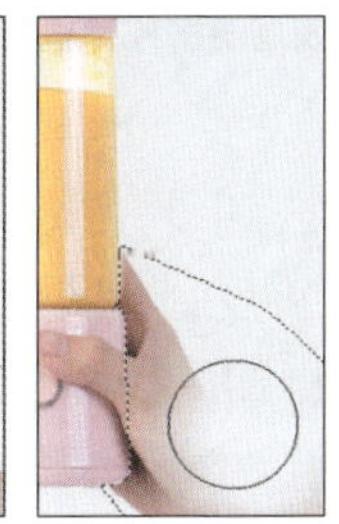
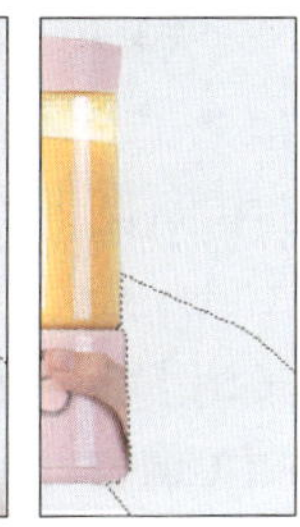

图3-8　去除便携榨汁机外面的手

STEP 03 使用相同的方法在便携榨汁机

右下侧区域创建选区，按【Alt】键在便携榨汁机粉色以及高光部分取样，在选区内涂抹，在涂抹过程中可以不断调整印章大小，如图3-9所示。

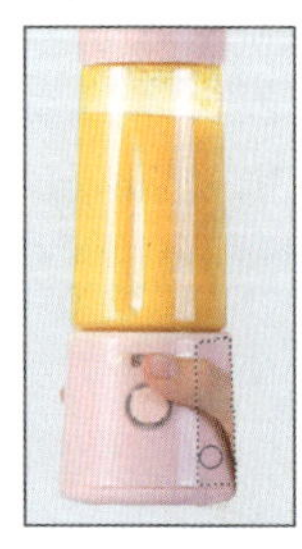
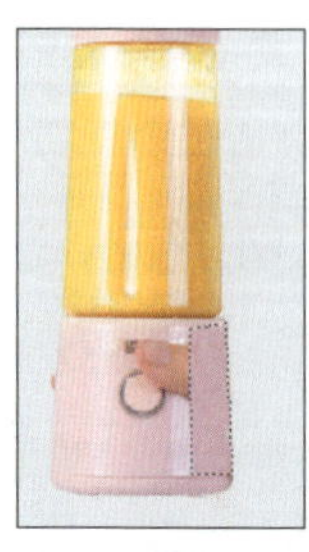
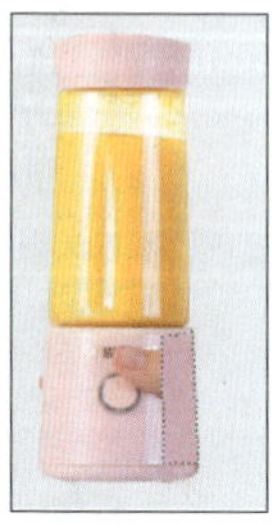

图3-9　去除便携榨汁机下方的手

STEP 04 选择“仿制图章工具”，按【[】键或【]】键调整其大小，按【Alt】键在便携榨汁机高光部分取样，释放【Alt】键在手指遮挡的高光处涂抹，如图3-10所示。

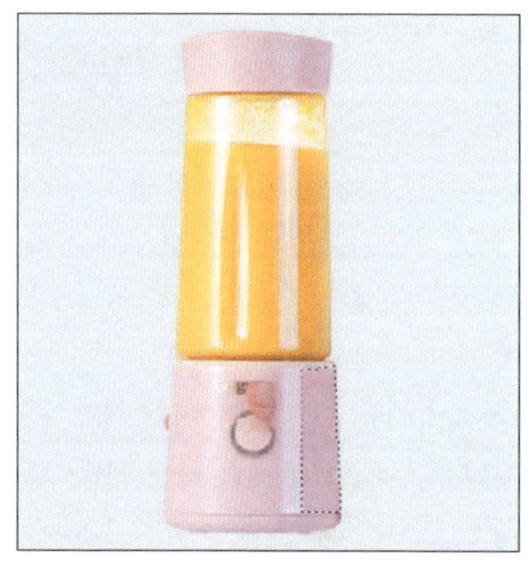

图3-10　恢复便携榨汁机的高光部分

STEP 05 选择“多边形套索工具”，在中间圆形按钮下方创建选区，按【Ctrl+J】组合键复制选区到新图层上，按【Ctrl】键单击图层缩略图，载入选区，按【Ctrl+T】组合键使画面进入选区编辑状态，旋转选区使其与按钮残缺部分重叠，完成后再次使用“仿制图章工具”涂抹，使其更加自然，如图3-11所示。

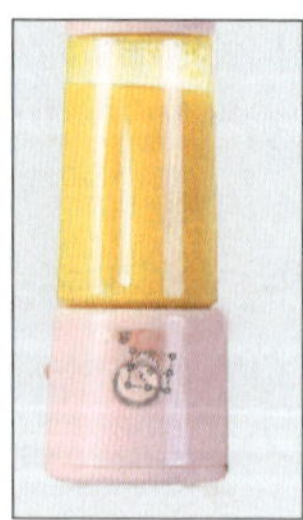
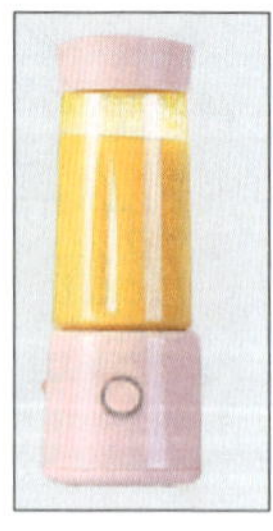

图3-11　去除按钮上的手指

STEP 06 继续按【Alt】键在便携榨汁机左侧边缘相似处取样，释放【Alt】键在选区位置涂抹，在涂抹过程中可以不断取样周围的图片，去除便携榨汁机左侧残余的手指，效果如图3-12所示（配套资源:\效果文件\第3章\便携榨汁机.psd）。

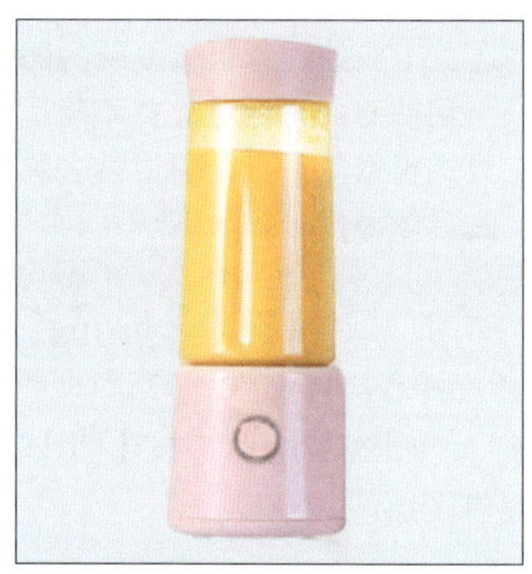

图3-12　最终效果

新手试练

请使用仿制图章工具去除便携榨汁机周围的杂物，去除杂物前后的效果如图 3-13 所示。

图3-13　去除杂物前后的效果

3.1.3　美化模特

现在网店中很多商品都是运用人物直接展现的，尤其是服装类商品，这样可以让消费者更直观地看到服装的试穿效果。而网店模特的身材或多或少地存在一定的瑕疵，所以网店美工应掌握美化模特的方法来解决这类问题。下面通过液化工具为模特打造纤细身姿，突出商品美感，其具体操作步骤如下。

STEP 01 打开“女装模特.jpg”图片（配套资源:\素材文件\第3章\女装模特.jpg），如图3-14所示，按【Ctrl+J】组合键复制图层。

图3-14　打开素材文件

STEP 02 执行【滤镜】/【液化】命令，选择“向前变形工具”，将画笔大小设置为“200”，将图片显示比例更改为“83.1%”，向内侧拖动模特左侧腰部的曲线，如图3-15所示。

图3-15　收腰

STEP 03 使用相同的方法继续修改模特左侧的整体曲线，如图3-16所示。

图3-16　塑造曲线

经验之谈:

在液化过程中，要注意模特的比例，拖动幅度太大，会导致模特身材不协调。

STEP 04 选择“重建工具”，将画笔大小更改为“100”，将图片显示比例更改为“200%”，使用“抓手工具”拖动图片，控制显示区域，此处为右侧袖子。选择“向前变形工具”，向内侧拖动袖子的曲线，如图3-17所示。

图3-17　瘦手臂

图3-18　模特瘦身效果

STEP 05 按住鼠标左键，在其他需要调整的地方向内拖动鼠标，如下巴等，然后保存文件，完成对模特身形的处理，模特瘦身效果如图3-18所示（配套资源:\效果文件\第3章\女装模特.jpg）。

经验之谈:

在液化过程中，我们在左侧选择“重建工具”可还原笔刷半径内所做的修改；选择“膨胀工具”可膨胀笔刷半径内的部分，如放大眼睛、丰胸；选择“褶皱工具”可收缩笔刷半径内的部分，如收缩腹部。

新手试练

请使用“膨胀工具”和“向前变形工具”，将模特的眼睛放大，放大眼睛前后的对比效果如图 3-19 所示。

图3-19　放大眼睛前后的对比效果

3.1.4　光滑材质表面

网店美工在处理一些表面粗糙且有很多杂质的图片时，可以利用Photoshop CS6的涂抹工具，使商品的表面显得更加光滑。下面介绍利用涂抹工具为蜜蜡图片打造光滑表面，以及利用污点修复画笔工具处理图片表面杂质的具体操作步骤。

微课：光滑材质表面

STEP 01 打开“蜜蜡.jpg”图片（配套资源:\素材文件\第3章\蜜蜡.jpg），如图3-20所示，按【Ctrl+J】组合键复制图层。

图3-20　打开素材文件

STEP 02 选择“污点修复画笔工具”，按【[】键或【]】键将画笔大小调整为污点大小，单击蜜蜡上的污点进行污点去除处理，如图3-21所示。

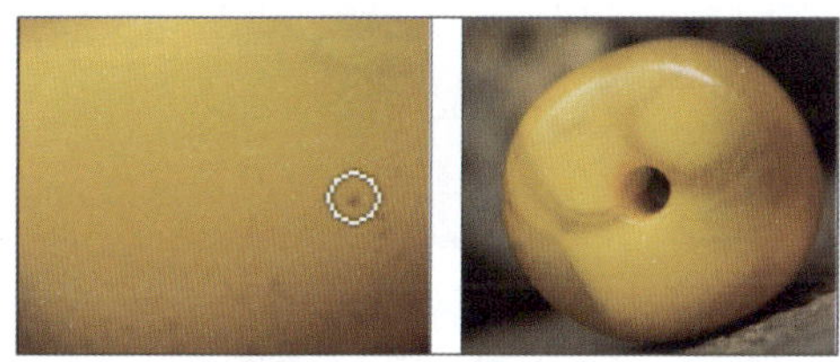

图3-21　去除污点

STEP 03 选择“污点修复画笔工具”，将工具属性栏中的“硬度”设置为“25%”，按【[】键或【]】键调整画笔大小，在表面粗糙的地方沿着颜色的流向来回涂抹，如图3-22所示。

图3-22　涂抹蜜蜡

STEP 04 继续使用相同的方法涂抹蜜蜡所有粗糙的表面，使其光滑，效果如图3-23所示（配套资源:\效果文件\第3章\蜜蜡.jpg）。

图3-23　最终效果

3.1.5　加强亮部与暗部的对比

Photoshop CS6中的加深和减淡工具也是网店美工在修饰图片时使用非常频繁的工具，尤其是对图片的颜色进行一些明暗的局部对比度调整时，经常会用到加深和减淡工具。下面通过加深和减淡工具对吉他图片中的部分区域进行加深与减淡处理，使画面对比更加鲜明，其具体操作步骤如下。

微课：加强亮部与暗部的对比

STEP 01 打开“吉他.jpg”图片（配套资源:\素材文件\第3章\吉他.jpg），如图3-24所示，按【Ctrl+J】组合键复制图层。

图3-24 打开素材文件

STEP 02 新建曲线调整图层，拖动曲线，适当调整图片的对比度与亮度，如图3-25所示。

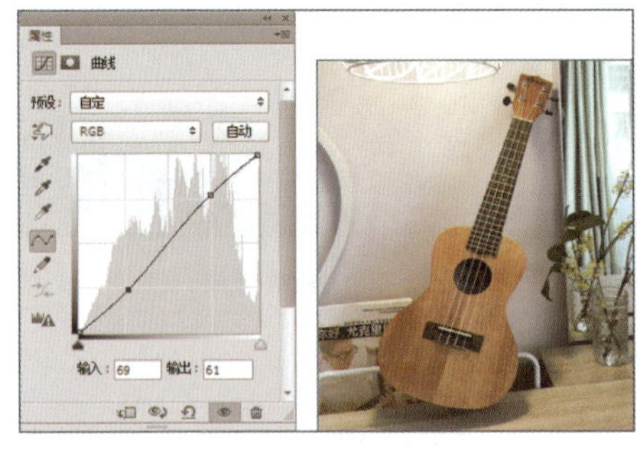

图3-25 调整曲线

STEP 03 选择“加深工具”，在工具属性栏中的“范围”下拉列表框中选择“阴影”，将“曝光度”设置为“14%”，按【[】键或【]】键调整画笔大小，涂抹图片中的阴影部分，如图3-26所示。

图3-26 局部加深图片

STEP 04 选择“减淡工具”，在工具属性栏中的“范围”下拉列表框中选择“中间调”，将“曝光度”设置为“20%”，按【[】键或【]】键调整画笔大小，涂抹图片中的墙壁、桌子和吉他，进行部分提亮，完成后保存图片，其效果如图3-27所示（配套资源:\效果文件\第3章\吉他.psd）。

图3-27 局部减淡图片后的效果

↘ 3.1.6　增加金属质感

商家在拍摄具有金属质感的商品过程中，由于反光很强烈，体现不出商品的质感。此时，网店美工就需要利用Photoshop来为图片打造金属质感效果，如利用渐变填充或图层样式可以为图片打造金属质感效果；而利用“杂色”命令，则可以为图片添加磨砂质感效果。下面通过渐变填充与“杂色”命令，制作有金属磨砂质感的瓶盖，其具体操作步骤如下。

STEP 01 打开“精华.jpg”图片（配套资源:\素材文件\第3章\精华.jpg），为瓶子创建选区，如图3-28所示。

图3-28　为瓶子创建选区

STEP 02 按【Ctrl+J】组合键复制瓶子到新图层上，在瓶子下方新建白色图层作为背景，如图3-29所示。

图3-29　添加白色背景

STEP 03 选择“渐变工具”，在工具属性栏中单击渐变色条，打开“渐变编辑器”对话框，双击渐变条下方的色标，在此处双击渐变条下方左侧第一个色标，将打开“拾色器（色标颜色）”对话框，在“#”文本框中输入“cfa776”，单击确定按钮，设置该色标所在位置的颜色值，如图3-30所示。

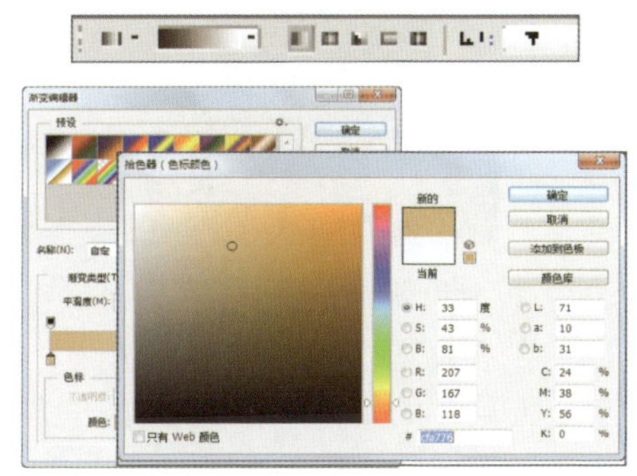

图3-30　设置色标的颜色值

STEP 04 单击渐变条下边缘空白位置可添加色标，拖动色标可调整渐变位置。使用与STEP 03相同的方法设置每个色标的颜色值，如图3-31所示，单击确定按钮，此时工具属性栏的渐变色条发生变化。

图3-31　设置渐变填充色

STEP 05 选择钢笔工具，为瓶盖的金属部分创建选区，按【Shift】键，将鼠标光标从选区的左侧边缘拖动到右侧边缘，创建线性渐变填充，如图3-32所示。

图3-32　线性渐变填充

STEP 06 在瓶盖左上角处创建选区，在"渐变工具"的工具属性栏中单击"径向渐变"按钮，单击渐变色条，在打开的对话框中单击颜色渐变条下方的色标，按【Delete】键将其删除，只保留两个颜色色标，分别拖动到左侧和右侧，将颜色色标值按STEP 03的方法分别设置为"#c68e43、#ffdaa5"。同时，单击 确定 按钮，在选区内将鼠标光标从左侧边缘拖动到右侧边缘，创建径向渐变填充，如图3-33所示。

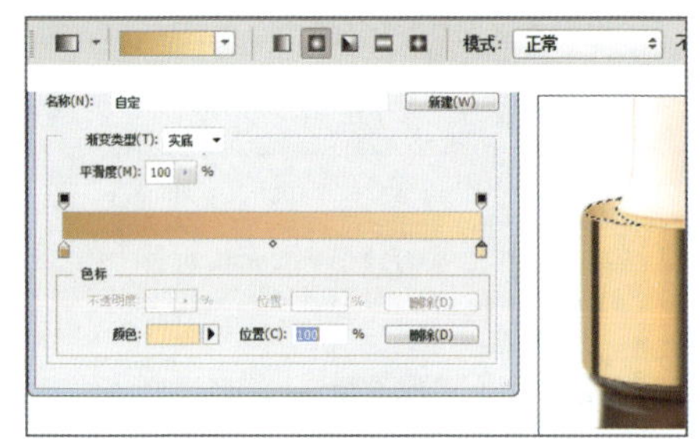

图3-33　径向渐变填充

STEP 07 为金属区创建选区，按【Ctrl+J】组合键将其复制到新图层上，如图3-34所示。

图3-34　创建新图层

STEP 08 选择【滤镜】/【杂色】/【添加杂色】命令，打开"添加杂色"对话框，将"数量"设置为"11.86%"，单击选中"平均分布"单选项和"单色"复选框，单击 确定 按钮，如图3-35所示。

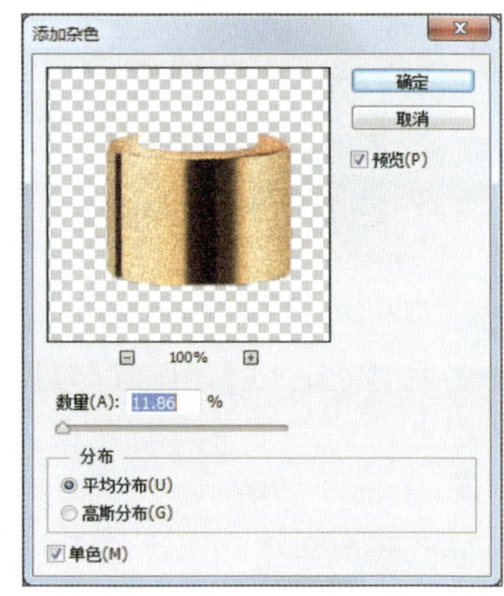

图3-35　添加杂色

STEP 09 在"图层"面板中将瓶盖图层的混合模式设置为"柔光"，如图3-36所示。

图3-36　设置图层混合模式

STEP 10 选择图层1和图层3，按【Ctrl+E】组合键合并图层1和图层3。打开“精华背景.jpg”图片（配套资源:\素材文件\第3章\精华背景.jpg），将合并后的图层移动到背景中，如图3-37所示。

图3-37　添加背景

STEP 11 按【Ctrl+J】组合键复制精华图层，并将其拖动到精华图层的下方，按【Ctrl+T】组合键，使图片呈框选状态，再在其上单击鼠标右键，在弹出的快捷菜单中选择“垂直翻转”命令，完成后将图片向下移动形成投影，如图3-38所示。

图3-38　垂直翻转后的效果

STEP 12 将前景色设为白色，选择“渐变工具”，在工具属性栏中单击渐变色条，打开“渐变编辑器”对话框，选择“预设”为“前景色到透明渐变”，单击 确定 按钮，如图3-39所示。

图3-39　选择“前景色到透明渐变”

STEP 13 在“图层”面板中将翻转后图层的“填充”设置为“15%”，按【Ctrl】键单击图层缩略图，载入选区，按【Shift】键，将鼠标光标从选区的下方拖动到选区的上方，如图3-40所示。

图3-40　绘制投影

STEP 14 选择精华和投影图层，按【Ctrl+J】组合键复制图层，再选择复制的图层，按【Ctrl+T】组合键，使图片呈框选状态，调整精华大小与位置，最终效果如图3-41所示（配套资源:\效果文件\第3章\精华.psd）。

图3-41　最终效果

3.1.7 提高图片清晰度

商家在拍摄照片时，有时会出现一些镜头的问题，使拍摄出来的照片模糊，展现不出商品的质感。例如，下面的毛巾图片，体现不出柔软的商品特征，接下来我们将利用USM锐化和高反差保留滤镜对“毛巾.jpg”图片进行清晰度处理，其具体操作步骤如下。

STEP 01 打开“毛巾.jpg”图片（配套资源:\素材文件\第3章\毛巾.jpg），此时图片的毛茸感不强。使用钢笔工具绘制毛巾区域，按【Ctrl+Enter】组合键创建选区，如图3-42所示，按【Ctrl+J】组合键将创建的选区复制到新的图层上。

图3-42 创建选区

STEP 02 选择新建的图层，选择【滤镜】/【锐化】/【USM锐化】命令，打开“USM锐化”对话框，将数量设置为“30%”，将半径设置为“300像素”，单击 确定 按钮，如图3-43所示。

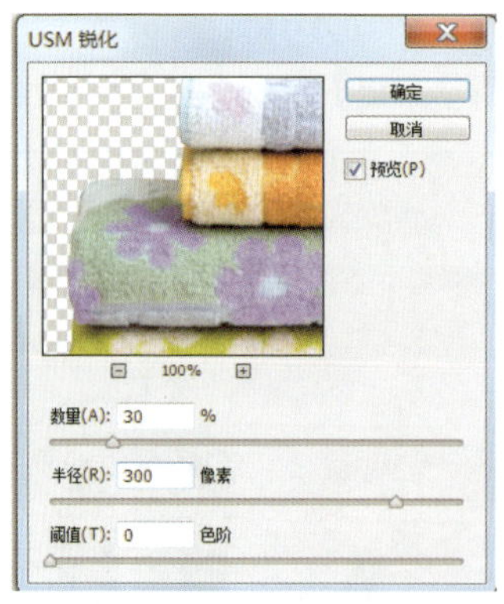

图3-43 设置“USM锐化”参数

STEP 03 选择图层1，按【Ctrl+J】组合键，创建图层1副本。选择图层1副本，选择【滤镜】/【其他】/【高反差保留】命令，打开“高反差保留”对话框，将“半径”设置为“15像素”，单击 确定 按钮，如图3-44所示。

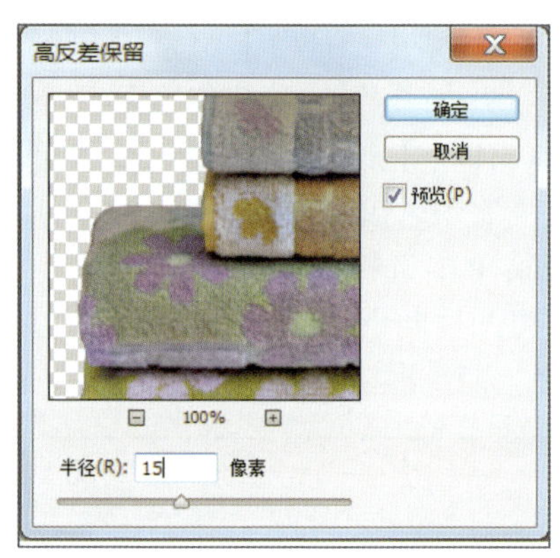

图3-44 设置“高反差保留”参数

STEP 04 返回图像窗口，将图层1副本的混合模式设置为“柔光”，进一步清晰化处理毛巾，如图3-45所示。

图3-45 设置图层混合模式

STEP 05 选择【图层】/【新建调整图层】/【色阶】命令，在打开的“属性”面板中，将左侧滑块值设置为“20”，降低图片亮度，如图3-46所示。

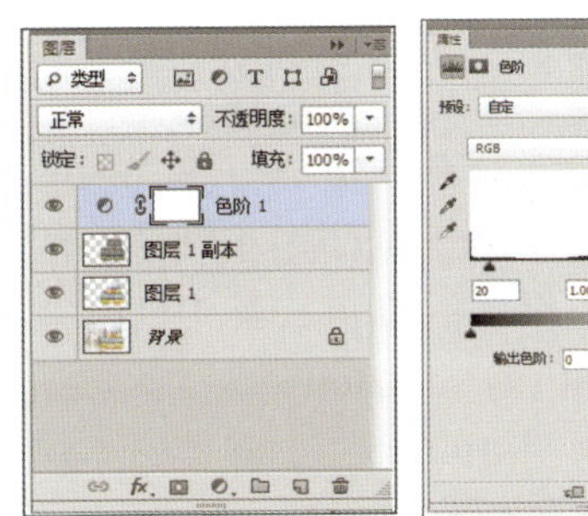

图3-46 调整色阶

STEP 06 清晰化处理后的图片毛茸感更强烈，如图3-47所示（配套资源:\效果文件\第3章\毛巾.psd）。

图3-47 清晰化处理后的图片效果

3.2 丰富图片内容

对于网店美工来说，修饰图片不仅是要进行去除污点、美化模特等操作，图片的描述性文字和装饰图案也是非常重要的一部分，为图片添加适量的设计元素可以更直观地向消费者传达商品信息，并且也使图片的内容更加丰富美观。文字、形状、图案等是网店美工最常用的设计元素。

3.2.1 添加与美化图片文本

网店美工可以使用Photoshop中的文字工具为图片添加文本。添加文本后，网店美工还可以根据需要设置文本的字体、字号、颜色、加粗与倾斜等效果。此外，还可通过编辑文字路径对文本进行造型设计，也可根据需要将图案裁剪到文本中。下面制作开业广告中的介绍文本，其具体操作步骤如下。

微课：添加与美化图片文本

STEP 01 打开“开业广告.jpg”图片（配套资源:\素材文件\第3章\开业广告.jpg），选择“横排文字工具”T，单击鼠标左健定位文本插入点，输入“WOW!”，按【Enter】键完成输入。使用相同的方法继续输入其他文本，如图3-48所示。

图3-48 输入文本

经验之谈：

在输入文本前，可按住鼠标左键不放并拖动鼠标绘制文本框，这样便于段落文本的输入与编辑。

STEP 02 选择文字，按【Ctrl+T】组合键进入自由变换模式，拖动四角的控制点设置文本的大小，也可在工具属性栏的“设置字体大小”下拉列表框中精确设置文本的字号，调整后的效果如图3-49所示。

图3-49　调整文本大小

STEP 03 选择“WOW！开业有礼 大放送”文字，在工具属性栏中将字体设置为“方汉仪菱心体简”，然后将其他文本字体设置为“汉仪中黑简”，如图3-50所示。

图3-50　搭配文本字体

经验之谈：

在文本工具的工具属性栏中单击“切换字符和段落面板”按钮，可在打开的“字符”和“段落”面板中集中设置文本的字体、字号、颜色、间距、首行缩进、行距、段落对齐方式等。

STEP 04 选择“WOW！”文字图层，在“横排文字工具”的工具属性栏中单击“设置文本颜色”选项，将文本颜色设置为“#ffef00”，使用相同的方法设置其他文本字体的颜色，其中“开业有礼”文本颜色为“#62fcff”，“大放送”文本颜色为“#ff6e75”，其他文本颜色为白色，效果如图3-51所示。

图3-51　设置文本颜色

经验之谈：

若要设置一个文本图层中的某个文本的颜色、字号、字形等，我们需要将文本插入点插入到该文本前，然后按住鼠标左键不放并拖动鼠标选中该文本。

STEP 05 双击“WOW！”图层，在打开的“图层样式”对话框中单击选中“描边”复选框，将“大小”设置为“10像素”，“颜色”设置为“黑色”，如图3-52所示。

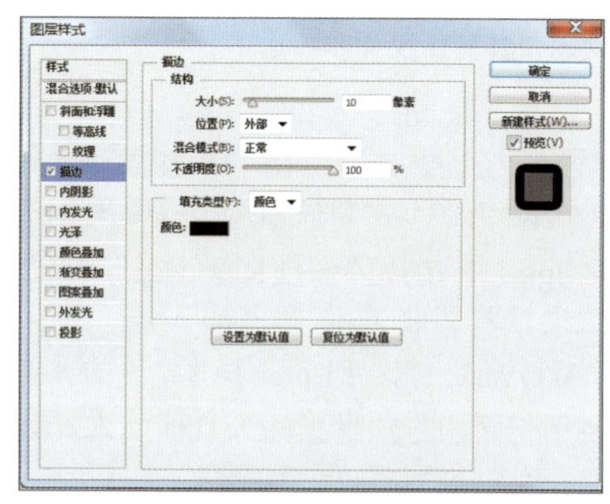

图3-52　添加描边

STEP 06 使用相同的方法为“开业有礼”“大放送”文字图层制作描边，并将“大小”设置为“20像素”，将“颜色”设置为“#461b92”，设置描边后的效果如图3-53所示。

图3-53　设置描边后的效果

STEP 07 隐藏“WOW！”图层，选择“钢笔工具”，按住【Ctrl】键不放，单击文本形状，即可选择文字路径并显示路径上的锚点，通过编辑路径上的锚点更改“！”的外观，使用相同的方法为“开业有礼 大放送”文本编辑外观，如图3-54所示。

图3-54　使用钢笔工具编辑文本形状

STEP 08 选择“新店开业，限时抢购”图层下方的背景图层，将前景色设置为“#ff7b20”。选择“圆角矩形工具”，在工具属性栏中将“半径”设置为“10像素”，在“新店开业，限时抢购”文本下方绘制圆角矩形，如图3-55所示。

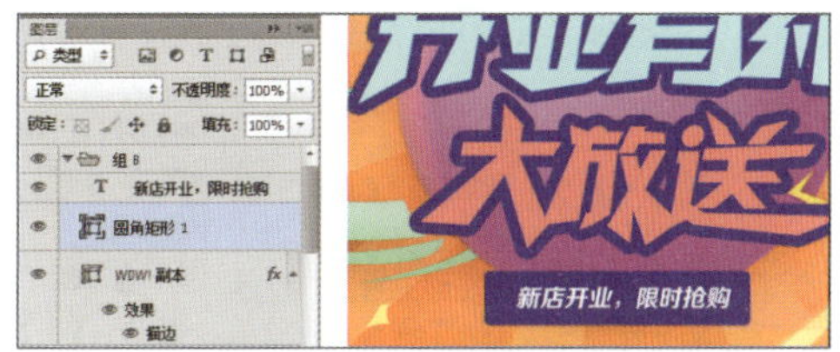

图3-55　绘制圆角矩形

STEP 09 最终效果如图3-56所示（配套资源:\效果文件\第3章\开业广告.psd）。

图3-56　最终效果

经验之谈：

在文本图层上方添加彩色条纹图片，在彩色条纹图层上单击鼠标右键，在弹出的快捷菜单中选择“创建剪贴蒙版”命令，可将图片的彩色条纹剪切到文本中，如图3-57所示。

图3-57　最终效果

↘ 3.2.2 添加形状与图案

网店美工在修饰图片过程中，除了修饰图片本身的瑕疵外，也会经常使用一些形状工具绘制各种形状和图案来丰富图片内容，这些素材可以在素材网上下载，也可自行绘制。下面我们将介绍几种不同的绘制形状和图案的方法。

（1）通过形状工具组绘制形状与图案：选择形状工具组中的工具可以绘制一些特定的形状，如椭圆形、圆角矩形、多边形等，选择自定形状工具，可绘制动物形状、水滴、剪刀等形状，如图3-58所示。

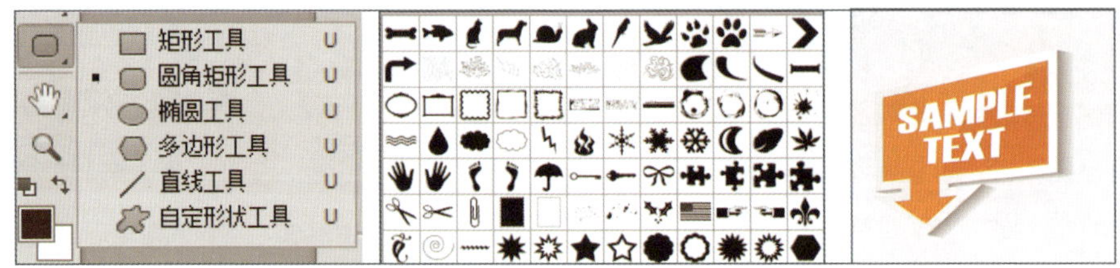

图3-58 通过形状工具组绘制形状与图案

（2）通过钢笔工具绘制形状与图案：选择“钢笔工具”，并在工具属性栏中设置工具模式为“形状”，设置填充色与轮廓色，然后按住鼠标左键不放并拖动鼠标就可以绘制出轮廓清晰的形状与图案了，如图3-59所示。

图3-59 通过钢笔工具绘制形状与图案

（3）使用画笔工具绘制图案：Photoshop中的画笔工具自带多种样式的笔刷，大家可在选择笔刷后绘制想要的图案，也可以根据需要载入水珠、雪花、火焰、墨点等笔刷。其方法是：在工具属性栏中打开“画笔预设”选取器，单击右上角的“设置”按钮，在弹出的列表中可添加其他画笔笔刷，选择“载入画笔”选项可载入计算机中的笔刷，图3-60所示为载入“烟雾”笔刷并使用其绘制的图案。

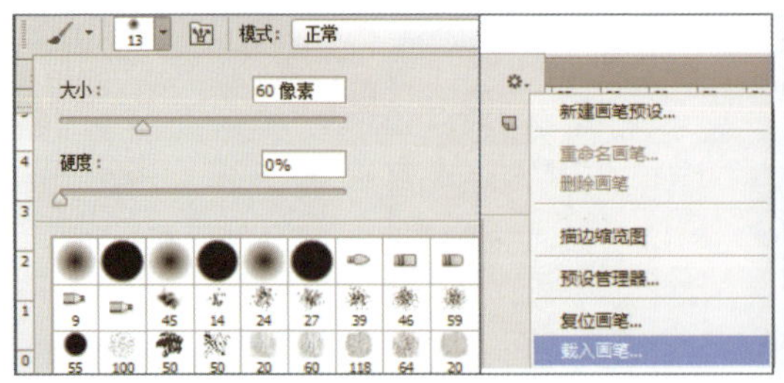

图3-60 使用画笔工具绘制图案

（4）应用下载的图案：除了Photoshop中默认的画笔笔刷外，大家还可以在素材网上下载psd格式或png格式的素材，然后打开素材并将其拖动到图片中，调整其大小与位置即可。图3-61所示为将下载的化妆品元素与水花元素合成在一起的效果。

图3-61　应用下载的图案

3.3 添加图片特效

网店美工在处理图片时，除了可以修饰图片、丰富图片内容外，还可以为图片添加特效，如为图片虚化背景，为图片添加发光效果，或添加一些高光与阴影效果，这样可以更好地突出商品特征。

3.3.1 虚化背景

对于一些主体物和背景无法区分，层次不明的图片就需要将图片的主体物表现出来，虚化背景是网店美工常用的修饰方法，这种方法可以使焦点聚集在主体物上，营造主体物与背景间的一种前实后虚的效果，以避免背景喧宾夺主，影响主体物。下面介绍背景的虚化处理步骤。

微课：虚化背景

STEP 01 打开“背景虚化.jpg”图片（配套资源:\素材文件\第3章\背景虚化.jpg），选择“套索工具”，在图片中沿着拖鞋轮廓绘制选区，然后按【Shift+Ctrl+I】组合键反选选区，如图3-62所示。

经验之谈：

大家在为图片创建选区时，最好使选区与图片的边缘之间有一定的距离，避免在绘制选区的过程中出错。

图3-62　为背景创建选区

STEP 02 选择【选择】/【修改】/【羽化】命令，打开“羽化选区”对话框，在“羽化半径”文本框中输入“50”，如图

3-63所示，单击确定按钮，让选区的边缘更加柔和。

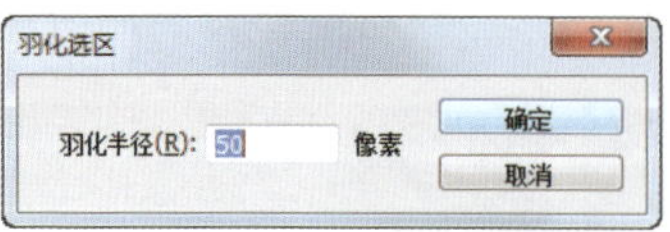

图3-63　设置羽化半径

STEP 03 选择【滤镜】/【模糊】/【镜头模糊】命令，打开“镜头模糊”对话框，将“半径”和“叶片弯度”的值设置为“30”和“5”，如图3-64所示。

图3-64　设置“镜头模糊”

STEP 04 单击确定按钮，返回工作界面可查看模糊后的效果。然后按【Ctrl+D】组合键取消选区，选择“模糊工具”，在工具属性栏中将“强度”设置为“50%”，涂抹拖鞋边缘，进行模糊处理，虚化背景后的效果如图3-65所示（配套资源:\效果文件\第3章\背景虚化.jpg）。

图3-65　虚化背景后的效果

3.3.2　添加发光效果

不同的商品有不同的特性，网店美工需要根据商品特性来修饰商品图片，如网店美工在修饰鼠标、汽车、计算机等科技类图片时，就需要添加发光的效果来突出商品主体。我们可以通过Photoshop中的“图层样式”对话框中的“内发光”和“外发光”命令来添加发光效果。下面为商品图片添加发光效果，其具体操作步骤如下。

微课：添加发光效果

STEP 01 打开“鼠标背景.jpg”图片（配套资源:\素材文件\第3章\鼠标背景.jpg），如图3-66所示。

图3-66　打开素材文件

STEP 02 打开“鼠标.png”图片（配套资源:\素材文件\第3章\鼠标.png），将鼠标光标拖动到背景图片中，调整鼠标大小与位置，使其位于文本图层下方，如图3-67所示。

图3-67　添加鼠标

STEP 03 双击鼠标图层，在打开的“图层样式”对话框中单击选中“内发光”复选框；单击选中“设置发光颜色”单选项，将“发光颜色”设置为“#0d5fb3”，将“混合模式”设置为“滤色”，将“不透明度、阻塞、大小、范围”分别设置为“50%、10%、21像素、50%”，单击选中“边缘”单选项，如图3-68所示。

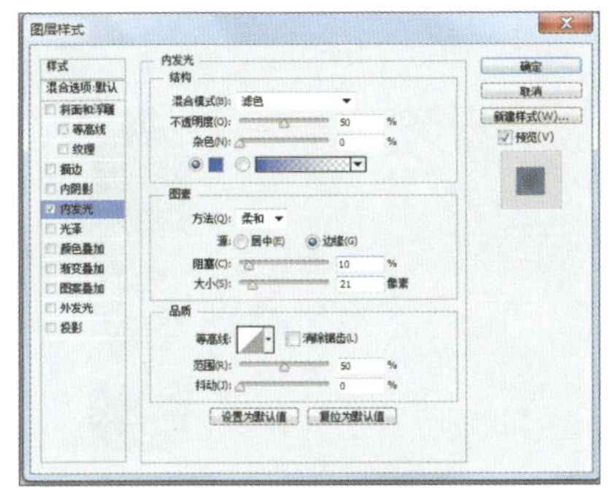

图3-68　添加内发光

经验之谈：

选择不同的混合模式，将得到不同的发光效果。“阻塞”用于设置内发光的范围，其值越大，发光范围越大。

STEP 04 在图像窗口中查看添加的内发光效果，如图3-69所示。

图3-69　内发光效果

STEP 05 单击选中“外发光”复选框；单击选中“渐变色”单选项，单击渐变色条，将“渐变色”设置为“#75f8f7到#4772a2”，将“混合模式”设置为“滤色”，将“不透明度、方法、扩展、大小”分别设置为“40%、柔和、5%、30像素”，如图3-70所示。

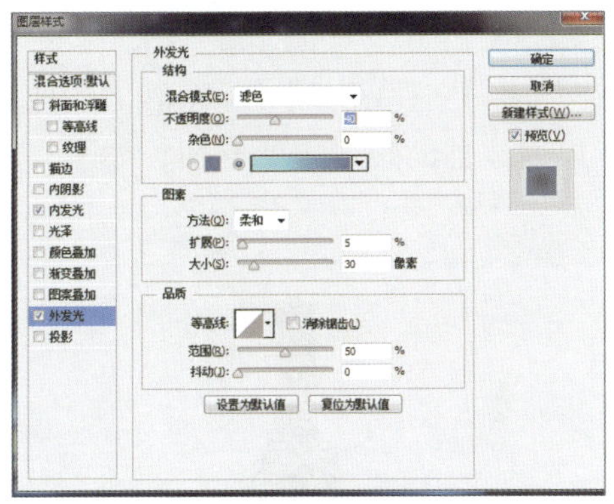

图3-70　添加外发光

STEP 06 单击 确定 按钮，返回查看外发光效果，如图3-71所示（配套资源:\效果文件\第3章\鼠标.psd），保存图片完成本例的制作。

图3-71　外发光效果

3.3.3 添加高光与投影效果

商家在拍摄金属、玻璃类商品时，可能会由于光线的原因，造成图片灰暗，没有高光效果，立体感不强。此时，网店美工就可以使用Photoshop中的各种工具来制作图片的高光效果，让商品的展现效果更加吸引消费者的注意力。下面我们将以为红酒瓶添加高光为例进行讲解，其具体操作步骤如下。

微课：添加高光与投影效果

STEP 01 打开“红酒.jpg”图片（配套资源:\素材文件\第3章\红酒.jpg），拖动标尺创建辅助线，方便抠图，如图3-72所示。

图3-72 打开素材文件

STEP 02 使用钢笔工具分别为“瓶身”“标签”“瓶盖”抠图，按【Ctrl+J】组合键分别将抠的图放到不同的图层上，如图3-73所示。

图3-73 拆分抠图

STEP 03 在“瓶身”图层上方新建“高光”图层，使用钢笔工具绘制瓶身的高光区域，如图3-74所示。

图3-74 绘制高光区域

STEP 04 按【Ctrl+Enter】组合键将绘制的高光区域转化为选区，选择“渐变工具”，在渐变工具的工具属性栏中单击“线性渐变”按钮，单击渐变色条，再在打开的对话框中将左下方的色标颜色设置为“白色”，将右侧渐变条上方的色标的不透明度设置为“0%”，如图3-75所示。

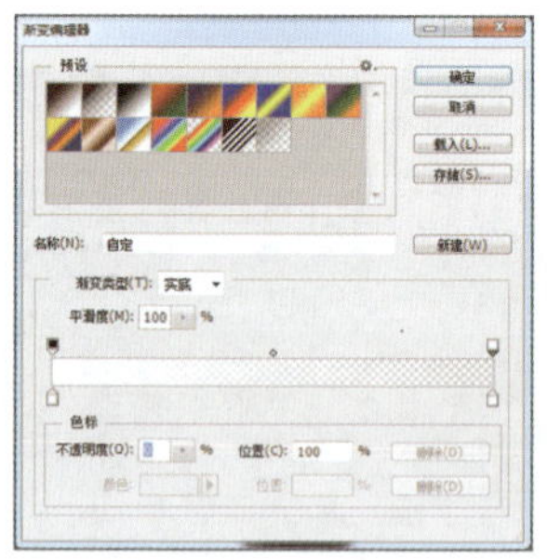

图3-75 设置渐变

STEP 05 单击 确定 按钮，在选区内按住鼠标左键不放，并拖动鼠标光标从左侧边缘到右侧边缘，创建径向透明渐变，继续为瓶子的其他地方，如瓶颈、右侧等创建白色渐变，打造高光效果，如图3-76所示。

图3-76　制作瓶身高光

STEP 06 选择瓶盖图层，选择【图像】/【调整】/【自然饱和度】命令，在打开的对话框中将“自然饱和度”设置为“+100”，单击 确定 按钮，如图3-77所示。

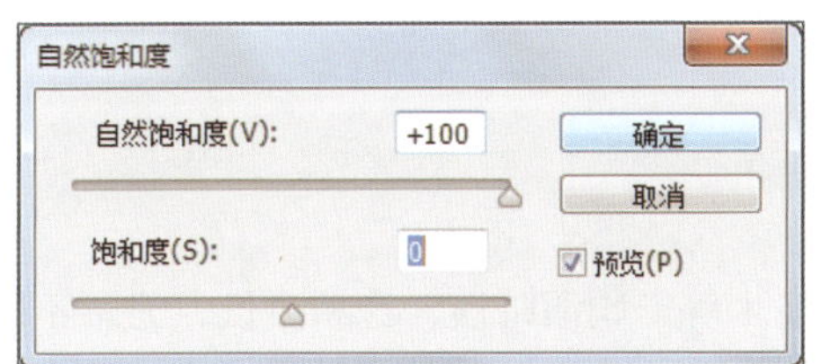

图3-77　调整自然饱和度

STEP 07 在“瓶盖”图层上方新建“高光”图层，使用钢笔工具绘制高光区域，按【Ctrl+Enter】组合键将其转化为选区，使用渐变工具为其添加白色到透明的渐变效果，如图3-78所示。

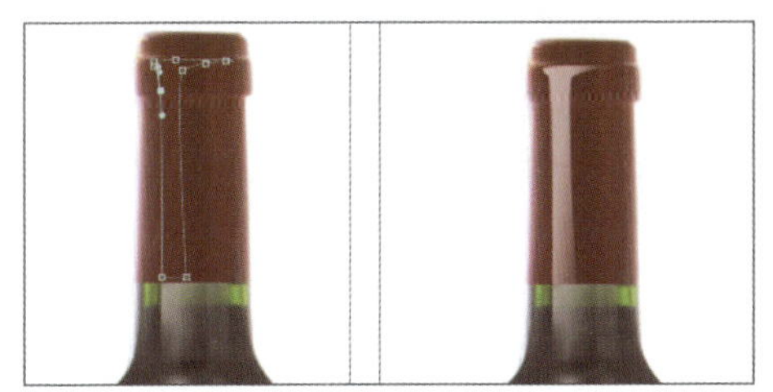

图3-78　为瓶盖添加高光

STEP 08 选择【滤镜】/【模糊】/【高斯模糊】命令，在打开的对话框中将半径设置为“5像素”，单击 确定 按钮，如图3-79所示。

图3-79　柔化高光

STEP 09 选择所有图层，按【Ctrl+E】组合键合并所有图层，将合并后的瓶子移动到“红酒背景.jpg”图片中（配套资源:\素材文件\第3章\红酒背景.jpg），如图3-80所示。

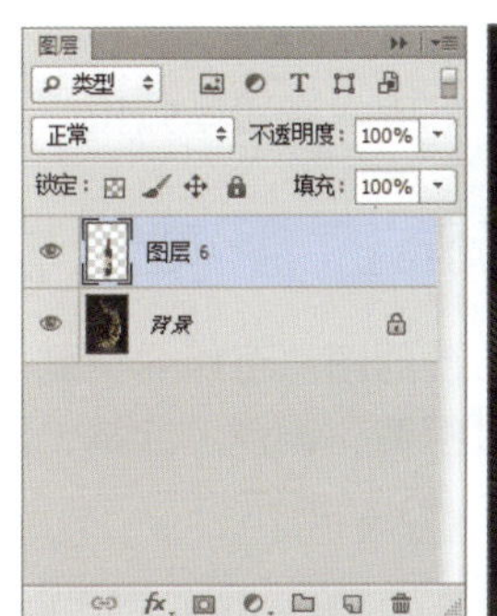

图3-80　添加背景

STEP 10 按【Ctrl+J】组合键复制红酒图层，并将其拖动到红酒图层的下方，按【Ctrl+T】组合键，使图片呈框选状态，再在其上单击鼠标右键，在弹出的快捷菜单中选择“垂直翻转”命令，完成后将图片向下移动形成投影，如图3-81所示。

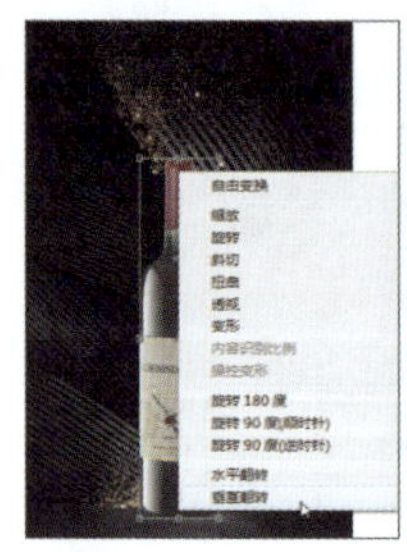

图3-81 绘制投影

STEP 11 在“图层”面板中单击“添加图层蒙版”按钮，为红酒投影图层添加蒙版；单击选择蒙版，选择“画笔工具”，在工具属性栏中将“不透明度”设置为“22%”，将“流量”设置为“26%”，在红酒投影下方涂抹，使其更加自然，最终效果如图3-82所示（配套资源:\效果文件\第3章\红酒.psd）。

图3-82 最终效果

3.4 实战演练

下面我们将结合本章所讲解的修饰图片的相关知识进行实战演练，以修饰图片中的榨汁机和羽绒服为例，巩固本章所学知识。

3.4.1 修饰家用榨汁机

一些商家自己拍摄的图片可能会受到灯光、技术等影响而暗淡、饱和度低、光影不明显，此时我们可通过抠图、调色、涂抹、渐变等修饰方法，对图片进行美化修饰，图片修饰前后的对比效果如图3-83所示。

图3-83 图片修饰前后的对比效果

1. 设计思路

处理家用榨汁机图片的设计思路如下。

（1）首先抠取家用榨汁机，再创建白色图层，以去除阴影部分，方便后期处理。

（2）分析家用榨汁机图片需要处理的部分：家用榨汁机图片颜色非常暗沉、不鲜亮，整体显得很脏。

（3）为了突出家用榨汁机图片的金属部分，为家用榨汁机图片的外壳添加深紫色的渐变，并通过加深、减淡等方式，让效果更加明显；继续运用渐变工具制作家用榨汁机图片的顶部部分，以及运用钢笔工具制作部分高光。

（4）通过调整亮度/对比度，提高家用榨汁机图片的亮度和对比度，然后再通过调整色相/饱和度让家用榨汁机图片的颜色更加鲜亮。

（5）最后添加背景，突显家用榨汁机图片，使其符合店铺图片的要求。

2. 知识要点

完成本例家用榨汁机图片的修饰，大家需要掌握以下知识。

（1）利用“渐变工具”，设置渐变颜色并创建渐变。

（2）利用“加深工具”和“减淡工具”，设置涂抹的范围与曝光度，加深与减淡图片。

（3）利用“高斯模糊”滤镜，使形状模糊。

微课：修饰家用榨汁机

3. 操作步骤

下面对家用榨汁机图片进行修饰，其具体操作步骤如下。

STEP 01 打开“家用榨汁机.jpg”图片（配套资源:\素材文件\第3章\家用榨汁机.jpg），使用钢笔工具沿着家用榨汁机边缘绘制路径，将其转化为选区，按【Ctrl+J】组合键将其复制到新图层上，在抠取的家用榨汁机图层下方新建白色图层，方便后期处理，如图3-84所示。

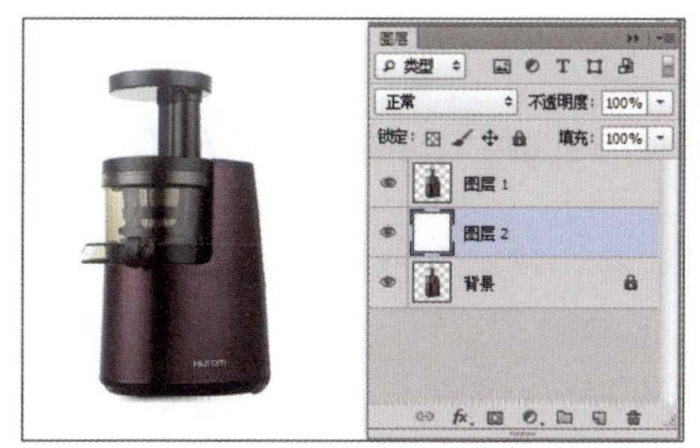

图3-84 抠取家用榨汁机并新建白色图层

STEP 02 为紫红色金属部分创建选区，选择“渐变工具”，在渐变工具的工具属性栏中单击“线性渐变”按钮，接着单击渐变色条，在打开的对话框中从左往右依次将“渐变颜色”设置为“#320e1c、#612740、#804160、#310016、#844564、#874867、#562a3f、#321e25”。单击 确定 按钮，返回工作界面，按住鼠标左键不放，从左向右拖动鼠标光标为选区创建渐变，如图3-85所示。

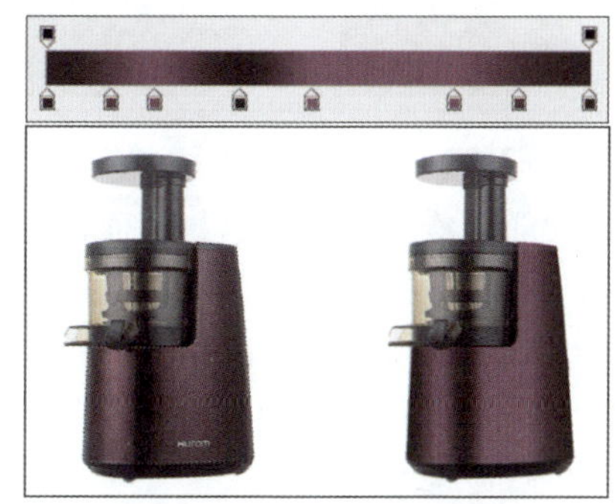

图3-85 创建机身渐变填充

STEP 03 选择“减淡工具”，将“曝光度”设置为“20%”，涂抹需要提亮的两侧边缘；选择“加深工具”，涂抹需要加深的上下边缘部分以及两侧，效果如图3-86所示。

图3-86　加深与提亮图片

STEP 04 为家用榨汁机顶部创建选区，使用相同的方法为选区创建渐变色，从左往右依次将“渐变颜色”设置为“#8ca9b3、#34465c、#7d92a3、#102030、#5d7189、#233247、#46596a”。单击 确定 按钮，返回工作界面，按住鼠标左键不放，从左向右拖动鼠标光标为选区创建渐变，如图3-87所示。

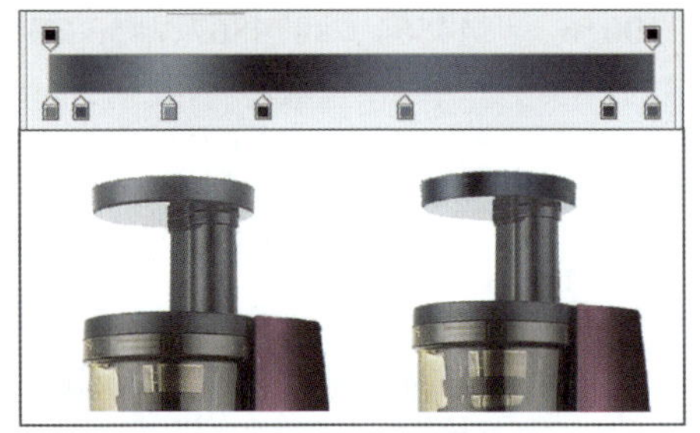

图3-87　创建家用顶部渐变填充

STEP 05 继续为家用榨汁机顶部创建选区，使用相同的方法为选区创建渐变色，从左往右依次将“渐变颜色”设置为“#506571、#90a0a5、#32414c、#586975、#4a606a”。单击 确定 按钮，返回工作界面，按住鼠标左键不放，从左向右拖动鼠标光标为选区创建渐变，并运用“减淡工具”与“加深工具”涂抹渐变区域，使渐变过渡更加自然，如图3-88所示。

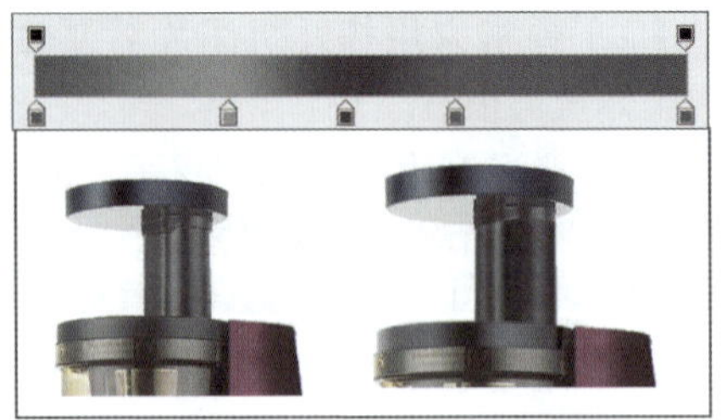

图3-88　创建渐变填充并加深与提亮图片

STEP 06 为家用榨汁机顶部创建选区，使用相同的方法为选区创建渐变色，从左往右依次将“渐变颜色”设置为“#fafafb、#afbbc4、#5d6e7a、#5f7588、#1f2327、#667f90、#070506”。单击 确定 按钮，返回工作界面，按住鼠标左键不放，从左向右拖动鼠标光标为选区创建渐变，如图3-89所示。

图3-89　创建渐变填充

STEP 07 新建图层，使用钢笔工具绘制高光区域，并将其转化为选区，填充为白色。在“图层”面板中将“不透明度”设置为“40%”，选择【滤镜】/【模糊】/【高斯模糊】命令，在打开的对话框中将半径设置为“40像素”，单击 确定 按钮，绘制高光的效果如图3-90所示。

图3-90　绘制高光的效果

STEP 08 选择【图层】/【新建调整图层】/【亮度/对比度】命令，在打开的“属性”面板中将亮度值提高为“35”，将对比度值提高为“5”；选择【图层】/【新建调整图层】/【色相/饱和度】命令，打开“属性”面板，在“饱和度”数值框中输入“+20”，如图3-91所示。

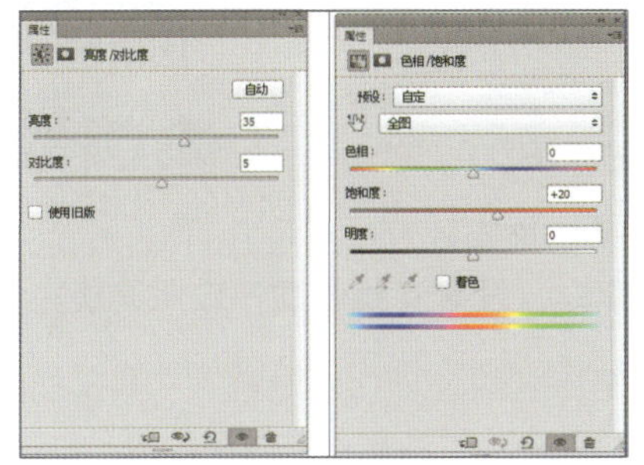

图3-91　调整曲线

STEP 09 隐藏背景图层和白色图层，按【Ctrl+Shift+Alt+E】组合键创建家用榨汁机的合并图层。打开“家用榨汁机背景.jpg”图片（配套资源:\素材文件\第3章\家用榨汁机背景.jpg），将合并图层后的家用榨汁机移动到此窗口中，调整其大小与位置，最终效果如图3-92所示（配套资源:\效果文件\第3章\家用榨汁机.psd）。

图3-92　最终效果

3.4.2　修饰羽绒服

带有棉等成分的商品往往容易出现褶皱，在高清拍摄的图片中，这些褶皱更是清晰可见的，十分影响美观。此时，我们可以运用修补工具去除羽绒服上的部分褶皱，并提高羽绒服的亮度，羽绒服修饰前后的对比效果如图3-93所示。

图3-93　羽绒服修饰前后的对比效果

1. 设计思路

本例对图片中羽绒服的美化主要从去除褶皱、光滑材质、提高羽绒服亮度与清晰度3个角度出发，其设计思路如下。

（1）首先使用修补工具处理褶皱。

（2）整体提高羽绒服的亮度与对比度，然后使用涂抹工具光滑材质。

（3）结合“高反差保留”命令与图层混合模式提高羽绒服的清晰度。

微课：修饰羽绒服

2. 知识要点

完成本例羽绒服图片的修饰，大家需要掌握以下知识。

（1）利用“修补工具”和“涂抹工具”来修饰图片。

（2）利用【滤镜】/【其他】/【高反差保留】命令，设置滤镜强度，应用滤镜；设置图层混合模式，通过图层叠加提高图片的清晰度。

3. 操作步骤

下面对羽绒服图片进行修饰处理，其具体操作步骤如下。

STEP 01 打开“羽绒服.jpg”图片（配套资源:\素材文件\第3章\羽绒服.jpg），按【Ctrl+J】组合键复制背景图层，选择“修补工具”为褶皱创建选区，向右拖动选区去除褶皱，如图3-94所示。

图3-94　去除褶皱

经验之谈：

“修补工具”是使用选中的图片区域来修补另一个区域图片的工具，它也会将源区域和目标区域的纹理、明暗等进行匹配。

STEP 02 使用相同的方法继续处理衣服上的其他褶皱，注意保留缝线周围的褶皱，如图3-95所示。

图3-95　去除其他褶皱

STEP 03 选择【图像】/【调整】/【色阶】命令，在打开的对话框中将两端的滑块值设置为“11、248”，单击 确定 按钮，如图3-96所示。

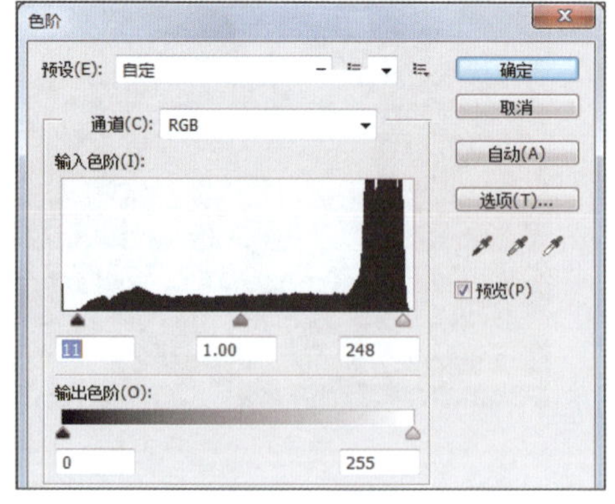

图3-96　调整色阶

STEP 04 放大图片，选择“涂抹工具”，将“强度”设置为“44%”，按【[】键或【]】键调整画笔大小，涂抹粗糙的面料表面，光滑材质，如图3-97所示。

图3-97　光滑材质

STEP 05 选择图层1，为羽绒服创建选区，按【Ctrl+J】组合键复制羽绒服到新图层上；选择抠取的羽绒服图层，选择【滤镜】/【其他】/【高反差保留】命令，打开“高反差保留”对话框，将“半径”设置为“10像素”，单击 确定 按钮，如图3-98所示。

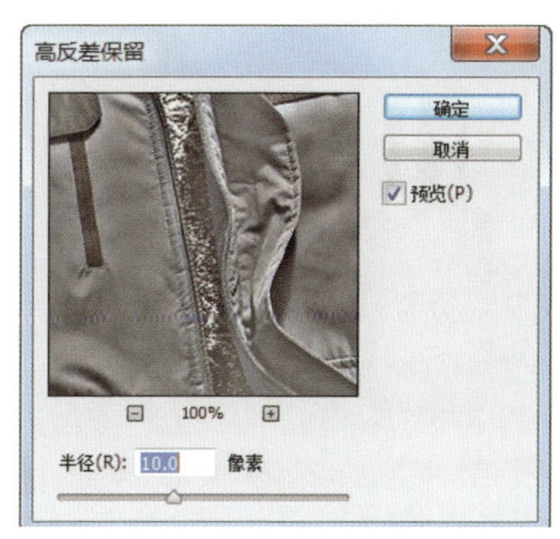

图3-98　设置“高反差保留”参数

STEP 06 返回图像窗口，将抠取的羽绒服图层的混合模式设置为“柔光”，加亮并清晰化处理羽绒服，如图3-99所示。

图3-99　设置混合模式

STEP 07 打开“羽绒服标签.png”图片（配套资源:\素材文件\第3章\羽绒服标签.png），将其拖动到羽绒服图片中，调整其大小与位置，最终效果如图3-100所示（配套资源:\效果文件\第3章\羽绒服.psd）。

图3-100　最终效果

课后练习

（1）本练习将处理一张实拍的玉佩图片（配套资源:\素材文件\第3章\玉佩.jpg、玉佩背景.jpg），处理后的玉佩图片色彩鲜艳、美观。处理玉佩图片时，我们首先将玉佩从背景图中抠出，通过调整曲线提高玉佩图片的亮度与对比度，增加玉佩图片的鲜艳度；然后使用涂抹工具来光滑玉佩表面；最后添加背景、文字与投影，玉佩图片处理前后的对比效果如图3-101所示（配套资源:\效果文件\第3章\玉佩.psd）。

图 3-101　玉佩图片处理前后的对比效果

（2）本练习将处理一张粉底液瓶子的图片（配套资源:\素材文件\第3章\粉底液.jpg、粉底液背景.jpg）。处理该图片时，我们首先用魔棒工具将瓶身上面的文字扣取下来，并填充为白色，再依次为瓶盖和瓶身创建选区，并运用渐变填充的方式使瓶盖和瓶身的光泽感更强；然后运用加深工具和减淡工具绘制阴影和亮部，使粉底液瓶子的渐变效果更加自然；最后添加背景并制作投影，粉底液瓶子调整前后的对比效果如图3-102所示（配套资源:\效果文件\第3章\粉底液.psd）。

图 3-102　粉底液瓶子调整前后的对比效果

第3篇　店铺装修

第4章　店铺首页核心模块设计

店铺装修的好坏直接影响消费者对店铺的第一印象，因此好的店铺装修，能提升店铺形象，赢得消费者的好感，从而促进店铺内商品的销售。而店铺首页作为整个店铺的形象展示页，其视觉设计至关重要。本章将对店铺首页核心模块如店招、海报、优惠券、活动区等进行设计。

学习目标：

* 熟悉店招制作规范
* 掌握文本输入与设置的方法
* 掌握形状的绘制方法

技能目标：

* 掌握店招的设计方法
* 掌握海报的设计方法
* 熟悉优惠券的设计方法
* 掌握活动区的设计方法

4.1 店招设计

店招是店铺首页的第一个板块，是店铺形象展示的重要窗口。店招主要包括店铺Logo、收藏按钮、关注按钮、优惠信息、活动内容、促销商品、搜索框、店铺公告、网址、联系方式等。消费者在进入店铺首页时，直接单击相应板块即可进入此页面。

4.1.1 店招制作规范

就淘宝网而言，店招按尺寸大小可以分为常规店招和通栏店招两类。其中，常规店招的尺寸为950像素×120像素；通栏店招包括页头背景（店招的左右两侧）、常规店招和导航条（导航条位于店招下方），其尺寸多为1920像素×150像素。常规店招与通栏店招的区别如图4-1所示。

图4-1 常规店招与通栏店招的区别

需要注意的是，为了便于店招的上传，页头背景图最好小于200KB，店招最好小于80KB，店招的格式也应设置成JPG、GIF、PNG或SWF等格式。此外，为了便于店铺商品的推广和品牌形象的树立，网店美工在设计店招时，除了需要使店招新颖别致、易于传播外，还应遵循以下两个基本的原则。

（1）**植入品牌形象：**在设计时可以通过店铺名称、标志来植入品牌形象。

（2）**抓住商品定位：**商品定位是指展示店铺所卖商品的类别，精准的商品定位可以快速吸引目标消费群体进入店铺。如图4-2所示，店招左侧的名称体现了该店铺的商品定位为“男装”，右侧放置的牛仔裤可以突出该店铺热卖的商品种类为“牛仔裤”。这样的店招不仅能让消费者直观地看出该店铺卖的是什么商品，还能让消费者知道其热卖牛仔裤的样式，利于消费者准确判断该店铺的商品是不是自己所需要的。

图4-2 男装店招

4.1.2 制作常规店招

下面我们将介绍制作美妆专卖店“护肤壹家”常规店招的方法。由于该店铺名称与“护肤品”有关，因此店招的整体色调要符合女性消费人群的特点，并且要有活动的氛围感。下面运用粉色花瓣背景与促销护肤品套装来渲染店铺的活动氛围，其具体操作步骤如下。

STEP 01 新建大小为950像素×120像素，分辨率为72像素/英寸，名称为“常规店招”的文件，如图4-3所示。

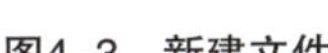

图4-3　新建文件

STEP 02 打开“常规店招背景.jpg”图片（配套资源:\素材文件\第4章\常规店招背景.jpg），将背景素材拖动到“常规店招”中，调整其位置和大小，如图4-4所示。

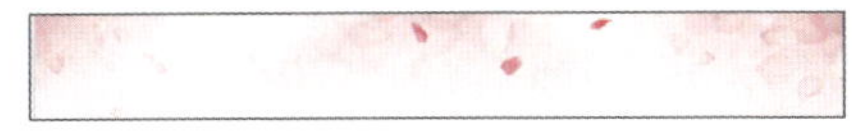

图4-4　添加背景

STEP 03 选择“椭圆工具”，在工具属性栏中将描边颜色设置为“#a51f38”，将粗细设置为“1.8点”，取消填充，将其大小设置为“80像素×80像素”，按住【Shift】键，在页面左侧绘制圆，如图4-5所示。

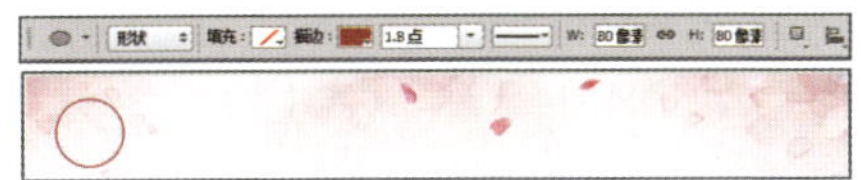

图4-5　绘制圆

STEP 04 复制圆形状图层，在工具属性栏中将其粗细更改为“1点”，将大小更改为“50像素×50像素”，然后将其移动到大圆的中心位置，如图4-6所示。

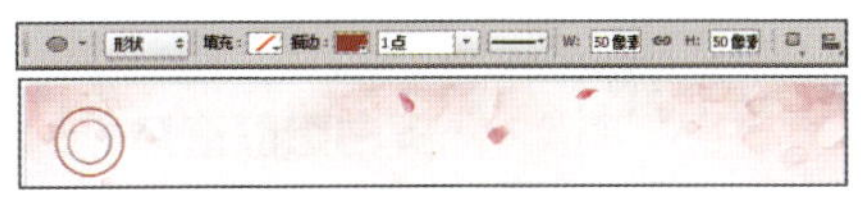

图4-6　复制并缩小圆

STEP 05 选择“直排文字工具”，将字体设置为“汉仪寒石粗体简”，将字号设置为“22.5点”，输入“美妆”文本；选择“横排文字工具”，将字体设置为“幼圆”，将字号设置为“10点”，输入“正品保证”“官方直营”文本，如图4-7所示。

图4-7　输入文本

STEP 06 选择“正品保证”文本，在工具属性栏中单击“创建文字变形”按钮，再在打开的对话框中将“样式”设置为“扇形”，将“弯曲”设置为“+62%”，单击确定按钮，继续为“官方直营”文本创建“弯曲”为“-50%”的扇形变形效果，调整文本位置，如图4-8所示。

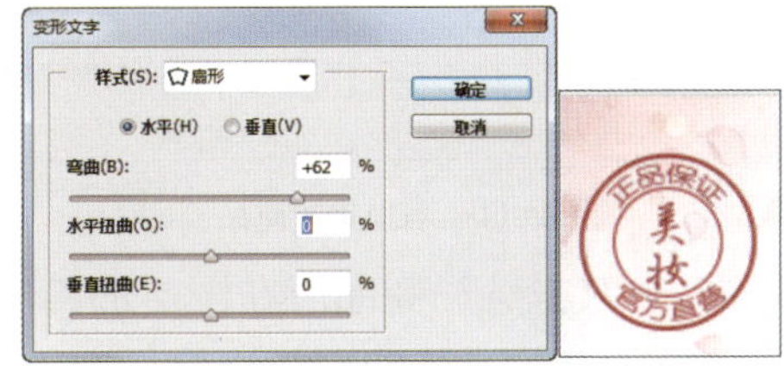

图4-8　打造扇形变形效果

STEP 07 选择“直线工具”，在工具属性栏中将填充颜色设置为“#a51f38”，无描边，将直线粗细设置为“1像素”。按住【Shift】键在店标右侧绘制直线，并移动直线位置，如图4-9所示。

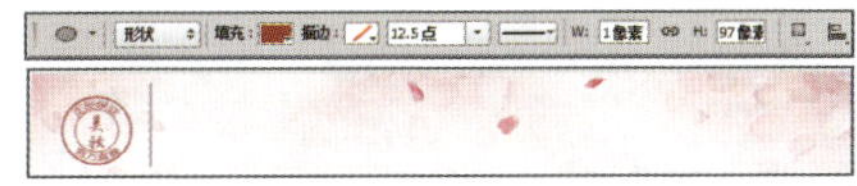

图4-9　绘制直线

STEP 08 选择“横排文字工具”，在工具属性栏中单击“切换字符和段落面板”按钮，打开“字符”面板，将字体设置为“黑体”，将字号设置为“24点”，单击“仿粗体”按钮，输入图4-10所示的文本，选择“遇见更好的自己”文本，取消仿粗体，并修改字号为“15点”。

STEP 09 继续将字体设置为“汉仪中圆简”，将字号设置为“14点”，在文字下方输入“肌肤的营养套餐 美丽的神奇配方”文本。

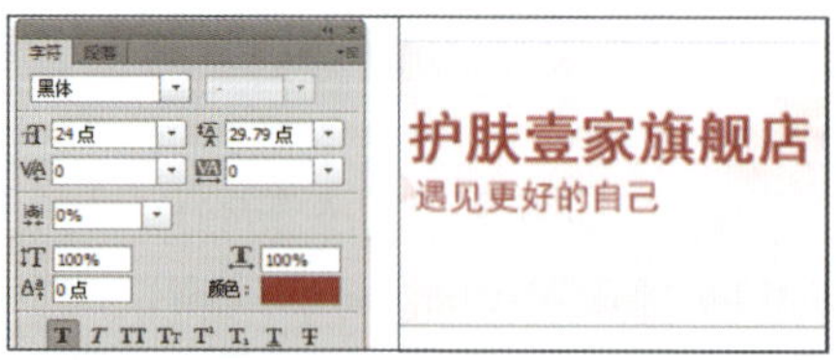

图4-10 添加文本

STEP 10 打开“美妆商品.psd”图片（配套资源:\素材文件\第4章\美妆商品.psd），将其中的商品分别拖动到“常规店招”中，调整其位置和大小，如图4-11所示。

图4-11 添加美妆商品

STEP 11 双击某一商品所在图层的缩略图，在打开的对话框的左侧列表中单击选中“投影”复选框，将“混合模式、不透明度、角度、距离、大小”分别设置为“正片叠底、50%、180度、4像素、3像素”，单击 确定 按钮，如图4-12所示。

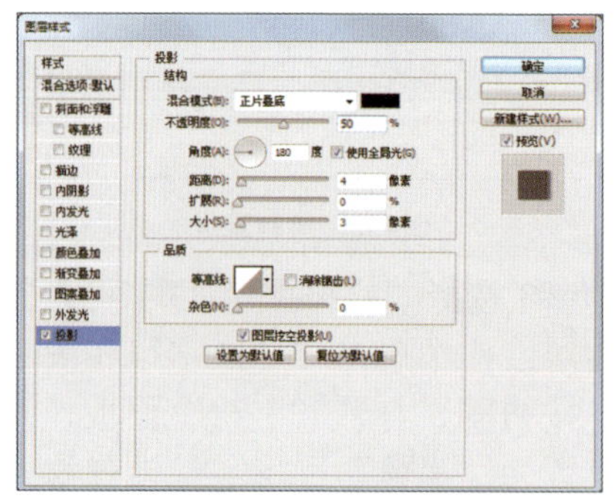

图4-12 添加投影

STEP 12 在“图层”面板中按住【Alt】键拖动“添加图层样式”图标 fx 到另一个商品的图层上，复制投影效果，如图4-13所示。

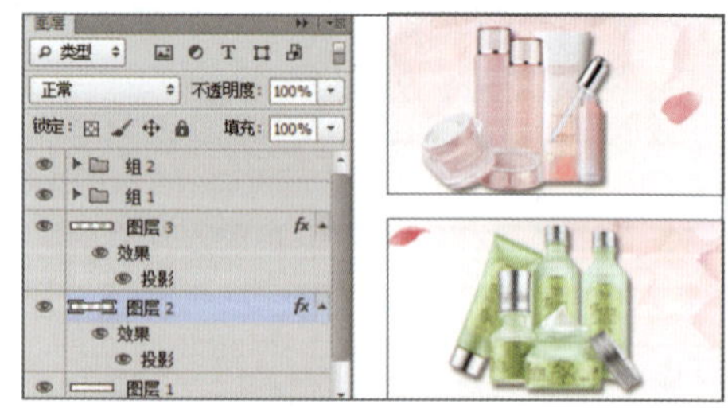

图4-13 复制投影效果

STEP 13 选择“横排文字工具” T，制作促销标签，输入图4-14所示的文本，将“美白嫩肤套装”字体设置为“汉仪综艺体简”，将字号设置为“20点”，将文本颜色设置为“#1b1b1b”；将“活动价：¥”的字体设置为“黑体”，将字号设置为“11点”，将文本颜色设置为“#b41d23”，将“539”的文本颜色设置为“#b41d23”。

图4-14 输入文本（1）

STEP 14 继续将字体设置为“汉仪中黑简体”，将字号设置为“14.67点”，将文本颜色设置为“白色”，在文字下方输入“萃取玫瑰精华”文本，并在其下方绘制半径为“10像素”，填充色为“#b51d23”的圆角矩形，如图4-15所示。

图4-15 输入文本（2）

STEP 15 新建“美白嫩肤”组，将商品标签的所有图层拖动到该组中，复制该组，将其命名为“保湿滋润”，调整其位置，并修改文本，制作“保湿滋润”

商品的标签等，如图4-16所示。

图4-16　复制图层与修改文本

STEP 16 常规店招效果如图4-17所示（配套资源:\效果文件\第4章\常规店招.psd）。

图4-17　常规店招效果

↘ 4.1.3　制作通栏店招

网店美工制作通栏店招时，一般是在常规店招的基础上进行修改。首先需要新建通栏店招文件，添加常规店招位置的辅助线，然后将常规店招拖入其中，调整显示位置，添加导航条形状与文本，其具体操作步骤如下。

STEP 01 新建大小为1920像素×150像素，分辨率为72像素/英寸，名称为“通栏店招”的文件，选择【视图】/【标尺】命令在工作区中显示标尺，如图4-18所示。

图4-18　显示标尺

STEP 02 选择“矩形选框工具”，在工具属性栏中将“样式”设置为“固定大小”，将“宽度”设置为“485像素”，在文件左上角的灰色区域单击创建选区，从左侧的标尺上拖动参考线到选区右侧对齐，使用相同的方法在文件右侧创建参考线，如图4-19所示。

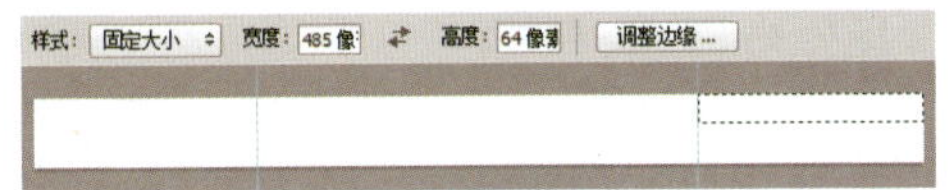

图4-19　添加参考线

STEP 03 打开“通栏店招背景.jpg”图片（配套资源:\素材文件\第4章\通栏店招背景.jpg），将背景素材拖动到“通栏店招”文件中，调整其位置和大小，如图4-20所示。

图4-20　添加背景

经验之谈：

每台计算机屏幕的大小不同，因此，其所显示的店招范围也不同，为了保证店招中的信息显示完整，我们需要在两边设置485像素的留白，不放置店招信息。

STEP 04 选择“矩形选框工具”，在工具属性栏中将宽度设置为“1920像素”，将高度设置为“30像素”，在图片下方单击创建选区。选择“渐变工具”，在渐变工具的工具属性栏中单击“线性渐变”按钮，单击渐变色条，在打开的对话框中将渐变颜色分别设置为“#ed899b、#a51f38”，然后从上向下拖动鼠标创建垂直渐变导航条，如图4-21所示。

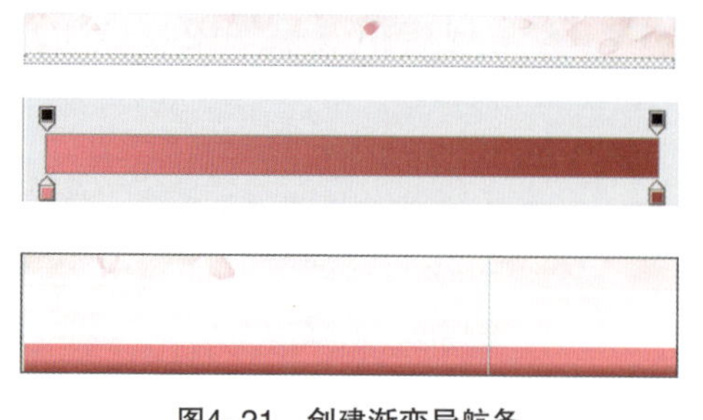

图4-21　创建渐变导航条

STEP 05 全选“常规店招”文件中除背景外的所有图层，将其拖动到“通栏店招”文件中，调整位置，使其居中，效果如图4-22所示。

图4-22　添加常规店招

STEP 06 将字体设置为“黑体”，将字号设置为“18点”，将文本颜色设置为“白色”，完成通栏店招的制作，如图4-23所示（配套资源:\效果文件\第4章\通栏店招.psd）。

图4-23　通栏店招效果

4.2 海报设计

海报是消费者进入店铺所看到的最醒目的区域，因此其视觉设计至关重要，好的海报设计不仅可以提升店铺的整体效果，还可以加深消费者对店铺的第一印象。海报的尺寸与店招一样根据商家需要而不同，一般根据尺寸大小的不同可分为全屏海报与常规海报。

（1）全屏海报：首页的全屏海报常见于导航条的下方，占有较大的面积，具有震撼的视觉效果，一般用于放置店铺的活动与促销信息。全屏海报的宽度为1920像素，高度以不大于540像素为最佳。

（2）常规海报：常规海报应符合淘宝网模块的尺寸要求，其高度应为100像素~600像素，大小要小于300KB，其宽度可设置为950像素、750像素和190像素。

4.2.1 制作全屏海报

微课：制作全屏海报

网店美工在制作全屏海报时首先要根据店铺风格来选择海报的色调，同时选定海报所要表达的主题，如新品上市、活动促销与预热等，在制作过程中则要合理运用海报的布局、构图和配色。此外，由于计算机显示器的分辨率高低不同，为了保证全屏海报在任何显示器中都能完整地显示图片中的重要信息，在制作全屏海报时需要对图片的两边进行“留白”处理，即在左右两侧宽度为360像素的区域中不放置重要的商品图片与文案。下面介绍制作美妆商品的全屏海报的具体操作步骤。

STEP 01 新建大小为1920像素×540像素，分辨率为72像素/英寸，名称为“全屏海报”的文件。打开“全屏海报.psd”图片（配套资源:\素材文件\第4章\全屏海报.psd），依次拖动背景、商品、云朵素材到“全屏海报”文件中，按【Ctrl+T】组合键调整图片大小与位置，效果如图4-24所示。

图4-24　置入素材

STEP 02 选择“横排文字工具” T，将字体设置为“黑体”，将字号设置为“35点”，将颜色设置为“#eb2754”，输入图4-25所示的文本，修改中文文本的字号为“32点”。

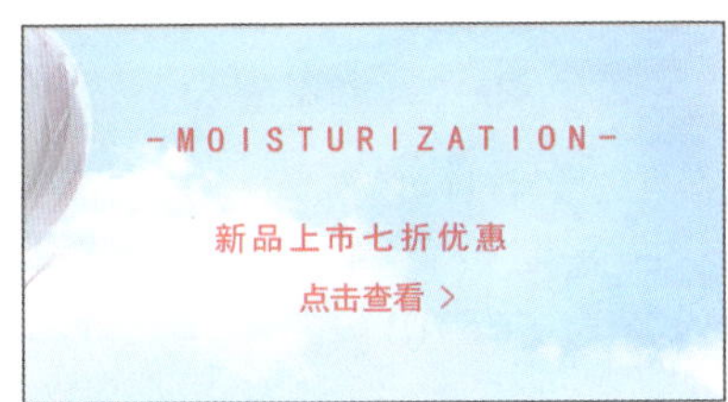

图4-25　输入文本1

STEP 03 继续选择“横排文字工具” T，将字体设置为“汉仪中宋简”，将字号设置为“38点”，将颜色设置为“#eb2754”，输入图4-26所示的文本，修改“深度美白保湿”文本的字号为“102点”，并调整字体位置。

图4-26　输入文本2

STEP 04 选择“矩形工具”，取消描边，在“填充”下拉列表中单击“渐变”按钮，依次双击色标，在打开的对话框中分别将“渐变颜色”设置为“#eb2754、#fb838a”，将“角度”设置为“90”，在“新品上市七折优惠”文本底部绘制大小为335像素×42像素的矩形，并修改“新品上市七折优惠”文本颜色为白色，如图4-27所示。

图4-27　绘制渐变矩形

STEP 05 再次调整字体间的位置，全屏海报效果如图4-28所示（配套资源:\效果文件\第4章\全屏海报.psd），然后保存文件完成操作。

图4-28　全屏海报效果

4.2.2　制作常规海报

微课：制作常规海报

常规海报与全屏海报所放位置不同，其宽度也有所不同，一般包括950像素、750像素、190像素3种类型。虽然海报的尺寸不同，但其制作方法相似。下面我们制作宽度为750像素的常规海报，其具体操作步骤如下。

STEP 01 新建大小为750像素×250像素，分辨率为72像素/英寸，名称为“常规海报”的文件。打开“常规海报.psd”图片（配套资源:\素材文件\第4章\常规海报.psd），依次拖动背景、化妆品素材到“常规海报”文件中，按【Ctrl+T】组合键调整图片大小与位置，如图4-29所示。

图4-29 打开素材文件

STEP 02 双击化妆品图层，在打开的对话框的左侧列表中单击选中“投影”复选框，将“混合模式、不透明度、角度、距离、大小”分别设置为“正片叠底、60%、120度、6像素、10像素”，单击 确定 按钮，如图4-30所示。

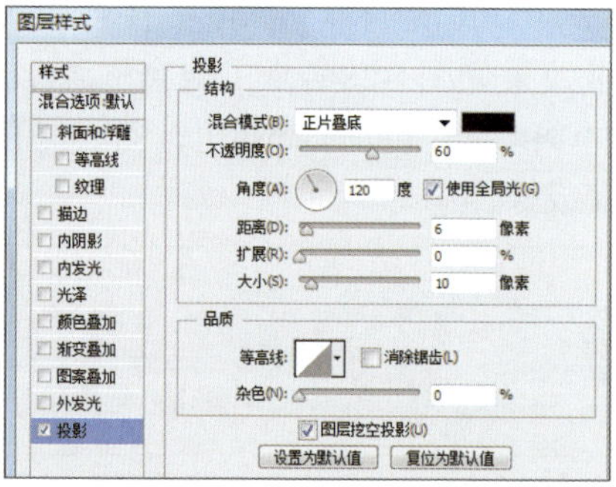

图4-30 添加投影

STEP 03 选择“横排文字工具”T，将字体设置为“汉仪中黑简”，将字号设置为“32点”，将文本颜色设置为“#0c5d22”，输入“唤醒你 做最好的自己”文本；将字体设置为“黑体、仿粗体”，将字号设置为“12点”，将文本颜色设置为“#24873f”，输入图4-31所示的其他文本，并将中文文本的字号更改为“16点”。

图4-31 输入文本

STEP 04 选择“直线工具”，在工具属性栏中将填充颜色设置为“#00421b”，无描边，将粗细设置为“2像素”，按住【Shift】键，在英文下方绘制水平直线，如图4-32所示。

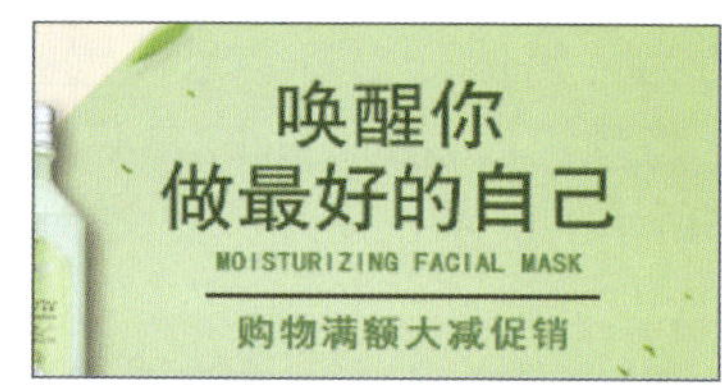

图4-32 绘制直线

STEP 05 将字体设置为“黑体、仿粗体”，将字号设置为“15点”，将文本颜色设置为“#ffffff”，输入“贵宾尊享价：900元/套”文本，选择“圆角矩形工具”，在工具属性栏中将“半径”设置为“10像素”，将填充色设置为“#00421b”，在该文本底部绘制圆角矩形，如图4-33所示。

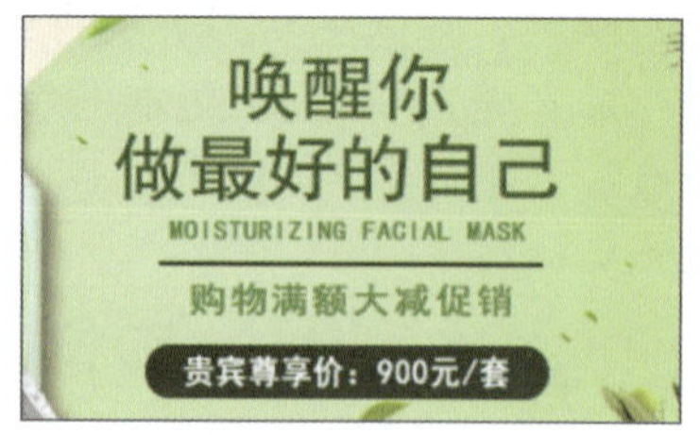

图4-33 输入文本并绘制圆角矩形

STEP 06 将字体设置为“黑体、仿粗体”，将字号设置为“11点”，将文本颜色设置为“#ffffff”，输入“点击购买>>”文本，选择“圆角矩形工具”，在工具属性栏中将“半径”设置为“10像素”，将填充色设置为“#e60012”，在该文本底部绘制圆角矩形，如图4-34所示。

图4-34　输入文本并绘制圆角矩形

STEP 07 最后调整文字之间的距离，常规海报的整体效果如图4-35所示（配套资源:\效果文件\第4章\常规海报.psd），保存图片完成操作。

图4-35　常规海报效果

4.3 优惠券设计

优惠券一般位于全屏海报的下方，主要是一种商家为了吸引消费者关注并刺激消费者产生购买行为所采用的促销手段。一般来说，优惠券最主要的部分就是优惠金额，也是消费者第一眼所关注的信息。因此，网店美工在设计优惠券时要尽量将优惠金额设计得醒目一些，除此之外，还需要了解优惠券的设计原则。

4.3.1　优惠券的设计原则

优惠券在首页模块中展示的信息有限，一般只展示优惠的金额，但一张完整的优惠券内还包括了很多信息，这些信息只有在消费者单击领用后才会显示，包括优惠券的使用范围、优惠券的使用条件、优惠券的使用时间限制、优惠券的使用张数限制、优惠券的最终解释权等。

（1）优惠券的使用范围：明确使用的店铺，以及使用的方式（是在全店通用，还是在店内的单款、新品或者某系列商品上使用），以此限定消费的对象，起到引导流量走向的作用。

（2）优惠券的使用条件：优惠券实现了有条件的打折，它在刺激消费者消费的同时，可以最大限度地保证利润空间。

（3）优惠券的使用时间限制：一般情况下，如果店铺是短期推广，应当限定使用日期，一般设置的优惠券到期时间以接近消费周期为佳。这能让消费者产生过期浪费的心理，提高消费者对优惠券的使用率。

（4）优惠券的使用张数限制：如“每笔订单限用一张优惠券”，这可以防止折上折的情况出现。

（5）优惠券的最终解释权：如“优惠券的最终解释权归本店所有”，这在一定程度上保留了店铺在法律上的权利，能避免在后期活动执行中出现不必要的纠纷。

4.3.2 制作优惠券

优惠券的发放模式主要有消费满减（满就送）、会员折扣和消费者自主领取3种，下面我们制作美妆类商品的满减优惠券。为了配合前面制作的店招与海报风格，在制作本例的优惠券时，会沿用前面店招的颜色，其具体操作步骤如下。

微课：制作优惠券

STEP 01 新建大小为950像素×250像素，分辨率为72像素/英寸，名称为“优惠券”的文件。选择“圆角矩形工具”，在工具属性栏中将“半径”设置为“10像素”，将填充色设置为“#fbf4f5”，将描边色设置为“#fb838a”，将描边宽度设置为“1点”，在图片中绘制圆角矩形，如图4-36所示。

图4-36 绘制圆角矩形

STEP 02 打开“花.png”图片（配套资源:\素材文件\第4章\花.png），将素材拖动到圆角矩形左下角，按住【Alt+Shift】组合键，将花朵水平复制到圆角矩形右下角，如图4-37所示。

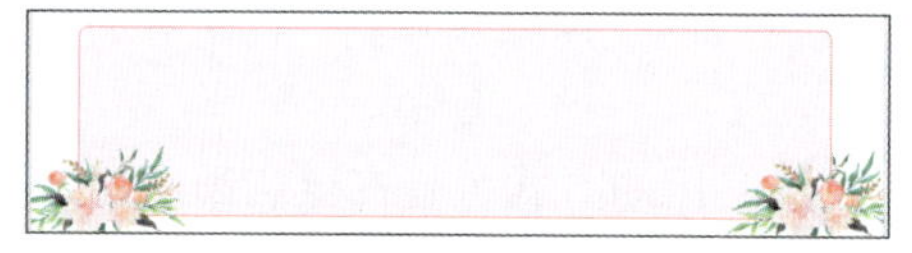

图4-37 添加素材

STEP 03 选择“横排文字工具”，将字体设置为“汉仪字典宋简”，将字号设置为“23点”，将文本颜色设置为“#d6465b”，在圆角矩形上方输入“领券 就是省钱！”文本，如图4-38所示。

图4-38 输入文本

STEP 04 选择“直线工具”，在工具属性栏中将描边颜色设置为“#fa5b64”，无填充色，将其粗细设置为“1像素”，描边类型选择第3种虚线，按住【Shift】键在优惠券下方绘制水平直线，如图4-39所示。

图4-39 绘制直线

STEP 05 选择“圆角矩形工具”，在工具属性栏中将“半径”设置为“10像素”，将填充色设置为“#fbeaeb”，将描边色设置为“#fd9fa4”，将描边宽度设置为“1点”，在图片中绘制圆角矩形，如图4-40所示。

图4-40 绘制圆角矩形

STEP 06 将前景色设置为“#df1933”，选择“钢笔工具”，在工具属性栏中将工具模式设置为“路径”。在圆角矩形右侧绘制不规则形状，在该图层上单击鼠标右键，在弹出的快捷菜单中选择“创建剪贴蒙版”命令，将其置入下方的圆角矩形，如图4-41所示。

图4-41　剪贴组

STEP 07 选择“横排文字工具” T，将字体设置为“汉仪中黑简”，将字号设置为“58点”，将文本颜色设置为“#db6273”，输入“10”文本；将字号更改为“20点”，输入“满99元使用”文本；将字体更改为“黑体”，将字号更改为“14点”，输入“元”文本；将文本颜色更改为“白色”，输入“立即领取>”文本，如图4-42所示。

图4-42　输入文本

STEP 08 选择“圆角矩形工具”，取消描边，在“填充”下拉列表中单击“渐变”按钮，依次双击色标，在打开的对话框中分别将“渐变颜色”设置为“#db6273、#fde4e4”，将“角度”设置为“90”，在“立即领取>”文本下方绘制圆角矩形，如图4-43所示。

图4-43　绘制圆角矩形

STEP 09 选择所有优惠券图层，按【Ctrl+G】组合键将其创建为组1，选择“移动工具”，在工具属性栏中设置“自动选择”为“组”，按【Alt】键移动并复制组，得到其他两张优惠券，如图4-44所示。

图4-44　复制组

STEP 10 修改券面金额与满减条件，调整位置，并将花的素材图层移动到优惠券图层组上方，完成后保存图片，完成优惠券的制作，最终效果如图4-45所示（配套资源:\效果文件\第4章\优惠券.psd）。

图4-45　最终效果

新手试练

下面我们对潮流男装的“10元”“20元”“30元”满减优惠券进行设计。为了吸引消费者的注意力，突出优惠券，我们在设计优惠券时主要选用黄色作为主色，优惠券参考效果如图 4-46 所示。

图4-46　优惠券参考效果

4.4 活动区设计

活动区是店铺首页中的视觉设计重点模块，其主要用于展示店铺中的主推商品与促销活动，商家可以通过此区域向消费者直接推广店铺中的单品，从而引导消费。

4.4.1 活动区的设计要点

网店美工在制作活动区时，通常配合商品、文案、价格等信息来展示活动内容，为了对商品活动区的功能进行优化，在设计过程中需要注意以下3个方面。

（1）活动区的名称：活动区中每一个商品的名称定义要全面、准确，不能过于复杂或过于简单，以能体现商品名字和特点的名称为最佳。可在搜索栏中尝试搜索的难易程度，然后及时修正。

（2）活动区中的商品展示：活动区中放置的都是吸引消费者注意力的重要商品的图片，除了选择店铺中最漂亮的商品外，还可选择临近下架时间的商品，因为临近下架时间的商品会获得淘宝网的优先展示机会，有一定的概率让消费者优先查看。但要注意，若商品下架应及时进行处理，避免出现空位。

（3）活动区中的商品数量：商品数量要足够，因为要有足够多的商品来支持上架和推荐，同时也更便于模块设计。

4.4.2 制作活动区

微课：制作活动区

为了吸引消费者的注意力，网店美工在制作活动区时需要将海报、商品、名称以及价格等主要信息进行合理搭配。本例主要制作女装店铺的活动区，在制作时，先制作活动区中的分类模块，再制作单个商品的展示区，其具体操作步骤如下。

STEP 01 新建大小为1920像素×5000像素，分辨率为72像素/英寸，名称为“活动区”的文件。打开“活动区背景.jpg”图片（配套资源:\素材文件\第4章\活动区背景.jpg），将背景素材拖动到文件中。为了活动区的内容在任何显示器中都能完整地显示重要信息，网店美工在制作活动区时注意要在两边留白，即在左右两侧宽度为360像素的区域中不放置重要的商品图片与文案。

STEP 02 选择“椭圆工具”，在工具属性栏中将填充颜色设置为“#355876”，取消描边，将其大小设置为233像素×233像素，按住【Shift】键，在页面上方左侧绘制圆形，完成后再按【Ctrl+J】组合键，复制圆形，并将复制圆形的描边颜色设置为“#ffffff”，取消填充，将其大小设置为219像素×219像素，如图4-47所示。

图4-47 绘制圆形

STEP 03 选择“横排文字工具”T，将字体设置为“汉仪中黑简”，将字号设置为“31点”，将文本颜色设置为“#ffffff”，在圆角矩形中输入图4-48所示的文本，并修改“春满人间”文本的字号为“41点”。

图4-48　输入文本（1）

STEP 04 选择“直线工具”，在工具属性栏中将填充颜色设置为“#ffffff”，无描边，将其粗细设置为“1像素”，按住【Shift】键在文字间绘制水平直线，如图4-49所示。

图4-49　绘制直线

STEP 05 选择除背景外的所有椭圆图层，按【Ctrl+G】组合键将其创建为新组，按【Alt】键移动再复制3组圆形。双击第一个椭圆图层组，在打开的对话框的左侧列表中单击选中“投影”复选框，将“不透明度、角度、距离、大小”分别设置为“75%、120度、5像素、5像素”，单击 确定 按钮，如图4-50所示。

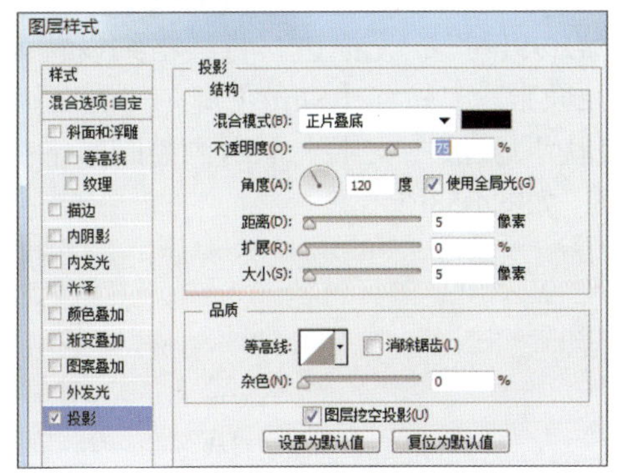

图4-50　添加投影

STEP 06 在“图层”面板中按住【Alt】键拖动椭圆图层组上的图标 fx 到其他3个图层组上，复制投影效果。

STEP 07 修改圆形中的信息，设置第2个圆形的填充颜色为“#e34e76”，设置“必抢爆款”文本颜色为“#eef863”，如图4-51所示。

图4-51　复制并修改内容

STEP 08 选择“横排文字工具” T，将字体设置为“汉仪综艺体简”，将字号设置为“104点”，将文本颜色设置为“#f65e91”，在分类模块下方输入图4-52所示的文本，并修改英文文本的字体为“黑体”，将字号设置为“38点”。

图4-52　输入文本（2）

STEP 09 打开“圆台.png”图片（配套资源:\素材文件\第4章\圆台.png），将背景素材拖动到文件中，调整其大小与位置，选择“矩形工具”，将填充颜色设置为“#ffc6d6”，在圆台右侧绘制大小为589像素×466像素的矩形，如图4-53所示。

图4-53　添加素材并绘制矩形

STEP 10 选择矩形图层，复制并缩小矩形，将填充颜色更改为“#fff9f9”，按【Ctrl+T】组合键进入自由变换状态，在工具属性栏中设置旋转角度为“4”，打开“花.png”图片（配套资源:\素材文件\第4章\花.png），将素材拖动到矩形左上角，如图4-54所示。

图4-54 复制矩形并添加素材

STEP 11 将双击复制的矩形图层，在打开的对话框的左侧列表中将单击选中“投影”复选框，将“颜色、不透明度、角度、距离、大小”分别设置为“#ff9ab6、46%、90度、10像素、5像素”，将单击 确定 按钮，如图4-55所示。

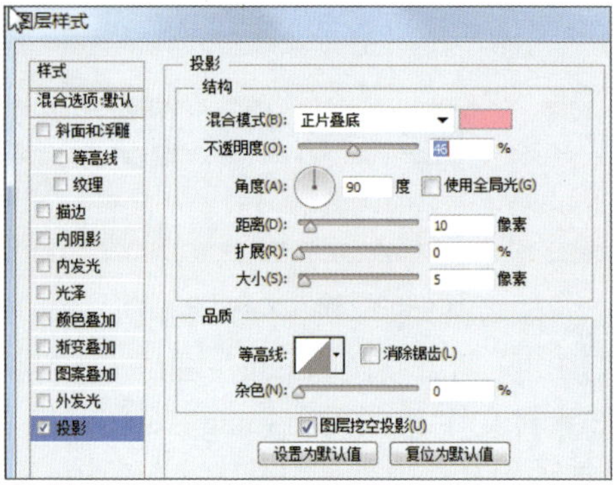

图4-55 添加投影

选择“横排文字工具” T，将字体设置为“汉仪综艺体简”，将字号设置为“58点”，将文本颜色设置为“#ff99b6”，在矩形内输入“肌肤如玉，美白嫩肤”文本；将字体更改为“汉仪菱心体简”，将字号更改为“43点”，输入“洗面奶/爽肤水/乳液”文本；将字号更改为“103点”，输入“190”文本；继续更改字号为“32点”，输入“元”文本，如图4-56所示。

图4-56 输入文本（3）

STEP 12 将双击“肌肤如玉，美白嫩肤”文本图层，在打开的对话框的左侧列表中将单击选中“内阴影”复选框，将“颜色、不透明度、角度、距离、大小”分别设置为“#ffc6d6、100%、120度、2像素、1像素”，将单击 确定 按钮，如图4-57所示。在“图层”面板中按住【Alt】键拖动文本图层上的图标 fx 到其他文本图层上，复制内阴影效果。

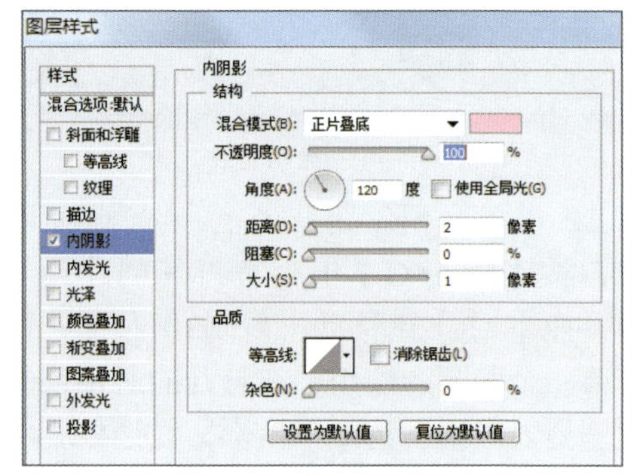

图4-57 添加内阴影

STEP 13 选择“直线工具”，在工具属性栏中将填充颜色设置为“#ff99b6”，无描边，将其粗细设置为“2像素”，按住【Shift】键在“洗面奶/爽肤水/乳液”文本上下两侧绘制水平直线，如图4-58所示。

图4-58 绘制直线

STEP 14 选择“圆角矩形工具”，在工具属性栏中将“半径”设置为“20像素”，将填充颜色设置为“#ff99b6”。在“图层”面板中按住【Alt】键拖动文本图层上的图标 fx 到圆角矩形图层上，复制内阴影效果。选择“横排文字工具” T，将字体设置为“汉仪菱心体简”，将字号设置为“39点”，将文本颜色设置为白色，在圆角矩形内输入“立即抢购”文本，如图4-59所示。

图4-59　绘制圆角矩形并输入文本

STEP 15 选择除背景和分类模块外的所有图层，按【Ctrl+G】组合键将其创建为新组，按【Alt】键移动再复制2组图层，并调整位置。打开“活动区化妆品.psd”图片（配套资源:\素材文件\第4章\活动区化妆品.psd），将其分别拖动到圆台上，并修改旁边的文案，如图4-60所示。

图4-60　添加素材（1）

STEP 16 选择“矩形工具”，将填充色设置为“#ffffff”，在图片下方绘制大小为“1530像素×2137像素”的矩形。

STEP 17 选择“横排文字工具” T，将字体设置为“黑体”，将字号设置为“40点”，将文本颜色设置为“#2e2e2e”，在矩形内输入“樱花美白套装”文本；将字体更改为“汉仪综艺体简”，将字号更改为“43点”，输入“红妆礼盒 买1送3”文本。选择“直线工具”，在工具属性栏中将填充颜色设置为“#2e2e2e”，无描边，将其粗细设置为“2像素”，按住【Shift】键在“红妆礼盒 买1送3”文本上下两侧绘制水平直线，如图4-61所示。

樱花美白套装

红妆礼盒 买1送3

图4-61　输入文本并绘制直线

STEP 18 选择“圆角矩形工具”，在工具属性栏中将“半径”设置为“20像素”，将填充颜色设置为“#ff92b0”，无描边。在文本下方绘制大小为“478像素×89像素”的圆角矩形，完成后在其上方再绘制一个圆角矩形，取消描边，在“填充”下拉列表中单击“渐变”按钮，依次双击色标，在打开的对话框中分别将“渐变颜色”设置为“#fcf4c1、#f7d8a7、#ffffff、#f3d5a3”，将“角度”设置为“90”，如图4-62所示。

图4-62　绘制圆角矩形

STEP 19 选择“横排文字工具” T，将字体设置为“汉仪大宋简”，将字号设置为“35点”，将文本颜色设置为“#ffffff”，在圆角矩形内输入“到手价：¥”文本；将字号更改为“55点”，输入“190”

文本；将文本颜色设置为“#fd5382”，将字号设置为“31点”，输入“立即购买”文本，如图4-63所示。

图4-63 输入文本（4）

STEP 20 选择文字和圆角矩形图层，按【Ctrl+G】组合键将其创建为新组3，按【Alt】键再复制5组图层，并调整位置。打开“活动区化妆品2.psd”图片（配套资源:\素材文件\第4章\活动区化妆品2.psd），将其分别拖动到文案上方，并修改下方的文案，如图4-64所示，完成后保存图片，完成活动区的制作（配套资源:\效果文件\第4章\活动区.psd）。

图4-64 添加素材（2）

4.5 实战演练

下面我们将结合本章所讲解的相关知识进行实战演练，以制作女装店铺店招、女装店铺海报为例，巩固本章所学知识。

4.5.1 制作女装店铺店招

本例将制作潮流女装店铺的通栏店招，该通栏店招的配色以红色、黄色与白色为主，字体以黑体为主，在店名文字的字体上选用了纤细并富有变化的艺术性字体，以体现其女性特征。此外，该通栏店招中还包含了店铺名称、收藏按钮、主要类别与优惠券等信息。店招效果如图4-65所示。

图4-65 店招效果

1. 设计思路

制作本例店招的设计思路如下。

（1）新建文件，创建店招空白区域与导航区域的辅助线。

（2）输入文本，制作文字类型的店标。

（3）添加分类图片，并结合形状与文字使用。

（4）利用直线分割矩形，输入文本，制作优惠券。

（5）输入导航条文本，并添加标签。

微课：制作女装店铺店招

2. 知识要点

大家若想完成本例店招的制作，需要掌握以下知识。

（1）文字店标的设计。如果文字店标是基于店铺名称而制作的，其设计方式通常是将品牌的名称、名称缩写或是抽取的个别有趣的文字，通过排列、扭曲、颜色变化等方法制作成店标。

（2）导航条的设计。导航条需要与店招的风格和颜色相互呼应，为了便于查看，我们在设计导航条时要尽量简洁。

（3）文本的输入。选择“横排文字工具” T，和“直排文字工具” IT，设置文本的字体、大小、颜色、字形、字间距等，并输入文本。

（4）图形的绘制。选择“矩形工具”、“直线工具”和“自定形状工具”绘制图形。

3. 操作步骤

下面开始制作女装店铺店招，其具体操作步骤如下。

STEP 01 新建大小为1920像素×150像素，背景为白色，分辨率为72像素/英寸，名称为“女装店招”的文件，按【Ctrl+R】组合键显示标尺，创建距离两边485像素，距离下边30像素的参考线，如图4-66所示。

图4-66　新建文件并创建参考线

STEP 02 选择“横排文字工具” T，将字体设置为“ParisianC”，将字号设置为“46点”，将文本颜色设置为“黑色”，将字间距设置为“50”，输入“SHAYU”文本；将字体设置为“黑体、仿粗体”，将字号设置为“20点”，输入“傻羽”“®”文本；将字体设置为“汉仪细圆简”，将字号设置为“13点”，将文本颜色设置为“#908f8f”，输入“专注每一个细节”文本；将字号设置为“12点”，将文本颜色设置为“黑色”，输入“收藏店铺”文本，如图4-67所示。

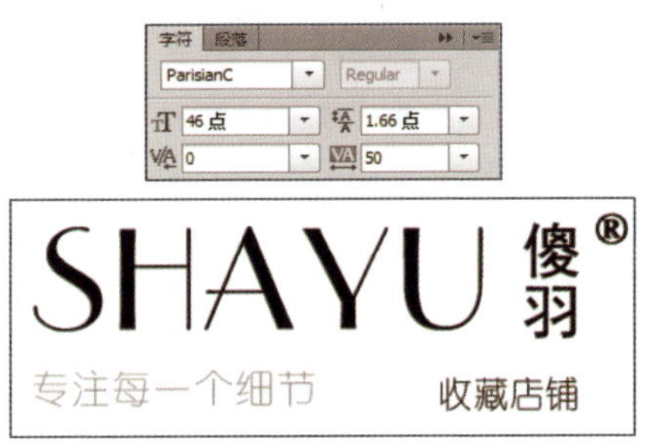

图4-67　输入文本（1）

STEP 03 选择“自定形状工具”，在工具属性栏中将填充颜色设置为“#e71f19”，选择心形形状，在“收藏店铺”左侧绘制收藏图标，如图4-68所示。

图4-68　绘制收藏图标

STEP 04 选择“矩形工具”，在工具属性栏中将填充颜色设置为“#da2944”，将文件大小设置为“160像素×110像素”，双击鼠标，在打开的对话框中单击确定按钮，绘制矩形，然后复制3个相同的矩形，并进行排列，如图4-69所示。

图4-69　绘制并复制矩形

STEP 05 打开素材文件（配套资源:\素材文件\第4章\女装店招\），将素材拖动到图片中，分别将素材调整到3个矩形图层上，如图4-70所示。在图片图层上单击鼠标右键，在弹出的快捷菜单中选择“创建剪贴蒙版”命令，使用下层的矩形裁剪素材，调整素材的大小与位置。

图4-70　打开素材文件

STEP 06 选择“直排文字工具”，将字体设置为“黑体、仿粗体”，将字号设置为“18点”，将文本颜色设置为“白色”，输入类别文本，如图4-71所示。

图4-71　输入文本（2）

STEP 07 选择“矩形工具”，在工具属性栏中将填充颜色设置为“#f9d291”，在右侧的矩形上绘制黄色矩形；选择“直线工具”，在工具属性栏中将填充颜色设置为“#ffffff”，将直线粗细设置为“2像素”，按住【Shift】键绘制两条直线平均分割矩形，将矩形分割为3个部分，如图4-72所示。

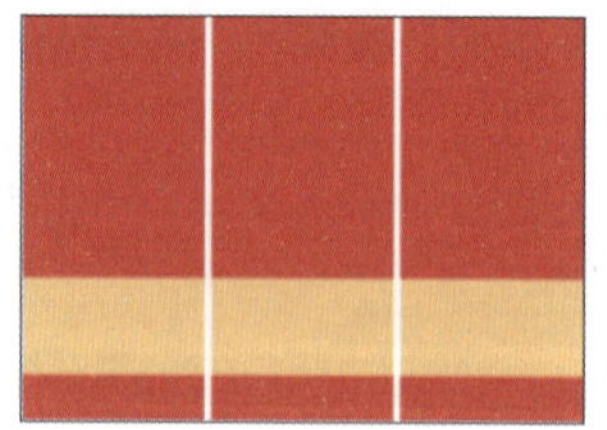

图4-72　绘制矩形与直线

STEP 08 选择“横排文字工具”，将字体设置为“黑体、仿粗体”，将文本颜色设置为“#ffffff”，输入优惠金额与使用条件文本；将文本颜色更改为“#da2944”，输入“抢先领>”文本，调整文本的大小，如图4-73所示。

图4-73　制作优惠券

STEP 09 选择“横排文字工具”，将字体设置为“黑体”，将字号设置为“17点”，输入导航条文本，如图4-74所示。

图4-74　输入导航条文本

STEP 10 将前景色设置为“#df1933”，选择“钢笔工具”，在首页左侧绘制首页图标；选择“自定形状工具”，在工具属性栏中将填充颜色设置为“#da2944”，选择标注形状，在“2018年秋冬新品”右上角绘制标签，并输入“hot”文本，最终效果如图4-75所示（配套资源:\效果文件\第4章\女装店招.psd）。

图4-75　最终效果

↘ 4.5.2　制作女装店铺海报

微课：制作女装店铺海报

本例制作的海报以清新简约为主，背景主要色调为红色，与模特的衣服颜色色调一致，画面整体和谐、平衡。该海报背景中以绿色作为平衡画面的点缀色，在左侧通过文案来表达活动的主题。此外，海报中左文右图的构图方式，也起到了平衡画面的效果，制作后的海报效果如图4-76所示。

图4-76　海报效果

1. 设计思路

女装店铺海报可以根据女装的季节性、款式特点、面料特点、穿着场所等进行设计。制作本例中的海报的设计思路如下。

（1）确定主色调，红色可以营造温暖的氛围，烘托外套的保暖性。

（2）制作背景，通过素材与矩形工具的运用来制作背景效果。

（3）在页面左侧添加文本，在页面右侧添加女装模特素材，并为女装模特添加投影，增加其立体感。

2. 知识要点

完成本例海报的制作，大家需要掌握以下知识。

（1）海报设计要点：具有强烈的视觉冲击力，可以通过图片和色彩来实现；海报表达的内容精练，主题文字醒目，能够抓住主要诉求点；海报内容不可过多，一般以图片为主，文案为辅。

（2）文本的输入：选择“横排文字工具” T 和“直排文字工具” ↓T，设置文本的字体、大小、颜色等，并输入文本。

（3）图形的绘制：选择“矩形工具” ■和“直线工具” ／绘制图形。

3. 操作步骤

下面开始制作女装店铺海报，其具体操作步骤如下。

STEP 01 新建大小为950像素×540像素，分辨率为72像素/英寸，名称为“女装海报”的文件。打开“女装海报背景.jpg”图片（配套资源:\素材文件\第4章\女装海报背景.jpg），将素材拖动到图片中。选择“矩形工具” ■，在工具属性栏中将填充颜色设置为“#ffe7f0”，在图片中白色区域内绘制矩形，如图4-77所示。

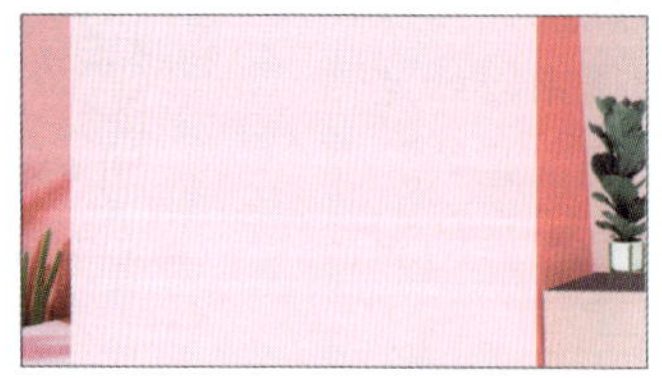

图4-77 添加背景并绘制矩形

STEP 02 打开“女装模特.png”图片（配套资源:\素材文件\第4章\女装模特.png），将素材拖动到“女装海报”文件中，调整图片大小与位置，将其放置在方框右侧，如图4-78所示。

图4-78 添加素材

STEP 03 双击模特素材图层，在打开的对话框的左侧列表中单击选中“投影”复选框，将“混合模式、不透明度、角度、距离、大小”分别设置为“正片叠底、85%、120度、12像素、16像素”，单击 确定 按钮，如图4-79所示。

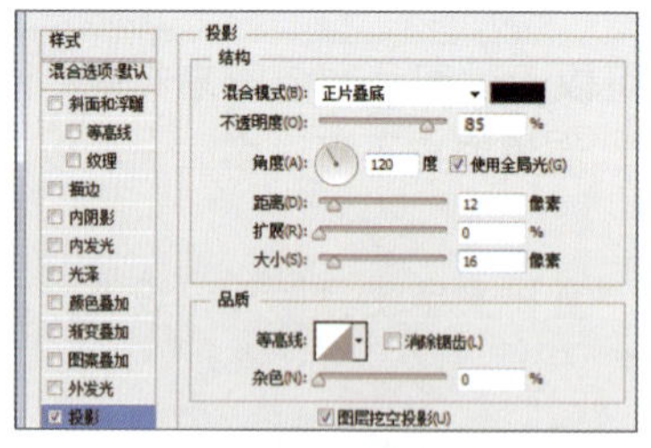

图4-79 添加投影

STEP 04 选择“横排文字工具” T，将其字体设置为“经典综艺体简”，将字号设置为“66点”，将文本颜色设置为“#e87277”，输入“秋冬新风尚”文本；将字体设置为“思源黑体 CN”，将字号设置为“25点”，输入“2018 fall / winter”文本；将字号设置为“50点”，将文本颜色设置为“#df2442”，输入“放肆~宠新欢”文本；将字号设置为“20点”，将文本颜色设置为“#e87277”，输入“遇/见/更/好/的/自/己”文本，将文本颜色设置为“#ed768d”，输入“全场满199元减20元 满299元减50元”“一周新品 顺丰包邮 >”文本；将字号设置为“18点”，将文本颜色设置为“#e87277”，输入“活动时间：2018.9.12－9.18”文本，如图4-80所示。

图4-80 输入文本

STEP 05 选择“矩形工具”，在工具属性栏中将填充颜色设置为“#e87277”，在“全场满199元减20元 满299元减50元”文本下层绘制矩形；继续设置填充颜色为“#fdb2c6”，在“一周新品 顺丰包邮 >”文本下层绘制矩形，并修改文本颜色为白色。选择“直线工具”，在工具属性栏中将填充颜色设置为“#ffffff”，将直线粗细设置为“2像素”，按住【Shift】键，在人物右侧绘制直线。选择“直排文字工具” IT，将其字体设置为“思源黑体 CN”，将字号设置为“15点”，将文本颜色设置为白色，在直线下方输入“NEW FASHION”文本，海报效果如图4-81所示（配套资源:\效果文件\第4章\女装海报.psd）。

图4–81　海报效果

课后练习

（1）本练习将利用耳机图片（配套资源:\素材文件\第4章\耳机素材.psd）制作耳机专卖店“尚音阁”的常规店招。由于数码商品的店招一般要求简洁大气，因此我们在设计时不用过多装饰，可采用方正字体和简单的图形来体现。蓝色不仅能表现声音的纯净，而且能彰显耳机的品质，因此我们在设计时要以蓝色为主色，搭配深蓝色与浅蓝色，并以渐变填充进行颜色的过渡，制作后的店招效果如图4-82所示（配套资源:\效果文件\第4章\耳机店招.psd）。

图4–82　店招效果

（2）本练习将应用“女包活动区.psd”图片（配套资源:\素材文件\第4章\女包活动区素材.psd）中的素材制作一张女包活动区。在制作女包活动区时先确定店铺的简约风格，保证能够突出商品的质量与外观，然后再进行分类模块的制作，最后再制作爆款推荐模块。整体以图片为主，搭配少量文字，营造简约、时尚的氛围，制作后的活动区效果如图4-83所示（配套资源:\效果文件\第4章\女包活动区.psd）。

图4–83　制作后的活动区效果

第5章　详情页视觉设计

详情页就是商品的视觉展示区，当消费者看到心仪的商品后，可能会单击该商品的主图，然后进入该商品的详情页页面，这时消费者会根据详情页中的展示图片、细节、材质等信息来判断该商品是否符合自己的需要，因此，详情页的视觉设计至关重要。本章将对详情页中的设计要点进行介绍，并通过制作常见的详情页模块，帮助大家提高详情页的制作水平。

学习目标：

* 掌握详情页设计要点
* 熟悉宝贝描述的策划要点
* 熟悉宝贝描述的内容分析方法

技能目标：

* 掌握制作焦点图的设计方法
* 掌握制作功能描述图的设计方法
* 掌握制作信息展示图的设计方法
* 掌握制作卖点说明图的设计方法

5.1 商品详情页设计要点

商品详情页可以让消费者更加详细地了解该商品的规格、颜色、细节等信息，所以网店美工在设计商品详情页时，需要尽可能多地展现商品的卖点，吸引消费者的注意力并刺激消费者产生购买行为。

5.1.1 商品详情页制作规范

美观的商品详情页可以引起消费者的关注和兴趣，提高商品和店铺的展现量，而为了使制作的商品详情页规范完整，网店美工应注意以下几个方面。

（1）商品详情页的风格应该与店标风格、店招风格等一致，以免造成页面整体不协调的问题。

（2）商品详情页的内容一般都比较多，为了避免消费者在浏览商品详情页时出现加载过慢的问题，装修时最好不要使用太大的图片。

（3）在店铺管理页面中直接制作商品详情页十分不方便，因此可先通过Photoshop制作好商品详情页，再进行上传。

（4）淘宝网对商品详情页的尺寸一般没有具体要求，但其宽度一般在750像素以内。

5.1.2 商品详情页的内容分析与策划要点

商品详情页一般包括细节展示、宝贝参数、功能展示、宝贝推荐、宝贝细节等内容，网店美工在制作商品详情页的内容时需要根据商品进行策划，网店美工在策划时主要把握以下4点。

（1）引发兴趣、激发潜在需求：网店美工可在商品详情页中加入创意焦点图来吸引消费者的注意力，焦点图可以呈现商品的销量优势、商品的功能特点、商品的促销信息等，以激发消费者的潜在需求。图5-1所示的商品功能焦点图通过文案“植物抑菌 舒适透气”来突出该棉袜的产品特性，引发消费者的兴趣。

图5–1　商品功能焦点图

（2）赢得消费者信任：网店美工若想通过商品详情页赢得消费者信任，可从商品细节的完善、消费者痛点和商品卖点的挖掘、同类商品对比、第三方评价、品牌附加值、消费者情感、塑造拥有后的感觉等方面入手。图5-2所示为通过对比使用磨砂膏去除死皮的效果，说服消费者购买的商品详情页内容。

（3）替消费者做决定：网店美工通过品牌介绍、提高客单价、优惠时间限制、数量有限、库存紧张、欲购从速等手段号召犹豫不决的消费者快速下单。图5-3所示为通过限制数量5 000、1元秒杀的方式来刺激犹豫不决的消费者快速下单的商品详情页内容。

半亩花田实验室数据
2瓶用完 肤色亮了一度

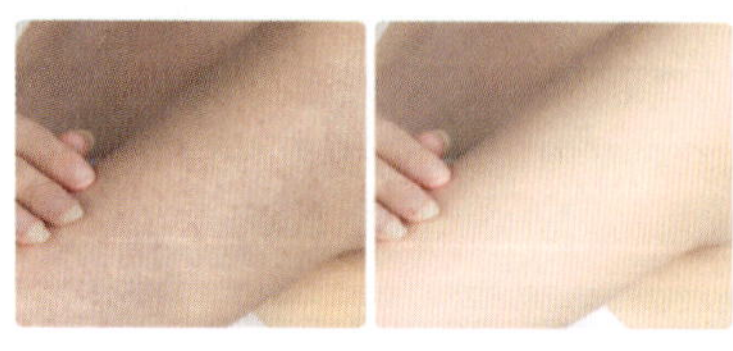

图5-2　赢得消费者信任

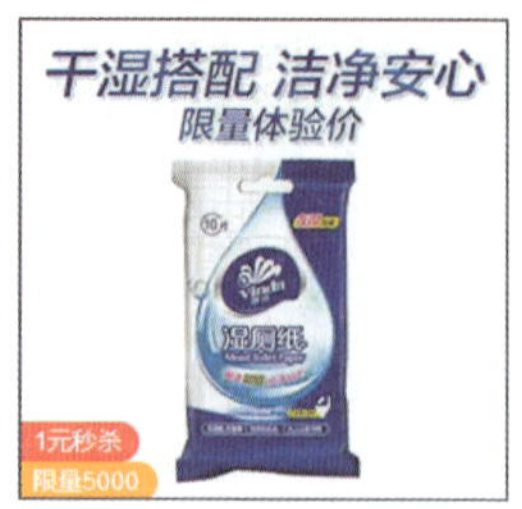

图5-3　限量抢购

（4）关联推荐：若消费者浏览完整个商品详情页后仍然没有下单，网店美工可通过相关推荐模块进行商品推荐，给消费者更多选择与下单的机会。图5-4所示为某款呢子大衣的关联推荐。

图5-4　关联推荐

5.2 宝贝描述核心模块设计

商品详情页是促成消费者下单的关键页面，因此其中的宝贝描述核心模块设计就显得尤为重要。网店美工要做好宝贝描述核心模块的设计就需要了解不同的商品与活动，如新品推广的商品详情页主要描述该商品的品牌、款式与品质；热卖商品详情页主要描述该商品的热销盛况、好评；活动促销的商品详情页则主要突出活动力度；而常规商品详情页主要描述该商品的购买理由，如通过展示其优势、功能、性价比，或营销活动让消费者产生购买欲望。宝贝描述核心模块设计主要包括宝贝焦点图、功能描述图、信息展示图、卖点说明图4个部分，这些核心模块设计对吸引消费者兴趣起到非常重要的作用。下面我们以美妆商品为例，对常见的宝贝描述核心模块进行设计。

5.2.1　宝贝焦点图设计

微课：宝贝焦点图设计

宝贝焦点图一般位于宝贝基础信息下方，由商品、主题与卖点3个部分组成，它通过突出商品优势以及放大商品特点来吸引消费者购买该商品。下面为制作芦荟喷雾焦点图的方法，我们采用绿色背景来配合商品的颜色，并添加木板、树叶、水珠、芦荟、文本等元素装饰焦点图，其具体操作步骤如下。

STEP 01 新建大小为750像素×880像素，分辨率为72像素/英寸，名称为“宝贝焦点图”的文件。打开“芦荟背景.jpg”图片（配套资源:\素材文件\第5章\芦荟背景.jpg），框选绿色背景，将其拖动到“商品焦点图”文件中，调整其大小与位置，如图5-5所示。

图5-5　添加素材

STEP 02 在“图层”面板中单击“添加图层蒙版”按钮，为绿色背景添加蒙版；单击选择蒙版，选择“渐变工具”，在工具属性栏中单击“线性渐变”按钮，单击渐变色条，在打开的对话框中设置“白色-透明-透明-白色”的渐变，按住鼠标左键不放，并从上到下拖动鼠标，创建透明渐变效果，如图5-6所示。

图5-6　创建透明渐变效果

STEP 03 将“芦荟背景.jpg”图片中的木板拖动到当前窗口中，按【Ctrl+T】组合键调整大小，将鼠标光标移动到四角外的旋转控制柄上，按住鼠标左键进行旋转，将其移动到合适位置，按【Enter】键完成变换，如图5-7所示。

图5-7　添加并编辑木板

STEP 04 将芦荟喷雾和芦荟（配套资源:\素材文件\第5章\芦荟喷雾.png、芦荟.png）添加到图片中，调整其位置和大小；将前景色设置为“#0d361b”，选择“画笔工具”，将其硬度设置为“0%”，将不透明度设置为“24%”，在芦荟喷雾和芦荟素材下方新建图层，绘制投影，如图5-8所示。

图5-8　添加素材并绘制投影

STEP 05 将水珠（配套资源:\素材文件\第5章\水珠.png）添加到图片中的瓶子上，按【Ctrl+T】组合键调整其大小与位置，按【Alt】键拖动复制水珠，调整大小与位置，将其放在芦荟上，如图5-9所示。

图5-9　添加水珠

STEP 06 选择“横排文字工具”，将字体设置为“方正兰亭圆简体”，将字号设置为“21点”，将文本颜色设置为“#030000”，输入“芦荟保湿舒缓喷雾150mL”文本；将字体设置为“方正兰亭纤黑简体”，将字号设置为“53点”，输入“活力水嫩 焕发光彩”文本；将字体设置为“方正兰亭中粗黑_GBK”，将字号设置为“24点”，输入“—— 92%芦荟畅销款，”文本，将字体更改为“方正兰亭纤黑简体”，输入“补水新升级 ——”文本，如图5-10所示。

图5-10 输入文本

STEP 07 选择“圆角矩形工具”，在工具属性栏中将填充颜色设置为“#7baa2c”，将半径设置为“15像素”，在“芦荟保湿舒缓喷雾150mL”下一图层上绘制圆角矩形并将该字体的颜色修改为“#ffffff”，将树叶（配套资源:\素材文件\第5章\树叶.png）添加到图片中，如图5-11所示（配套资源:\效果文件\第5章\宝贝焦点图.psd），完成制作。

图5-11 宝贝焦点图效果

5.2.2 功能描述图设计

对于美妆类商品来说，消费者会十分看重其功能性，因此网店美工在设计此模块时要将商品的各功能总结起来，以图文搭配的形式来呈现，从实用性、视觉性的角度吸引消费者的关注。以下为制作芦荟喷雾的功能描述图，并加入线条、形状、水花等元素进行视觉美化的具体操作步骤。

微课：功能描述图设计

STEP 01 新建大小为750像素×770像素，分辨率为72像素/英寸，名称为“功能描述图”的文件。选择“矩形工具”，在工具属性栏中将填充颜色设置为“#e2eddd”，在页面左上角绘制矩形；选择“直线工具”，在矩形上绘制斜线，如图5-12所示。

图5-12 绘制矩形与斜线

STEP 02 在“图层”面板的矩形图层上单击鼠标右键，在弹出的快捷菜单中选择“栅格化图层”命令，使用“多边形套索工具”，为斜线右侧的矩形部分创建选区，按【Delete】键删除部分矩形，复制矩形和形状图层，将其移动至右侧并进行旋转和移动调整，如图5-13所示。

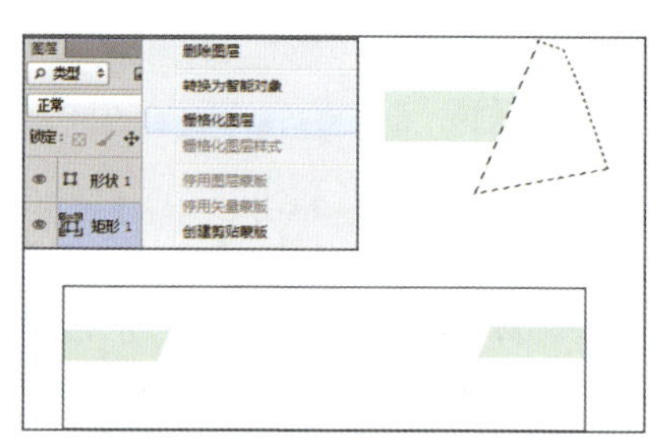

图5-13 栅格化并删除部分图像

STEP 03 选择“横排文字工具”，将字体设置为“方正兰亭纤黑简体”，将字号设置为“37点”，将文本颜色设置为“#498c37”，输入“天然芦荟 天然呵护”文本；将字体设置为“方正兰亭粗黑简体”，将字号设置为“105点”，输入

"5"文本；将字号更改为"44点"，输入"大芦荟美容功效"文本，如图5-14所示。

图5-14　输入文本（1）

STEP 04 将水纹、水花、芦荟喷雾（配套资源:\素材文件\第5章\水纹.png、水花.png、芦荟喷雾.png）添加到图片中，调整叠放顺序、位置和大小，如图5-15所示。

图5-15　添加素材

STEP 05 选择芦荟喷雾所在图层，按【Ctrl+J】组合键复制图层，按【Ctrl+T】组合键向下拖动上边的控制点，垂直翻转图片，将图层不透明度设置为"25%"，移至原图片下方，制作倒影，如图5-16所示。

图5-16　制作倒影

STEP 06 选择"圆角矩形工具"，在工具属性栏中将填充颜色设置为"#488c37"，将半径设置为"15像素"，绘制178像素×32像素的圆角矩形。选择"横排文字工具" T，将字体设置为"方正兰亭圆简体"，将字号设置为"26点"，将文本颜色设置为"#ffffff"，输入"舒缓保湿"文本；将字体设置为"方正兰亭中黑_GBK"，将字号设置为"18点"，将文本颜色设置为"#8e8c8c"，输入详细说明文本，如图5-17所示。

图5-17　输入文本（2）

STEP 07 选择STEP 06创建的所有图层，按【Ctrl+G】组合键将其创建为组1；选择"移动工具"，在工具属性栏中设置自动选择为"组"，按【Alt】键移动并复制组，得到其他4个组，如图5-18所示。

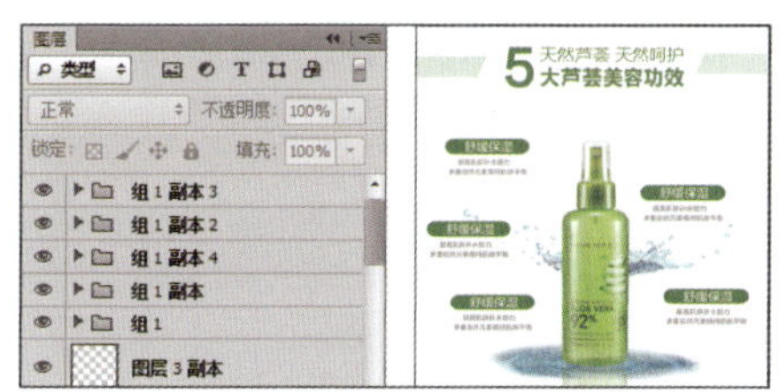

图5-18　新建并复制组

STEP 08 选择"横排文字工具" T，修改各组中的文本内容，完成功能描述图的制作，效果如图5-19所示（配套资源:\效果文件\第5章\功能描述图.psd）。

图5-19　功能描述图的效果

5.2.3 信息展示图设计

由于网上的商品是虚拟的，消费者并不能通过图片来准确把握商品的尺寸大小，因此网店美工需要在商品详情页中对商品的尺寸、颜色或细节等内容进行充分的展示。以下为制作芦荟喷雾信息展示图的具体操作步骤。

STEP 01 新建大小为750像素×900像素，分辨率为72像素/英寸，名称为“信息展示图”的图片，复制“功能描述图.psd”文件中的分类部分，修改为与“产品实拍”相关的文本；选择“钢笔工具”，将工具模式设置为“形状”，将描边颜色设置为“#49912d”，将描边宽度设置为“1点”，绘制图5-20所示的图形。

图5-20 绘制方框

STEP 02 选择“矩形工具”，设置与方框相同的描边颜色与粗细，按【Shift】键绘制矩形；选择“椭圆工具”，按【Shift】键在矩形中绘制圆；选择“直线工具”，将填充颜色设置为“#49912d”，取消描边，按【Shift】键绘制垂直和水平的直线，栅格化处理线条，框选线条中间部分，按【Delete】键删除部分线条，如图5-21所示。

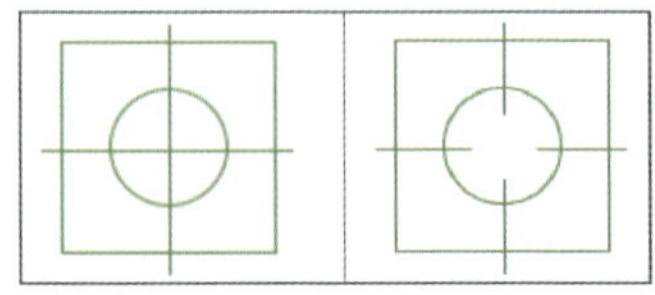

图5-21 制作图标

STEP 03 选择“横排文字工具”，将字体设置为“方正兰亭圆简体”，将字号设置为“30点”，将文本颜色设置为“#49912d”，输入“产品正面”文本；将字体设置为“方正兰亭纤黑简体”，将字号设置为“19点”，将文本颜色设置为“#4c4c4c”，输入“密封包装，精致外观”文本，如图5-22所示。

图5-22 输入文本

STEP 04 选择“直线工具”，在工具属性栏中取消填充，将描边颜色设置为“#a0a0a0”，将粗细设置为“3.5点”，将描边类型设置为虚线，按【Shift】键在两行文本之间绘制虚线，如图5-23所示。

图5-23 绘制虚线

STEP 05 选择STEP 02~STEP04创建的所有图层，按【Ctrl+G】组合键将其创建为组1；选择“移动工具”▸✥，在工具属性栏中设置自动选择为“组”，按【Alt】键移动并复制组，得到其他2个组，修改文本，效果如图5-24所示。

图5-24　创建组并复制组

STEP 06 将芦荟喷雾的实拍图（配套资源:\素材文件\第5章\产品正面.jpg、产品背面.jpg、产品喷口.jpg、产品底部.jpg）添加到图片中，调整叠放顺序、位置和大小，效果如图5-25所示（配套资源:\效果文件\第5章\信息展示图.psd）。

图5-25　信息展示图的效果

新手试练

不同商品展示的信息也有所不同，如服装类商品需要展示尺码、颜色、面料细节等，下面请试着制作一款雪纺裤的细节展示图，参考效果如图5-26所示。

图5-26　细节展示图效果

5.2.4　卖点说明图设计

微课：卖点说明图设计

在制作宝贝焦点图和功能描述图时，我们已经对卖点进行了提炼，而此时，可以通过增加卖点的详细说明，如原料优势、产地优势、品牌理念等来增强商品的说服力。以下为制作芦荟喷雾“无添加”与“优质原料”卖点说明图的具体操作步骤。

STEP 01 新建大小为750像素×1 450像素，分辨率为72像素/英寸，名称为“卖点说明图”的文件。复制“信息展示图.psd”图片中的分类部分，修改为与“无添加”相关的文本，如图5-27所示。

无添加　天然新鲜无添加

承诺不添加：酒精、色素、香基、硅油、荧光剂

图5-27　制作“无添加”模块

STEP 02 选择“矩形工具”▭，将描边颜色设置为“#49912d”，将描边

宽度设置为“1.33点”，绘制矩形；选择“横排文字工具”，将字体设置为“方正兰亭粗黑简体”，将字号设置为“22点”，将文本颜色设置为“#498c37”，输入“无酒精”文本；将字体设置为“方正兰亭黑简体”，将字号设置为“19点”，将文本颜色设置为“#4e4d4d”，输入“不含酒精”等文本，如图5-28所示。

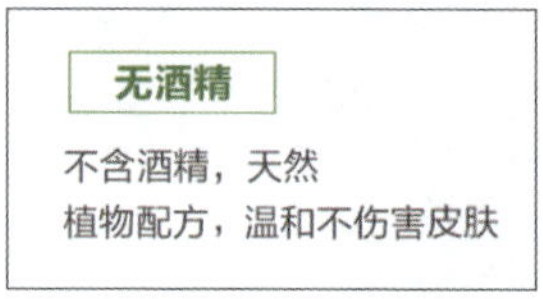

无酒精

不含酒精，天然
植物配方，温和不伤害皮肤

图5-28　输入文本

STEP 03 选择STEP 02创建的所有图层，按【Ctrl+G】组合键将其创建为组1；选择“移动工具”，在工具属性栏中设置自动选择为“组”，按【Alt】键移动并复制组，得到其他2个组，修改文本，如图5-29所示。

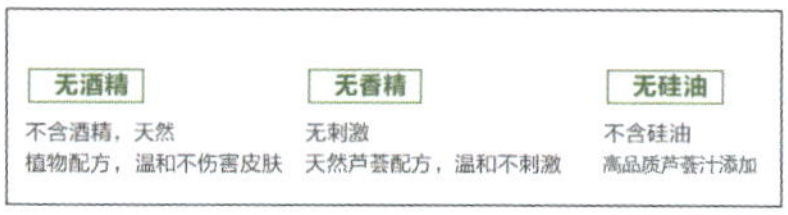

无酒精	无香精	无硅油
不含酒精，天然 植物配方，温和不伤害皮肤	无刺激 天然芦荟配方，温和不刺激	不含硅油 高品质芦荟汁添加

图5-29　创建并复制组

STEP 04 将芦荟（配套资源:\素材文件\第5章\芦荟.jpg）添加到图片中，调整其位置和大小，“无添加”说明图的效果如图5-30所示。

图5-30　“无添加”说明图的效果

STEP 05 将“无添加”的分类部分创建为组2，复制组，修改为与“优质原料”相关的文本，制作“优质原料”模块，如图5-31所示。

图5-31　制作“优质原料”模块

经验之谈：

大家在制作商品详情页的各个板块时，为板块设置相同的颜色、图形与文本样式，可以使页面有简洁统一的视觉效果。

STEP 06 选择“矩形工具”，将其填充颜色设置为“#49912d”，按【Shift】键绘制矩形；复制并缩小矩形，将填充颜色更改为“#eeeeee”，如图5-32所示。

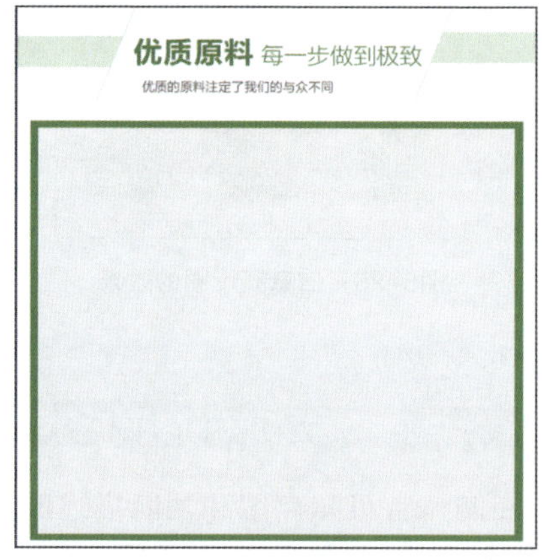

图5-32　制作矩形框

STEP 07 选择“圆角矩形工具”，在工具属性栏中取消填充，将描边颜色设置为“#a0a0a0”，将描边宽度设置为“1点”，将描边类型设置为虚线，在矩形框内绘制圆角矩形；按【Alt】键移动并复制2个圆角矩形，使其水平均匀排列，如图5-33所示。

图5-33　绘制并复制圆角矩形

STEP 08 将原料图片（配套资源:\素材文件\第5章\原料1.jpg、原料2.jpg、原料3.jpg）添加到图片中，调整其位置和大小，分别将其放到圆角矩形中，如图5-34所示。

图5-34　添加素材文件

STEP 09 选择“横排文字工具”T，将字体设置为“方正兰亭粗黑简体”，将字号设置为“28点”，将文本颜色设置为“#fe9b01”，输入“有机种植”文本；将字体设置为“方正兰亭黑简体”，将字号设置为“18点”，将文本颜色设置为“#4c4c4c”，输入详细说明的文本，将“天然纯净”的文本颜色更改为“#49912d”；选择“直线工具”，在工具属性栏中将其填充颜色设置为“#49912d”，将粗细设置为“1像素”，按【Shift】键在文本之间绘制直线，如图5-35所示。

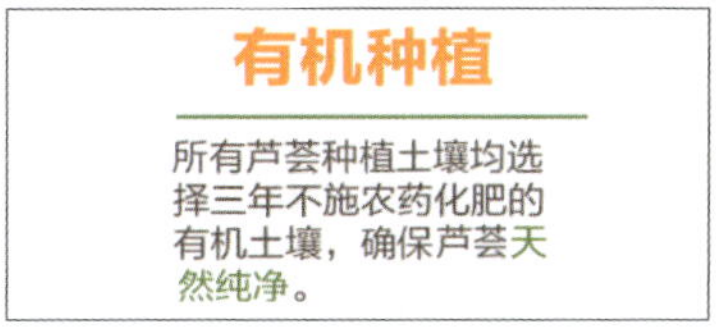

图5-35　输入文本

STEP 10 选择STEP 09中的所有图层，按【Ctrl+G】组合键将其创建为组3；选择“移动工具”，在工具属性栏中设置自动选择为“组”，按【Alt】键移动并复制组，得到其他2个组，修改文本，如图5-36所示。

图5-36　创建并复制组

STEP 11 选择“椭圆工具”，按【Shift】键在圆角矩形中绘制圆，在工具属性栏中将填充颜色设置为“#49912d”，按【Ctrl+J】组合键复制圆，按【Ctrl+T】组合键单击复制的这一层，按【Shift+Alt】组合键向内拖动四角的任意一角，向中心等比例缩小圆，取消填充颜色，将描边颜色设置为“#ffffff”，将描边宽度设置为“1点”，将描边类型设置为虚线，如图5-37所示。

图5-37　绘制圆

STEP 12 在圆中输入白色文本“1”，将字体设置为“方正中圆简体、仿粗体”。选择STEP 11创建的图层和圆中的白色文本图层，按【Ctrl+G】组合键将其创建为组4，移动并复制组，得到其他2个组，修改文本。制作后的“优质原料”说明图如图5-38所示（配套资源:\效果文件\第5章\“优质原料”说明图.psd）。

图5-38 “优质原料”说明图效果

5.3 实战演练

本实战主要是设计“家纺四件套”的商品详情页，主要是从焦点图、细节展示、情景展示等方面入手，其目的在于展示商品精良的品质，吸引消费者的注意力并刺激消费者产生购买行为。

5.3.1 制作四件套焦点图

本例以四件套实拍照片为背景，可以给消费者留下深刻的第一印象，同时在左侧采用淡紫色的背景装饰，不仅突显白色文案，也与四件套的整体色调相配合，使页面和谐美观，四件套焦点图的效果如图5-39所示。

图5-39 四件套焦点图的效果

1. 设计思路

制作焦点图的设计思路如下。

（1）首先添加背景素材。

（2）使用矩形工具绘制文案背景，并添加细节商品图片。

（3）输入说明文本，完成焦点图的制作。

2. 知识要点

大家若想完成本例焦点图的制作，需要掌握以下知识。

（1）利用“矩形工具”，添加素材并使用“创建剪贴蒙版”命令。

（2）利用“横排文字工具”T，设置文本格式，输入文本。

微课：制作四件套焦点图

3. 操作步骤

以下为四件套焦点图的制作步骤。

STEP 01 新建大小为750像素×727像素，分辨率为72像素/英寸，名称为“四件套焦点图”的文件。打开“四件套焦点图背景.jpg”图片（配套资源:\素材文件\第5章\四件套焦点图背景.jpg），将其拖动到当前图片中，调整图片的大小与位置，如图5-40所示。

图5-40　添加背景

STEP 02 选择“矩形工具”▭，取消描边，将其填充颜色设置为“#8d7c98”，在图片左侧绘制矩形，如图5-41所示。

图5-41　绘制矩形

STEP 03 选择“横排文字工具”T，将字体设置为“Arial”，将字号设置为“28点”，将文本颜色设置为“#ffffff”，输入“FOLK-CUSTOM”文本；将字体设置为“黑体”，将字号设置为“35点”，输入“民族风”文本；将字号修改为“15点”，输入图5-42所示的文本。

图5-42　输入文本

STEP 04 选择“直线工具”╱，将填充颜色设置为白色，取消描边，按【Shift】键在英文文本下方绘制水平直线。

STEP 05 选择“横排文字工具”T，将字体设置为“汉仪大黑简”，将字号设置为“35点”，将文本颜色设置为“#ffffff”，输入“床上用品4件套”文本，如图5-43所示。

图5-43　输入文本

STEP 06 选择“矩形工具”▭，设置描边颜色为“#ffffff”，将描边宽度设置为“6点”，将填充颜色设置为“#8d7c98”，在文案下方绘制矩形，如图5-44所示。

图5-44　绘制矩形

STEP 07 打开“四件套焦点图.jpg”图片（配套资源:\素材文件\第5章\四件套焦点图.jpg），将其移动至图片中，在图层上单击鼠标右键，在弹出的快捷菜单中选择“创建剪贴蒙版”命令，将其置入下方的矩形，调整图片的位置和大小，完成本例的制作，如图5-45所示（配套资源:\效果文件\第5章\四件套焦点图.psd）。

图5-45　最终效果

5.3.2　制作四件套展示图

本例从四件套的面料、产品细节以及情景展示方面来设计四件套的展示图，向消费者展示该商品全棉磨毛、活性印染、设计美观等优点，以吸引消费者的注意力并刺激消费者产生购买行为。四件套展示图的效果如图5-46所示。

图5-46　四件套展示图的效果

1. 设计思路

制作本例展示图的设计思路如下。

（1）首先添加背景素材，再绘制矩形框。

（2）添加商品，结合细节图片、文本阐述卖点。

2. 知识要点

大家若想完成本例展示图的制作，需要掌握以下知识。

（1）使用“矩形工具”，绘制矩形形状，并将图片素材剪贴至矩形框内。

（2）使用“钢笔工具”，绘制不规则形状。

（3）使用“横排文字工具”T，设置文本格式，输入文本。

微课：制作四件套展示图

3. 操作步骤

以下为四件套展示图的制作方法，其具体操作步骤如下。

STEP 01 新建大小为750像素×3025像素，分辨率为72像素/英寸，名称为“四件套展示图”的文件。

STEP 02 选择“矩形工具”▢，取消描边，将其填充颜色设置为“#8d7c98”，在图片上方绘制矩形，如图5-47所示。

图5-47　绘制矩形

STEP 03 选择“横排文字工具”T，将字体设置为“黑体”，将字号设置为“35点”，将文本颜色设置为白色，输入“全棉磨毛 纵情舒适”文本；将字体设置为“Arial”，将字号设置为“20点”，输入“THE COTTON COMFORT”文本；选择“直排文字工具”IT，将字体设置为“黑体”，将字号设置为“32点”，将文本颜色设置为白色，输入“︾”文本；选择“直线工具”／，将填充颜色设置为白色，取消描边，按【Shift】键在英文文本上方绘制水平直线，如图5-48所示。

图5-48　输入文本并绘制直线

STEP 04 选择“矩形工具”▢，设置填充颜色为“#fff2e2”，在文案下方绘制矩形，将“四件套展示图1.jpg”图片（配套资源:\素材文件\第5章\四件套展示图1.jpg）添加到矩形上方，运用“创建剪贴蒙版”命令，将其置入下方的矩形，调整图片的大小与位置，如图5-49所示。

图5-49　添加素材

STEP 05 选择“矩形工具”▢，取消描边，将其填充颜色设置为“#8d7c98”，在图片下方绘制矩形，如图5-50所示。

图5-50　绘制矩形

STEP 06 选择“钢笔工具”✎，在矩形左上角绘制不规则形状，并运用“创建剪贴蒙版”命令，将其置入下方的矩形，如图5-51所示。

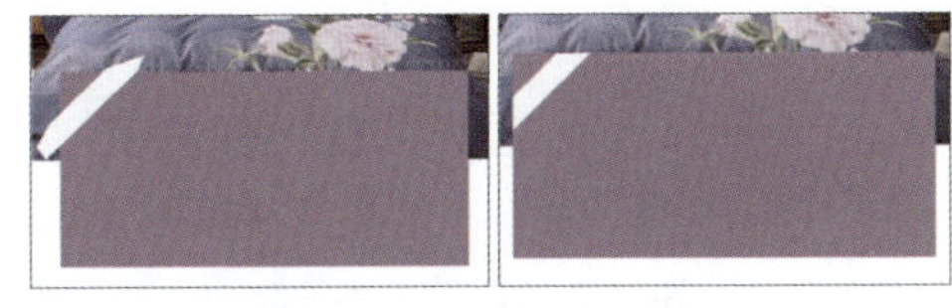

图5-51　绘制不规则形状

STEP 07 选择“直线工具”／，将填充颜色设置为白色，取消描边，并使用同样的方法将其置入下方矩形，如图5-52所示。

图5-52　绘制直线

STEP 08 选择“横排文字工具” T，将字体设置为“黑体”，将字号设置为“20点”，将文本颜色设置为“#9779b9”，在白色形状内输入“亲肤柔软面料”文本，按【Ctrl+T】组合键进入选区编辑状态，在工具属性栏中将旋转角度设置为“-45度”，如图5-53所示。

图5-53　输入文本

STEP 09 选择“横排文字工具” T，将字体设置为“黑体”，将字号设置为“50点”，将文本颜色设置为白色，输入“亲肤面料”文本；将字号设置为“18点”，输入其他文本；选择“直线工具” ／，将描边颜色设置为白色，将描边宽度设置为“4点”，取消填充，在“亲肤面料”文本下方绘制水平直线，如图5-54所示。

图5-54　输入文本并绘制直线

STEP 10 选择“矩形工具” ▢，将填充颜色设置为“#ffffff”，在紫色矩形右侧再绘制一个矩形，将“四件套展示图2.jpg”图片（配套资源:\素材文件\第5章\四件套展示图2.jpg）添加到白色矩形上方，运用“创建剪贴蒙版”命令，将其置入下方白色矩形，调整图片的大小与位置，如图5-55所示。

图5-55　添加素材

STEP 11 选择“矩形工具” ▢，将填充颜色设置为“#8d7c98”，在图片下方绘制3个矩形，并调整矩形的位置；将“四件套细节图.psd”图片（配套资源:\素材文件\第5章\四件套细节图.psd）添加到矩形上方，运用“创建剪贴蒙版”命令，将其置入下方矩形，调整图片的大小与位置，如图5-56所示。

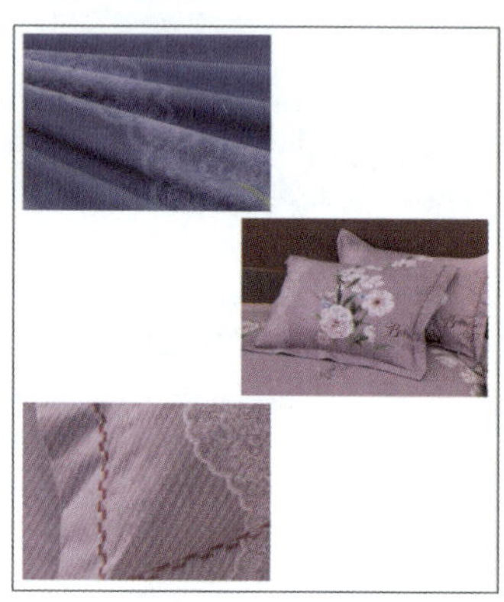

图5-56　绘制矩形并添加素材

STEP 12 选择“矩形工具” ▢，设置描边颜色为“#9779b9”，将描边宽度设置为“1点”，无填充，按【Shift】键绘制矩形；复制矩形，并将复制矩形的填充颜色设置为“#9779b9”，取消描边，调整矩形位置，如图5-57所示。

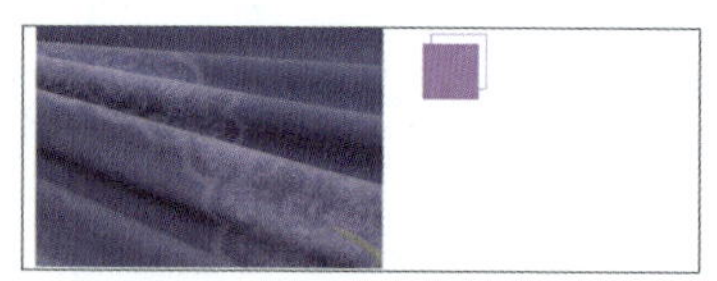

图5-57　绘制与复制矩形

STEP 13 选择“横排文字工具” T，将字体设置为“黑体”，将字号设置为“38点”，将文本颜色设置为白色，在矩形内输入“01”文本；将字体颜色设置为“#9779b9”，输入“全棉面料+活性印染”文本；将字号设置为“20点”，将字体颜色设置为“#666666”，输入图5-58所示的文本。

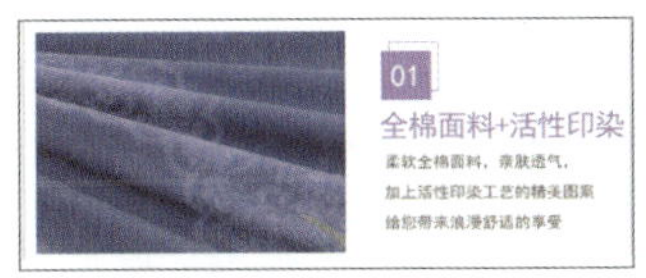

图5-58 输入文本

STEP 14 选择STEP 11~STEP 12创建的所有图层，按【Ctrl+G】组合键将其创建为组，选择该图层组按【Alt】键移动并复制组，得到其他2个组，修改其中的文本，如图5-59所示。

图5-59 复制组并修改文本

STEP 15 选择STEP 02~STEP 03创建的所有图层，按【Ctrl+G】组合键将其创建为组，选择该图层组，按【Alt】键移动并复制组，将其中的文本修改为与“情景展示”相关的文本，如图5-60所示。

图5-60 复制组并修改文本

STEP 16 选择“矩形工具”，将填充颜色设置为“#8d7c98”，在图片下方绘制2个矩形，并调整矩形的位置；将“四件套场景展示图.psd”图片（配套资源:\素材文件\第5章\四件套场景展示图.psd）添加到矩形上方，运用“创建剪贴蒙版”命令，将其置入下方矩形，调整图片的大小与位置，如图5-61所示，完成本例的制作（配套资源:\效果文件\第5章\四件套展示图.psd）。

图5-61 最终效果

课后练习

（1）本练习将利用素材（配套资源:\素材文件\第5章\阔腿裤焦点图.jpg）制作一款阔腿裤的焦点图。我们在制作时首先用实拍模特照片作为主图，在突出主体商品的同时还可以给消费者一种代入感，并用简洁的文字描述该焦点图的主题，阔腿裤焦点图的效果如图5-62所示（配套资源:\效果文件\第5章\阔腿裤焦点图.psd）。

图5-62 阔腿裤焦点图的效果

（2）本练习将使用所提供的素材（配套资源:\素材文件\第5章\棉袜素材\）制作棉袜详情页。在制作过程中，我们将利用中国结元素、形状、箭头灯元素，结合剪贴蒙版裁剪素材，并输入深色的文字，强调商品信息，达到吸引消费者注意力的目的，棉袜详情页的效果如图5-63所示（配套资源:\效果文件\第5章\棉袜详情页.psd）。

图5-63 棉袜详情页的效果

第6章　店铺装修

使用Photoshop制作的图片往往不能直接用于店铺装修，而需要进行切片处理，并使用素材中心进行上传和管理，这样网店美工在进行店铺装修时才能便捷地使用。本章将具体讲解在店铺装修时需要使用的图片切片、素材中心管理、店铺模块管理和超链接添加等知识，帮助网店美工更好地完成店铺装修工作。

学习目标：

- 认识素材中心
- 认识店铺常见的装修模块

技能目标：

- 掌握图片切片与保存的方法
- 掌握编辑店铺装修模块的方法
- 掌握添加超链接的方法

6.1 使用素材中心

店铺装修中所需要的所有图片都需要预先存储在素材中心，素材中心具有安全稳定、管理方便和浏览快速等优点，并且在进行店铺装修时能直接从中取用图片，方便了网店美工的工作。接下来我们就对使用素材中心的相关知识进行介绍。

6.1.1 切片技巧

网店美工在前期制作的图片往往尺寸过大，无法直接上传到素材中心，所以其需要将图片切割成符合要求的大小。使用Photoshop的切片工具，可以将一张图片分割成若干张小图，并将这些小图进行单独展示。网店美工在进行切片时，为了保证切片合理、位置精确，就需要掌握一定的技巧。下面介绍其具体内容。

（1）依靠参考线：我们可拖动标尺，为图片创建切片的参考线。在切片时，基于参考线的切片区域比直接手绘的切片区域更精确。

（2）切片位置：切片时我们不能将一个完整的图片区域切开，应尽量按完整图片切割，以免因操作或网速问题造成图片不能完整地被呈现出来。

（3）切片的对象：除了宋体和黑体的特殊字体效果，以及虚线、渐变图形等，其余都是需要切片的对象。

（4）切片存储的格式：在存储切片时，我们可单独为各个切片设置存储格式，切片存储的格式不同，其大小与效果也会有所不同。一般情况下，色彩丰富、尺寸较大的切片，以JPEG格式（也叫JPG格式）存储；尺寸较小、色彩单一和背景透明的切片，以GIF或PNG-8格式存储；半透明、不规则以及圆角的切片，以PNG-24格式存储。

6.1.2 图片切片与保存

微课：图片切片与保存

下面将介绍为“暖心系”的杯子分类图片创建切片，并将创建的切片以JPEG格式保存到计算机中的具体操作步骤。

STEP 01 打开“暖心系.jpg”图片（配套资源:\素材文件\第6章\暖心系.jpg），如图6-1所示。

STEP 02 选择【视图】/【标尺】命令，或按【Ctrl+R】组合键打开标尺，从左侧和顶端拖动参考线，设置切片区域，如图6-2所示。

图6-1 打开素材文件

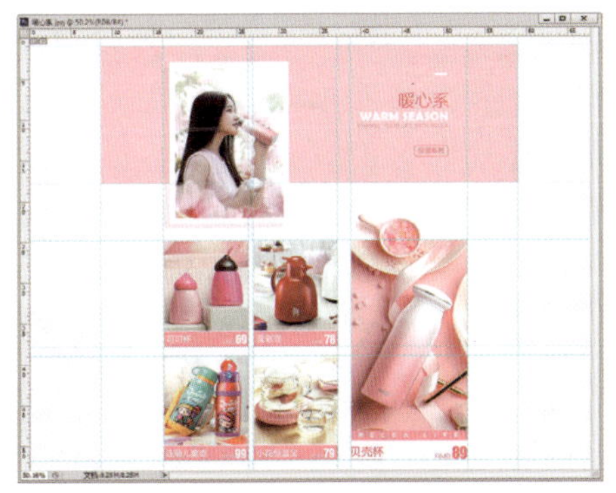

图6–2　添加参考线

STEP 03 单击工具箱中的“裁剪工具”，在打开的工具组中选择“切片工具”，如图6-3所示，再在工具属性栏中单击 基于参考线的切片 按钮。

图6–3　选择“切片工具”

STEP 04 图片基于参考线被等分成多个小块，此时顶部和右侧的完整图片被分割，如图6-4所示。

图6–4　切片效果

经验之谈：

对图片进行切片后，切片成功的图片将以蓝色的框进行显示，且每个框的左上角都标注了切片的数字号。若切片为灰色，表示该切片不能存储，需要重新切割。

STEP 05 选择“切片选择工具”，按住【Shift】键选择需要合并为一张切片的多张切片，单击鼠标右键，在弹出的快捷菜单中选择“组合切片”命令，如图6-5所示。

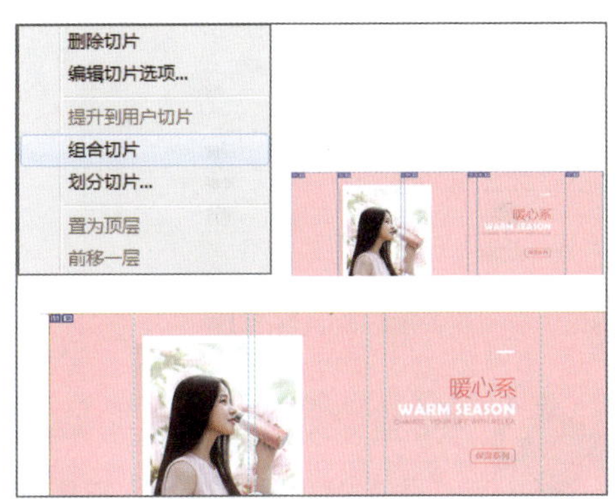

图6–5　组合切片

经验之谈：

使用切片选择工具选择需要划分的切片：单击鼠标右键，在弹出的快捷菜单中选择“划分切片”命令，在打开的对话框中可将切片水平或垂直划分为多张均等的切片。

STEP 06 选择“切片选择工具”，双击需要设置链接网址的切片，打开“切片选项”对话框，在浏览器地址栏中复制链接地址，将其粘贴到“URL”文本框中，如图6-6所示。单击 确定 按钮返回工作界面。

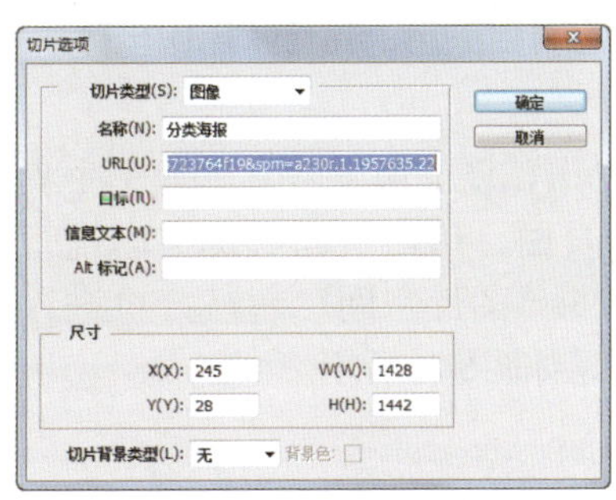

图6–6　为切片创建链接

STEP 07 选择【文件】/【存储为Web所用格式】命令，打开“存储为Web所用格式”对话框，选择“切片选择工具”，按住【Shift】键，选择需要的多个切片，在右侧选择优化的文件格式为“JPEG”，设置文件的品质等，如图6-7所示。

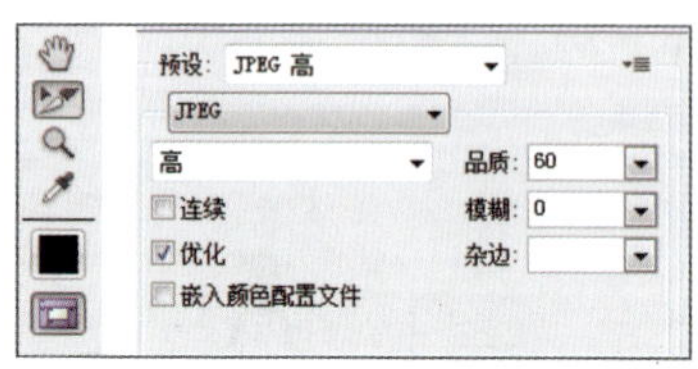

图6-7 优化切片

经验之谈：

在“存储为Web所用格式”对话框中，为了方便观察全图，大家可在底部设置“缩放比例”。此外，选择切片的目的是可以不保存不需要的切片。

STEP 08 设置完成后单击 存储... 按钮，在打开的对话框中选择保存格式为“HTML和图像”，然后设置保存位置与保存名称，如图6-8所示。

图6-8 存储切片

STEP 09 单击 保存(S) 按钮完成切片的存储。在保存路径下查看保存效果，此时我们可以看到一个HTML网页文件，以及一个名为images的文件夹，如图6-9所示（配套资源:\效果文件\第6章\杯子切片\）。其中，images文件夹中包含了所有创建的切片。

图6-9 保存效果

6.1.3 上传图片到素材中心

微课：上传图片到素材中心

素材中心是淘宝商家的线上存储空间，可以存储普通图片、视频、音乐和动图。网店美工先将相关资料上传到素材中心，装修店铺时就可自由取用，其具体操作步骤如下。

STEP 01 登录淘宝网，进入千牛卖家工作台页面，单击页面左侧“店铺管理”栏下的“图片空间”超链接可进入素材中心，如图6-10所示。

图6-10 进入素材中心

STEP 02 在页面上单击新建文件夹按钮，打开“新建文件夹”对话框，输入用于上传图片的分组名称，在此处输入“暖心系水杯”，单击确定按钮，如图6-11所示。

图6-11　新建文件夹

STEP 03 在素材中心中双击打开新建的“暖心系水杯”文件夹，在页面右上方单击上传按钮，如图6-12所示。

图6-12　上传图片

STEP 04 打开“上传图片”对话框，单击“上传”超链接，如图6-13所示。

图6-13　“上传图片”对话框

STEP 05 打开“打开”对话框，选择图片所在路径，并在其中选择需要上传的图片（配套资源:\效果文件\第6章\杯子切片\images\），按住【Ctrl】键，同时单击需要上传的多张图片，再单击打开(O)按钮，如图6-14所示。

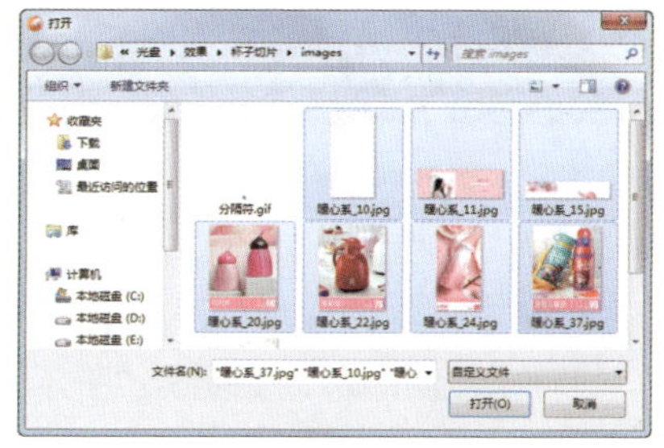

图6-14　选择上传的图片

STEP 06 完成上传后，在打开“上传结果”窗口中，单击“添加更多图片”即可继续进行上传，其中会显示图片的名称、大小等信息，单击“确定”即可完成上传。现在即可在素材中心的“暖心系水杯”文件夹中查看上传的图片，如图6-15所示。

图6-15　上传完成的图片

6.1.4　重命名并移动图片

为了更好地浏览和查找图片，网店美工往往需要重命名图片，并调整图片的顺序或者将图片放入指定的文件夹，这就需要对图片进行移动。其具体操作步骤如下。

微课：重命名并移动图片

STEP 01 在素材中心中双击图片，打开图片详情页面，单击图片下方的 编辑 按钮，如图6-16所示。

图6-16 编辑图片

STEP 02 打开“编辑图片”对话框，在图片名称文本框中输入新的图片名，然后单击 保存 按钮即可，如图6-17所示。

图6-17 重命名图片

STEP 03 勾选需要移动的图片，单击 移动到 超链接，如图6-18所示。

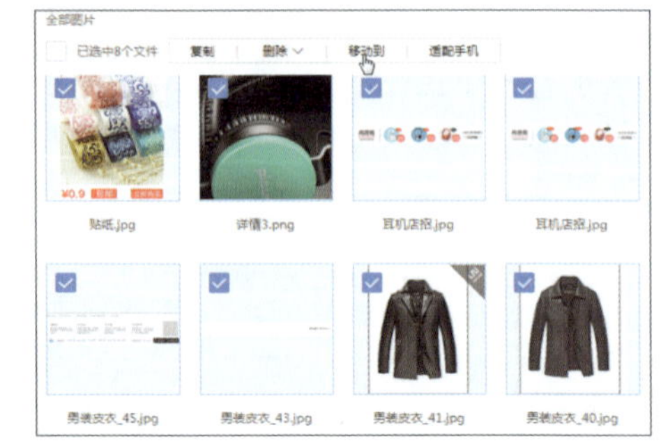

图6-18 选择图片

STEP 04 打开“移动到”对话框，选择图片的路径，单击 确定 按钮即可完成移动图片的操作，如图6-19所示。

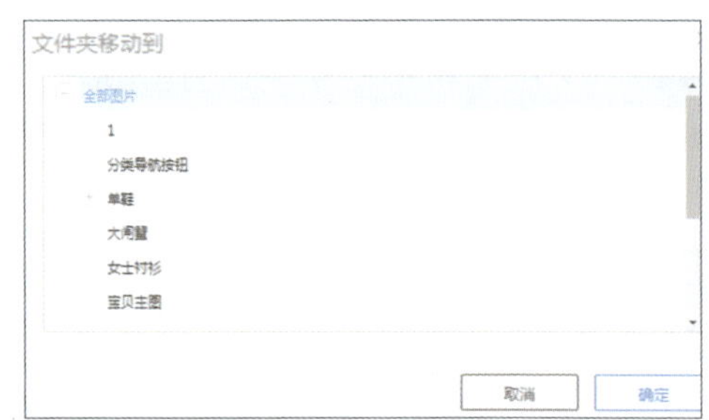

图6-19 移动图片

↘ 6.1.5 删除与替换图片

素材中心的容量有限，所以网店美工需要清理没有用的图片，为以后需要上传的其他素材腾出空间，还可以对图片进行替换，替换后，店铺中所有使用过原图片的位置都进行同步的自动替换，这节约了批量更改的时间。删除与替换图片的具体操作步骤如下。

微课：删除与替换图片

STEP 01 为了避免有用的图片被误删，素材中心会在被引用的图片右上角标识“引”字符号，没有“引”字符号的就是未在店铺中引用的图片，如图6-20所示。

STEP 02 将鼠标指针移动到想要删除的图片上，此时图片就会变成图6-21所示的效果，单击其中的 按钮即可删除图片。

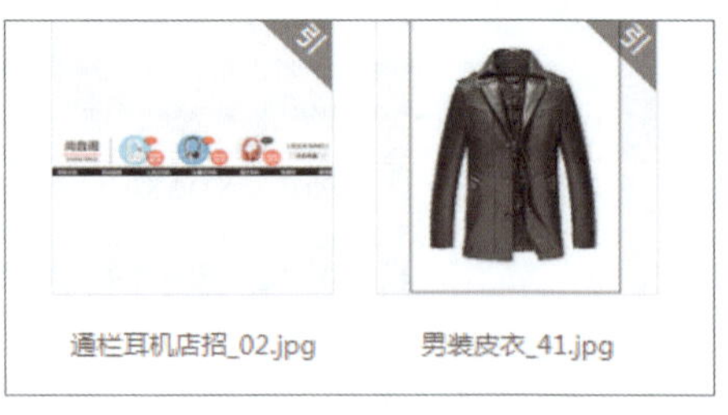

图6-20 识别被引用的图片

图6–21 删除图片

经验之谈：

若图片被误删，大家可在页面右下角单击 图片回收站 按钮，进入回收站页面，选中需要还原的图片，在“操作”栏下单击“还原”即可。

STEP 03 在图片列表中选中需要替换的图片，这里选择“02.jpg”图片，单击右上方的替换超链接，如图6-22所示。

图6–22 选择替换的图片

STEP 04 打开“打开”对话框，在其中选择需要的图片，再单击打开(O)按钮，如图6-23所示。

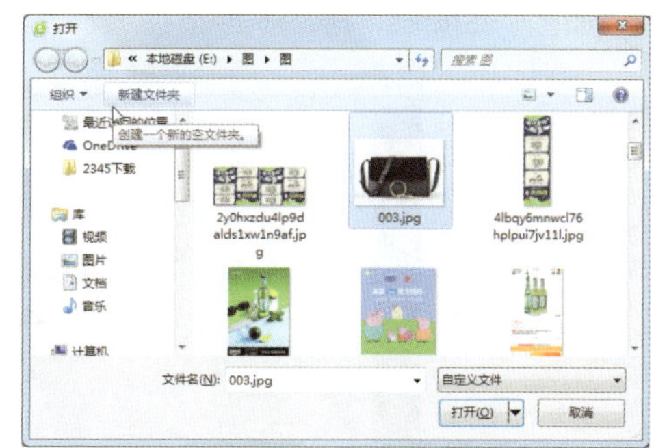

图6–23 “打开”对话框

STEP 05 这时会打开一个对话框，上面有替换前后图片的缩略图，单击确定即可完成替换，如图6-24所示。

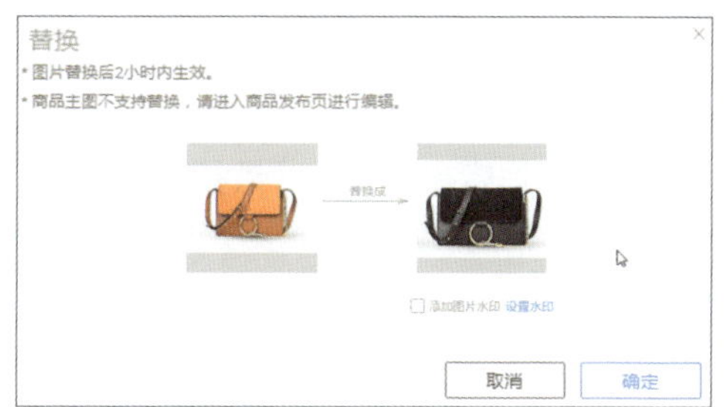

图6–24 确认替换图片

6.2 使用模块装修店铺

店铺的装修需要通过模块来实现。下面我们分别对基础装修模块、页头装修、热点+源代码装修、其他模块装修进行介绍。

6.2.1 认识装修模块

模块，是网店页面的基础组成部分，商品、页面装修等都依托模块而存在，因此，每个网店美工都应该对模块有充分的认识。除了前文述及的店招、导航条与页面背景模块外，常用的模块还有宝贝推荐、宝贝排行、默认分类、个性分类、自定义区、图片轮播等。大家可以通过“千牛卖家工作台”页面左侧，“店铺管理”栏下方的“店铺装修”超链接进入店铺装修页面；单击“PC端”选项卡，界面即会展示PC端所有可供选择的页面，在这里单击“首页”栏后的按钮，即可进入首页的装修界面，界面左侧就是常用模块，如图6-25所示。

图6-25 进入店铺装修页面并查看装修模块

6.2.2 装修页头

微课：装修页头

页头包括店招、页头背景和导航条3个部分。网店美工可以利用制作的图片，分别装修店招、页头背景和导航条，其具体操作步骤如下。

STEP 01 登录淘宝网，进入千牛卖家工作台页面，在左侧列表中单击“店铺管理”栏中的“店铺装修”超链接，进入店铺装修页面，拖动“店铺招牌”模块到页面顶端，单击该模块右侧的编辑按钮，如图6-26所示。

图6-26 编辑“店铺招牌”模块

STEP 02 打开“店铺招牌”对话框，单击“背景图”栏中的选择文件按钮，选择店招图片，此处选择第4章制作的常规店招图片，撤销选中“是否显示店铺名称”栏后的复选框，如图6-27所示。

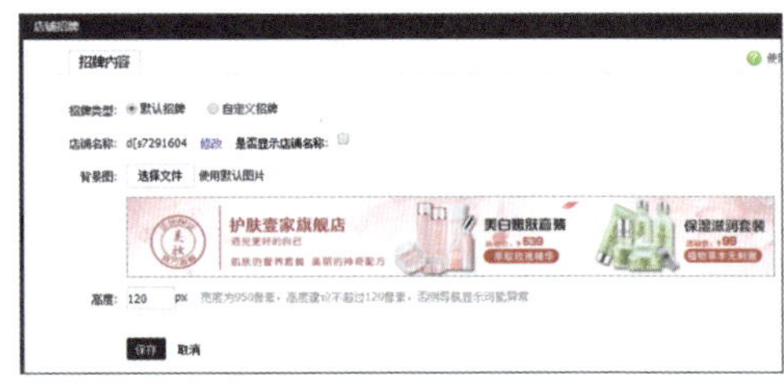

图6-27 选择店招图片

STEP 03 单击保存按钮，返回店铺装修页面，即可看到店招上传后的效果，如图6-28所示。

图6-28 店招上传后的效果

STEP 04 在页面的右上方单击预览按钮，即可预览店招，预览店招的效果如图6-29所示。

图6-29　预览店招的效果

STEP 05 返回首页装修页面，在导航条上单击 编辑 按钮，如图6-30所示。

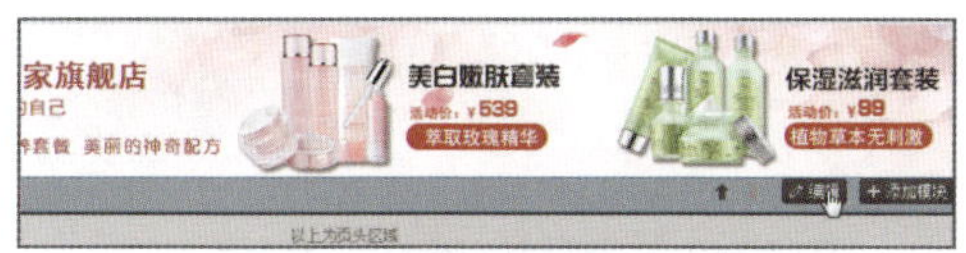

图6-30　编辑导航条

STEP 06 打开“导航”对话框，单击 添加 按钮，打开“添加导航内容”对话框，单击选中需要在导航条中显示的内容选项前的复选框，如图6-31所示，然后依次单击 确定 按钮保存设置。

经验之谈：

选择图片时，我们可直接在淘盘中进行选择，也可单击“上传新图片”选项卡，在打开的页面中单击“添加图片”超链接，上传店招图片。

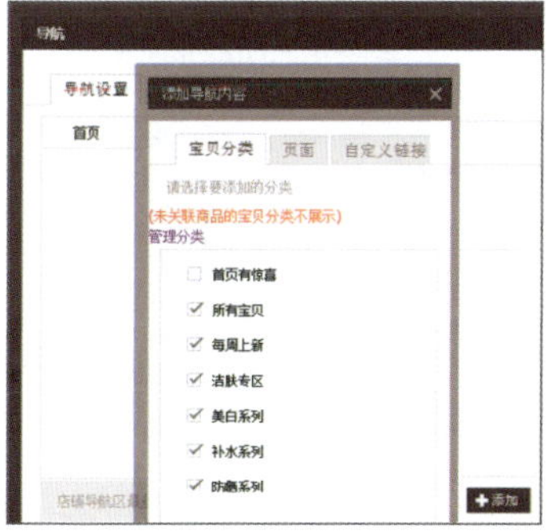

图6-31　添加导航内容

经验之谈：

单击“管理分类”超链接，大家可在打开的对话框中重新编辑宝贝分类；也可在进入店铺装修页面的左侧单击“分类”超链接，编辑宝贝分类。

STEP 07 返回“导航”对话框，单击分类后的⬆按钮或⬇按钮，调整导航显示顺序，如图6-32所示，然后单击 确定 按钮保存设置。

图6-32　调整导航显示顺序

STEP 08 返回店铺装修页面，即可看到装修导航后的效果，如图6-33所示。

图6-33　装修导航后的效果

STEP 09 在页面左侧选择“页头”选项，在打开的页面中单击“页头背景色”后的色块可设置页头的纯色背景。单击 更换图片 按钮，打开“打开”对话框，在其中选择设置为页头的图片，此处选择第4章制作的通栏店招图片，单击 打开(O) 按钮，返回店铺装修页面，如图6-34所示。

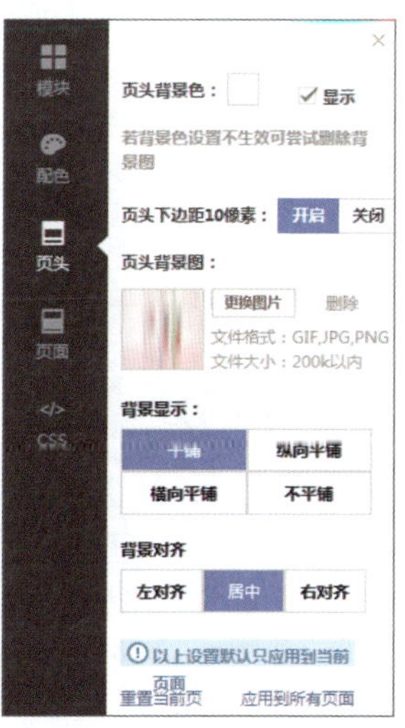

图6-34　选择页头背景图片

STEP 10 在页面的右上方单击 预览 按钮，即可预览页头效果，如图6-35所示。

图6-35 预览页头效果

6.2.3 热点+源代码装修

热点是指为图片中的某个区域创建链接，单击即可跳转到链接的页面，常用于自定义导航条、自定义优惠券等。热点的使用需要结合图片的源代码才能完成。下面以装修通栏店招为例讲解热点+源代码装修，其具体操作步骤如下。

STEP 01 打开“通栏店招.jpg”图片（配套资源:\素材文件\第6章\通栏店招.jpg），为中间的950像素×150像素的区域创建切片，并将其保存为JPEG格式的文件，如图6-36所示。

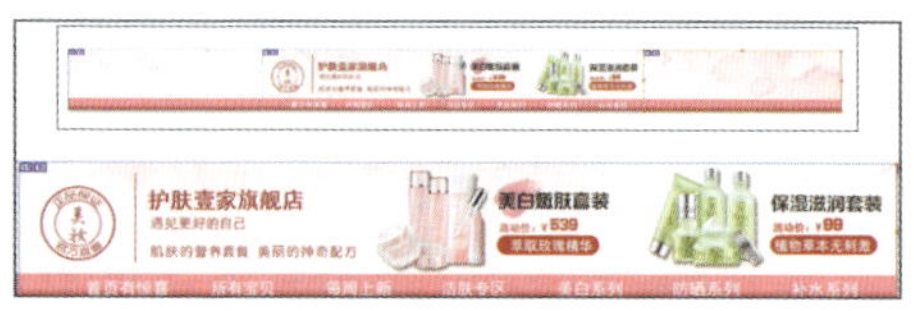

图6-36 创建切片

STEP 02 将其上传到素材中心，然后切换到淘宝素材中心，将鼠标光标移动到全屏店招中间部分的切片图片上，单击“复制链接”按钮，默认复制该图片链接，如图6-37所示。

图6-37 复制图片链接

STEP 03 启动Adobe Dreamweaver CS6，在启动后的界面中选择新建“HTML”文档，如图6-38所示。

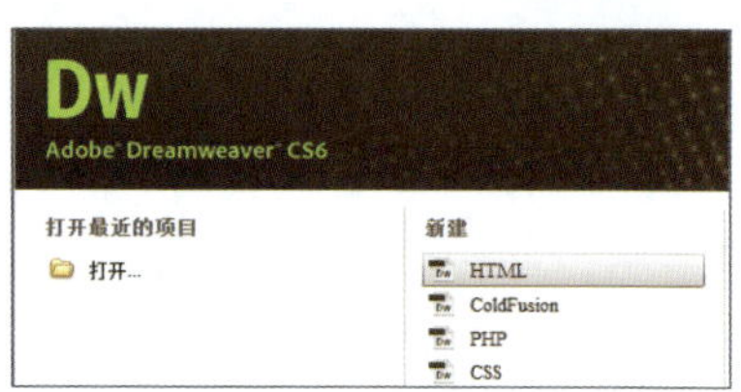

图6-38 新建“HTML”文档

STEP 04 在打开的界面中选择【插入】/【图像】命令，再在打开的对话框的“文件名”文本框中按【Ctrl+V】组合键粘贴链接，接着在打开的提示对话框中根据提示创建根目录，并在“图像标签辅助功能属性”对话框的“详细说明”文本框中粘贴复制的图片链接，单击 确定 按钮，如图6-39所示。

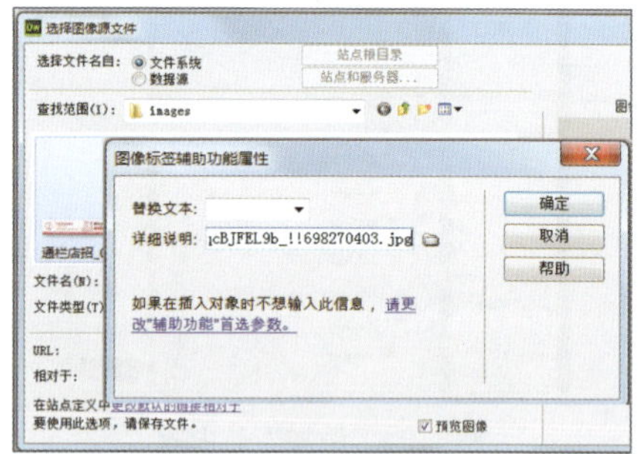

图6-39 选择图像源文件

STEP 05 返回Adobe Dreamweaver CS6，查看插入的图片，如图6-40所示。

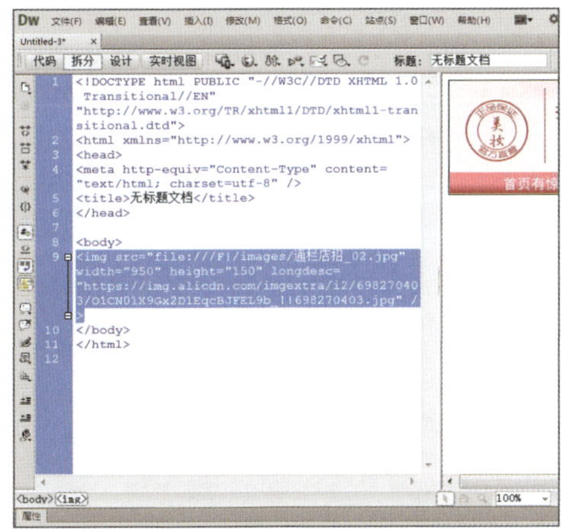

图6-40 查看插入的图片

STEP 06 在下方的“属性”面板中选择“矩形热点工具”，为导航条中的导航文本或商品绘制热点框，如为“首页有惊喜”绘制热点，在“属性”面板中的“链接”文本框中输入链接的网页地址，如图6-41所示。

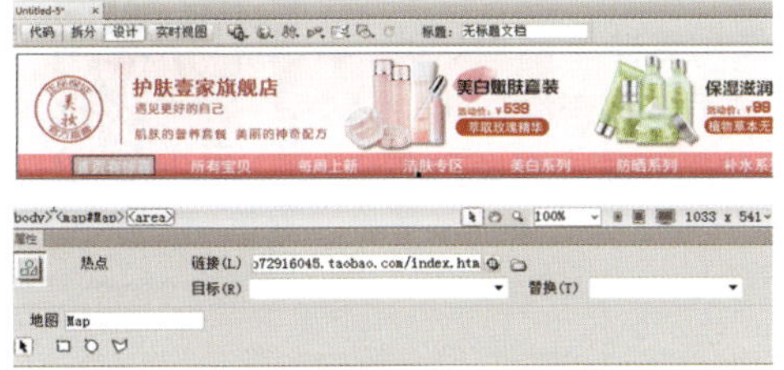

图6-41 添加链接热点

经验之谈:

淘宝网默认的导航条样式比较单一，为了体现店铺的特色，大多数店铺选择将导航条设置在全屏店招中，然后为其设置热点并添加链接。

STEP 07 使用相同的方法继续为导航条中的商品和其他导航文本添加热点，设置链接网址，然后单击“代码”选项卡，切换到代码视图中，复制<body>与</body>之间的代码，如图6-42所示。

图6-42 复制代码

STEP 08 切换到淘宝店铺装修页面，在店招右侧单击 编辑 按钮，打开“店铺招牌”对话框，单击选中“自定义招牌”单选项，单击“源码”按钮，在下面的文本框中按【Ctrl+V】组合键粘贴刚才复制的代码，再在“高度”数值框中输入“150”，单击 保存 按钮，如图6-43所示。

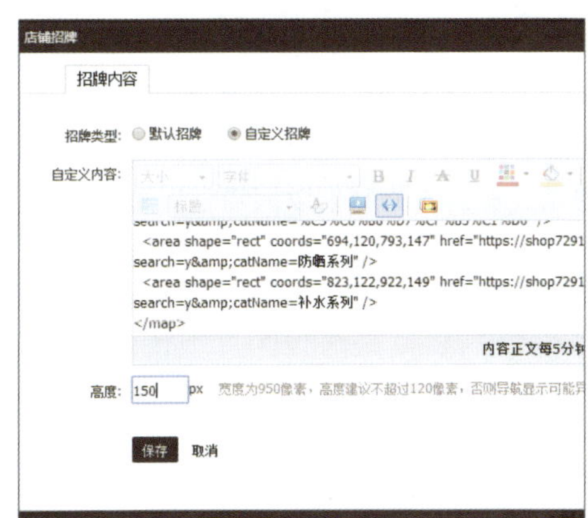

图6-43 自定义招牌并粘贴代码

STEP 09 在首页装修页面左侧选择“页头”选项，单击 更换图片 按钮，打开“打开”对话框，选择1920像素×150像素的通栏店招图片，在页头分别将“背景显示”和“背景对齐”设置为“不平铺”和“居中”，关闭“页头下边距10像素”，如图6-44所示。

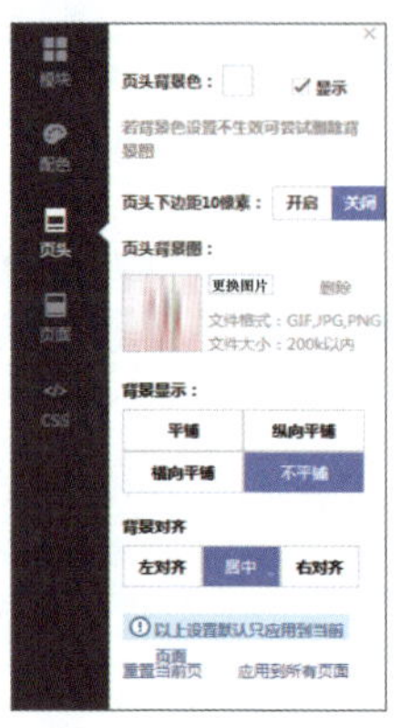

图6-44　设置页头

STEP 10 单击 预览 按钮，预览设置后的效果，此时店招已被设置为通栏显示，如图6-45所示。单击设置的热点，即可跳转到相应的页面。

图6-45　通栏店招装修效果

新手试练

请使用 Adobe Dreamweaver CS6 试着对店招中的热销商品添加该商品详情页的热点，如图 6-46 所示。

图6-46　为商品添加热点

↘ 6.2.4　其他模块装修

多样化的模块为店铺装修提供了无限可能，使用这些不同模块的方法却是相似的，通常需要添加模块、编辑模块并添加符合模块尺寸的设计图。下面我们以装修常规海报为例，讲解店铺模块添加与编辑的具体操作步骤。

微课：其他模块装修

STEP 01 将常规海报图片上传到素材中心，如图6-47所示。

图6-47　上传图片到素材中心

STEP 02 切换到淘宝店铺装修页面，在右上角的下拉列表框中选择需要装修的首页活动区，在此处选择“首页”选项，如图6-48所示。

图6-48　切换到商品详情页装修页面

STEP 03 展开“模块”页面，选择模块的宽度为“950像素”，选择“自定义区”模块，将其拖动到“店铺招牌”模块下方，完成“自定义内容区”模块的添加，如图6-49所示。

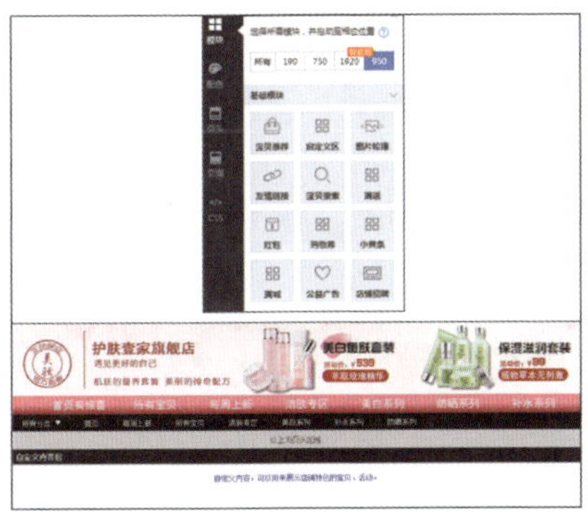

图6–49 添加“自定义内容区”模块

STEP 04 在“自定义内容区”模块上单击 编辑 按钮，打开“自定义内容区”对话框，单击“插入空间图片”按钮 ，如图6-50所示。

图6–50 单击“插入空间图片”按钮

STEP 05 在打开的图片列表中选择女装海报的图片，选择后，图片的右上角会出现 标记，单击 插入 按钮，再单击 完成 按钮，如图6-51所示。

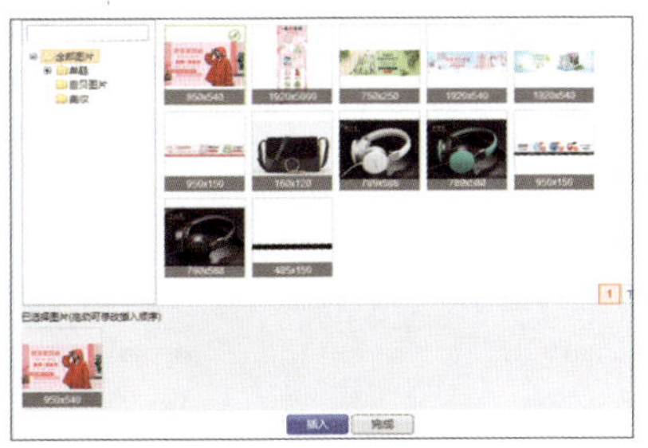

图6–51 选择图片

经验之谈：

在制作多张图片时，大家可以一次性按顺序选择多张图片，方便快速完成模块的装修。

STEP 06 返回“自定义内容区”对话框，查看插入的空间图片，单击选中“不显示”单选项，隐藏标题，完成后单击 确定 按钮，如图6-52所示。

图6–52 查看插入的图片

STEP 07 单击设置完成后，返回店铺装修页面，单击 预览 按钮，预览装修效果，如图6-53所示。

图6–53 装修效果

6.3 实战演练——装修宝贝描述页

本实战将为图6-54所示的芦荟喷雾商品装修宝贝描述页，其装修方法与前面讲解的常规海报的装修方法相似，需要添加模块，再为模块添加图片。

图6-54　为芦荟喷雾商品装修宝贝描述页

1. 设计思路

装修本例宝贝描述页的设计思路如下。

（1）将芦荟喷雾详情页的图片上传到素材中心。

（2）选择并进入需要装修的商品详情页。

（3）通过添加与编辑“自定义内容区”模块来完成装修。

2. 知识要点

完成本例宝贝描述页的装修，大家需要掌握以下知识。

（1）素材中心的使用：图片的上传，以及在素材中心单击 新建文件夹 按钮，通过新建文件夹来管理上传的空间图片。

（2）模块的编辑：进入店铺装修页面，拖动模块到页面中相应的位置，单击 编辑 按钮进行编辑。

（3）保持模块与图片的尺寸统一。

微课：装修宝贝描述页

3. 操作步骤

装修本例宝贝描述页主要通过“自定义内容区”模块来实现，其具体操作步骤如下。

STEP 01 将芦荟喷雾详情页的图片上传到素材中心中，如图6-55所示。

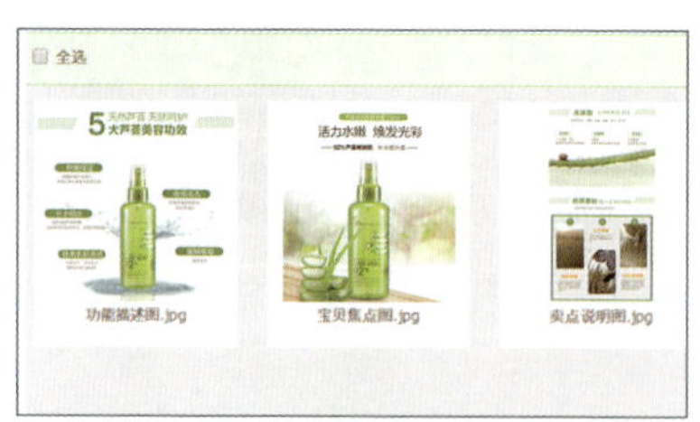

图6-55　上传图片到素材中心

STEP 02 切换到淘宝店铺装修页面，在右上角的下拉列表框中选择需要装修的商品详情页，在此处选择“默认商品详情页”选项，如图6-56所示。

图6-56　切换到商品详情页装修页面

STEP 03 展开“模块”页面，选择模块的宽度为“750像素”，选择“自定义区”模块，将其拖动到“宝贝描述信息”栏下方，完成“自定义内容区”模块的添加，如图6-57所示。

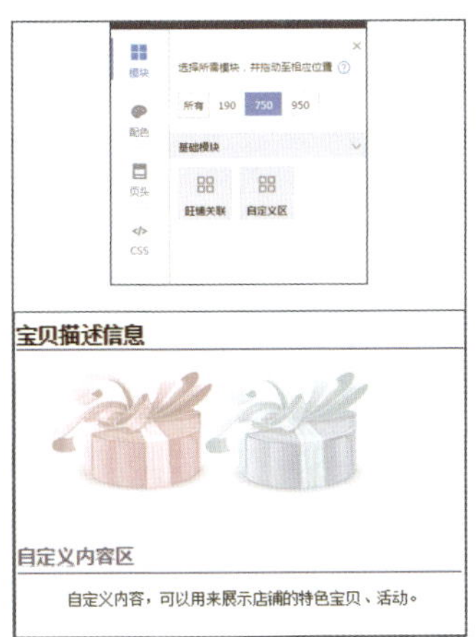

图6-57　添加“自定义内容区”模块

STEP 04 在“自定义内容区”模块上单击 编辑 按钮，打开“自定义内容区”对话框，单击“插入空间图片”按钮，如图6-58所示。

图6-58　单击“插入空间图片”按钮

STEP 05 在打开的图片列表中选择芦荟喷雾详情页的图片，选择后，图片的右上角会出现✓标记，单击 插入 按钮，再单击 完成 按钮，如图6-59所示。

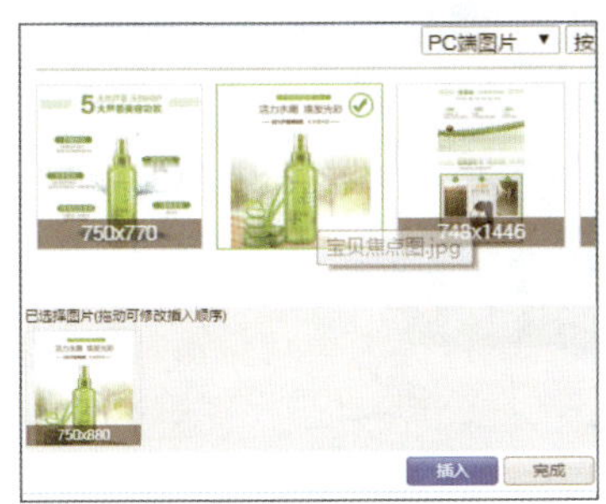

图6-59　选择图片

STEP 06 返回“自定义内容区”对话框，查看插入的空间图片，单击选中“不显示”单选项，隐藏标题，完成后单击 确定 按钮，如图6-60所示。

图6-60　查看插入的图片

STEP 07 单击设置完成后，返回店铺装修页面，单击 预览 按钮，预览装修效果，如图6-61所示。

图6-61　装修效果

STEP 08 使用相同的方法可继续装修详情页其他描述部分。

课后练习

（1）本练习将利用素材（配套资源:\素材文件\第6章\常规店招.jpg）装修耳机店铺页头。装修时将涉及常规店招的装修、页头背景的设置以及导航条分类的设置，装修耳机店铺页头后的部分效果如图6-62所示。

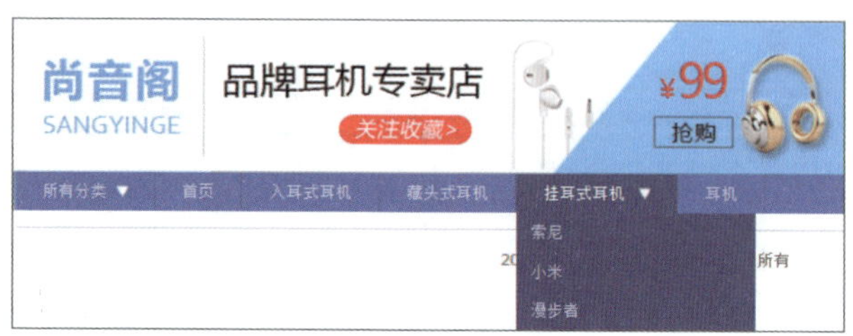

图6-62 装修耳机店铺页头后的部分效果

（2）本练习将使用图6-63所示的详情页素材（配套资源:\素材文件\第6章\详情页.psd）来装修耳机的详情页。装修前我们可先对详情页图片进行切片，然后将切片格式保存为JPEG格式，最后利用“自定义区”模块进行装修。

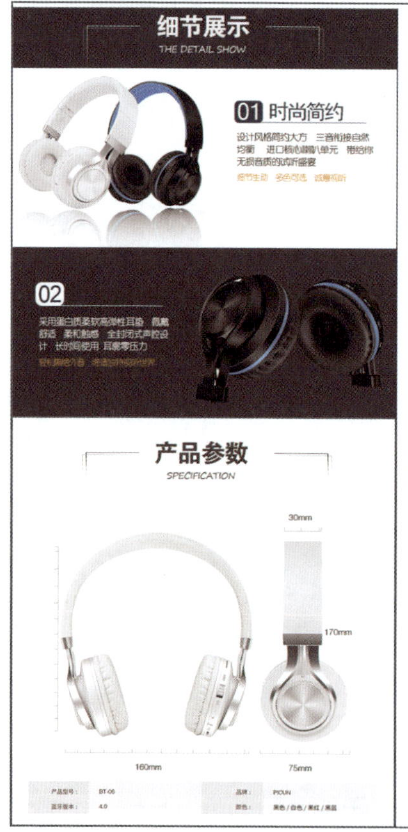

图6-63 耳机详情页

第7章　视觉营销推广图的制作

推广图是商家参加电商平台活动时使用的商品宣传图，在淘宝网中，推广图主要有首页中的智钻图、搜索页中的商品主图、搜索页中的直通车推广图。一张优秀的推广图不仅可以展示商品，还能够快速吸引消费者的注意力，引导消费者进一步了解商品或店铺，从而提高销售量。越来越多的商家开始进行推广活动，制作推广图正成为商家考虑的重点。

学习目标：

* 熟悉商品主图规范
* 熟悉智钻图的设计要点与构图方式
* 熟悉直通车图的设计要点与引流方式

技能目标：

* 掌握制作商品主图的方法
* 掌握制作智钻图的方法
* 掌握制作直通车图的方法

7.1 制作高点击率的主图

主图可以说是商品的招牌，消费者在商品列表中能看到的信息只有商品的名称、价格与主图。如果主图没能引起消费者的注意，则消费者一般不会点击商品；而如果主图十分优秀，则能使网店的商品吸引更多的消费者。

7.1.1 商品主图规范

淘宝商品主图的标准尺寸是310像素×310像素，而对于700像素×700像素以上的图片，宝贝详情页会为其提供图片放大功能，消费者在将鼠标光标移至宝贝主图上时即可查看该主图的细节。由于京东、当当等电商平台的主图规格都是800像素，为了方便在其他平台发布商品主图时不重新制作主图，因此，我们一般将主图的尺寸统一为800像素×800像素。图7-1所示为使用放大镜查看的商品细节。商品主图最多可以有5张，最少要有1张，第一张主图一般会在宝贝搜索页面中显示，因此需要重点制作，商品主图的大小必须控制在500KB以内。

图7-1 查看商品主图的细节

7.1.2 制作优质商品主图的技巧

作为商品的招牌，主图对商品的点击率和转化率有着非常巨大的影响，要想使商品主图更有吸引力，更能为商品销售提供帮助，网店美工就需要在制作商品主图时运用一些技巧，下面进行详细的介绍。

（1）卖点清晰有创意：所谓“卖点”，就是指商品具备的别出心裁或与众不同的特色、特点，既可以是商品的款式、材质，也可以是商品的价格等。卖点清晰是指让消费者只粗略看一眼，就能快速明白商品的优势是什么。主图中的卖点不需要多，但要能够直击要害，以直接的方式打动消费者。图7-2所示的主图用碧绿的树叶、明媚的阳光来展示空气净化器的净化效果，并以“3年只换不修、免费试用30天”的文案解除消费者的疑虑，激发消费者的购买欲望。

（2）商品的大小适中：主图中的商品过大则显得臃肿，过小则不利于展示细节，也不利于突出商品的主题。而合适大小的商品能增加消费者在浏览时的视觉舒适感，进而提高点击率。如图7-3所示，该主图可以让消费者感受手电筒的实际大小，并且能观察到其细节特征，包括材质、纹理、按钮等。

图7-2　卖点清晰有创意

图7-3　商品的大小适中

（3）宜简不宜繁：由于消费者搜索主图时浏览的速度较快，因此主图传达的信息越简单、明确，就越容易被消费者接受。主图中的商品放置杂乱、商品数量多、文案信息多、背景太乱、水印夸张等都会阻碍信息的传达。图7-4所示的主图简洁大气，展现了陶瓷的自然质朴之美。

（4）丰富细节：网店美工还可通过放大细节来提高主图的点击率，也可以在主图上添加除标题文本外的补充文本，如商品名称、特点与特色、包邮、特价等商家想要表达的信息，丰富主图的细节。图7-5所示为通过展示护肤品的特色与特价活动等细节来吸引消费者的注意力的主图。

图7-4　宜简不宜繁

图7-5　丰富细节

↘ 7.1.3　数据线主图设计

微课：数据线主图设计

下面设计一款数据线主图。由于数据线商品较小，宽度较窄，因此我们采用左图右文的方式，平衡画面。由于商品为金色，因此，我们在颜色选择上使用了科技感十足的高明度的蓝色搭配潮流感强的黄色，其具体操作步骤如下。

STEP 01 新建大小为800像素×800像素，分辨率为72像素/英寸，名称为“数据线主图”的文件。选择“渐变工具”，在工具属性栏中单击“径向渐变”按钮，单击渐变色条，在打开的对话框中将颜色色标值分别设置为“#24a6e6、#0774c8”，第一个颜色色标的位置为“31%”，单击“确定”按钮，从中心向边缘拖动鼠标光标创建径向渐变，如图7-6所示。

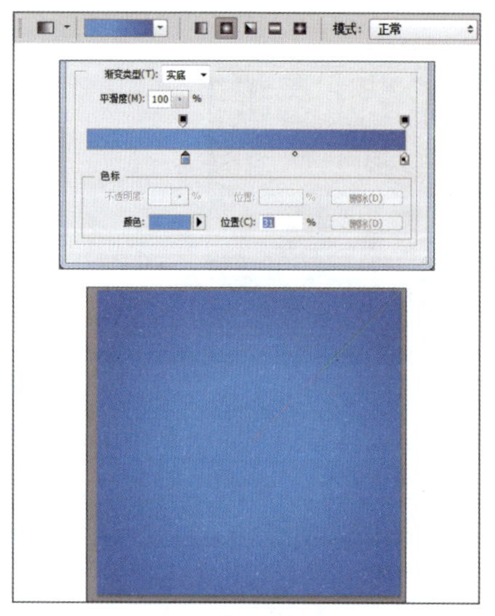

图7-6　添加渐变背景

STEP 02 打开“数据线.png”和“数据线细节图.jpg”图片（配套资源:\素材文件\第7章\数据线.png、数据线细节图.jpg），将数据线拖动到当前图片中，调整数据线的位置和大小。在数据线细节图中使用“椭圆选框工具”◌，为数据线细节图右侧的插头创建选区，使用“移动工具”将其添加到当前图片中，然后调整其大小与位置，如图7-7所示。

图7-7　添加并调整数据线素材

STEP 03 双击数据线图层，在打开的对话框的左侧列表中单击选中“投影”复选框，将“混合模式、不透明度、角度、距离、大小”分别设置为“正片叠底、56%、120度、7像素、8像素”，单击 确定 按钮，如图7-8所示。

STEP 04 选择“横排文字工具”T，将其字体设置为“方正兰亭中粗黑_GBK”，将字号设置为“45点”，将文本颜色设置为“#ffffff”，输入“ZYSJ”文本；将字号设置为“110点”，将文本颜色设置为“#f4f309”，输入“买1件”文本；将字号更改为“92点”，输入“送一件”文本；将字号设置为“32.5点”，将文本颜色设置为“#ffffff”，输入“Type-A尼龙数据线”文本；将字号更改为“39点”，将文本颜色更改为“#0774c8”，输入“买两件减”文本；将字号更改为“64点”，输入“5元”文本，如图7-9所示。

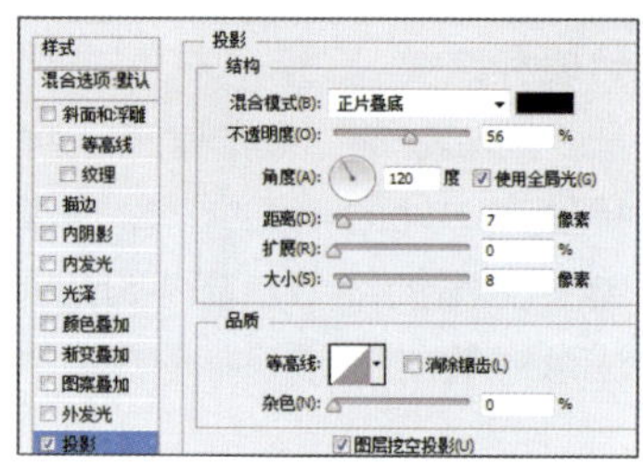

图7-8　添加投影

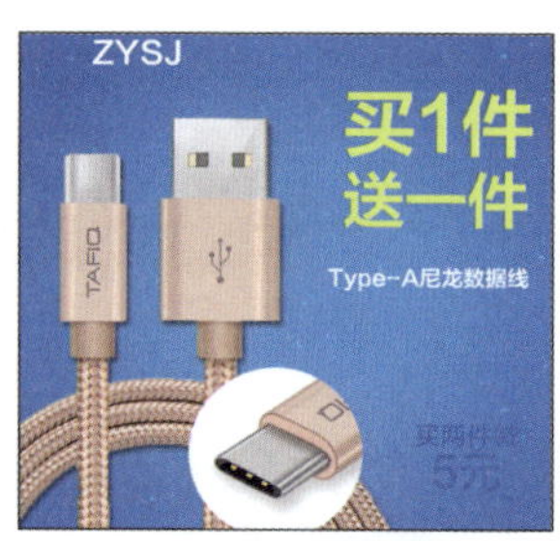

图7-9　输入文本

STEP 05 在“图层”面板中按住【Alt】键，拖动数据线图层后侧的“指示图层效果”图标 fx 到“买1件”和“送一件”文本图层上，复制投影效果，如图7-10所示。

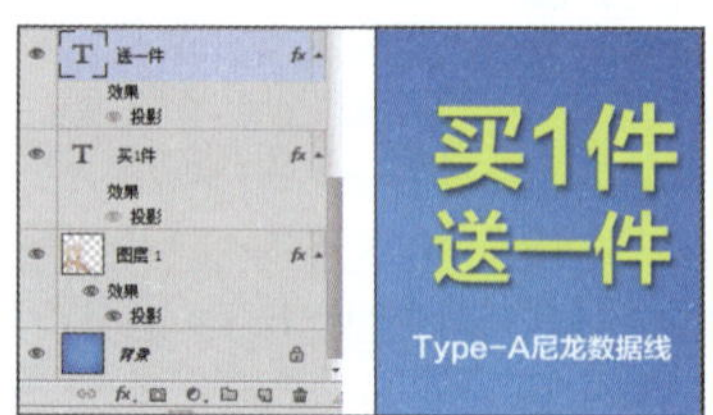

图7-10　复制投影效果

STEP 06 选择“圆角矩形工具”，将填充颜色设置为“#00b7ee”，在“ZYSJ”文本图层下方绘制半径为“30像素”的圆角矩形；取消选择绘制的圆角矩形，取消填充，将描边颜色设置为“#ffffff”，将描边粗细设置为“2.5点”，将描边类型设置为实线，在“Type-A尼龙数据线”文本图层下方绘制圆角矩形，如图7-11所示。

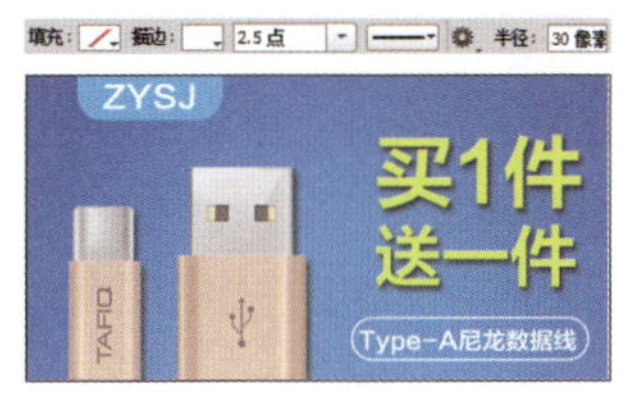

图7-11　绘制圆角矩形

STEP 07 选择“椭圆工具”，将填充色设置为“#f4f309”，按住【Shift】键，在“买两件减”图层下绘制黄色圆；取消选择绘制的圆，取消填充，将描边颜色设置为“#000000”，将粗细设置为“4点”，将描边类型设置为虚线，在黄色的圆中绘制圆，完成数据线主图的制作，如图7-12所示（配套资源:\效果文件\第7章\数据线主图.psd）。

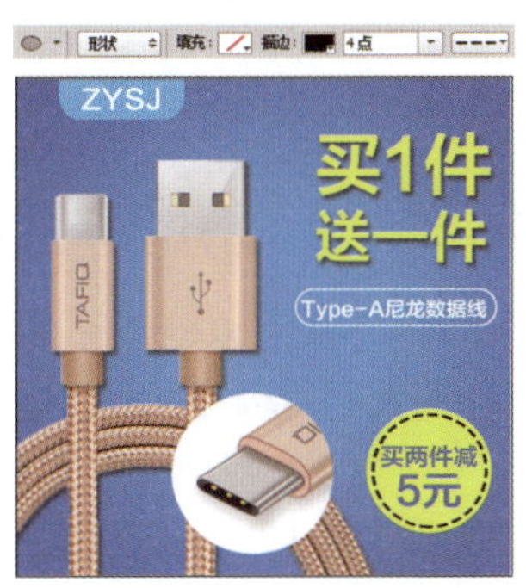

图7-12　主图效果

经验之谈：

现在很多网上店铺都通过在主图中添加视频的方法来提高店铺的档次，主图视频主要用于展现商品的卖点和商品的细节部分，以吸引消费者的注意力。主图视频时长一般为9秒~60秒，视频画面为正方形，比例为1:1，大小不小于540像素×540像素，以800像素×800像素为最佳，一个主图视频只能绑定一款商品。制作主图视频的软件很多，如会声会影就是网店美工比较常用的视频主图制作软件。

7.2　智钻图设计

智钻是淘宝网提供的一种营销工具，是淘宝网图片类广告位竞价投放平台。智钻为商家提供了数量众多的网内优质展位。智钻图就是在智钻展位上进行展示，用以吸引消费者注意力的图片，需要商家自行设计并投放。

7.2.1　智钻图的设计要点

智钻图的位置众多且尺寸各异，仅投放大类就包括天猫首页、淘宝首页、淘宝旺旺、站外门户、站外社区和无线淘宝等。不同位置对应的智钻图尺寸、消费人群、消费特征和兴趣也各不相同，其主要尺寸有520像素×280像素、200像素×250像素、468像素×60像素。因此在制作智钻图时，网店美工要根据位置、尺寸等信息调整广告诉求，并采取合适的表达方式进行展示。虽然智钻图的位置和尺寸不一，但设计要求都是一致的。下面对其设计要求进行详细介绍。

（1）主图突出：智钻的主图不仅可以是商品图片，还可以是创意方案，或者是消费者诉求的呈现。只有主图突出才能够吸引更多消费者来点击。

（2）目标明确：智钻投放的目标很多，如通过智钻上新、通过智钻引流到聚划算，通过智钻预热大型活动，以及通过智钻进行品牌形象宣传等。因此，在智钻图的设计制作中，网店美工首先需要明确自己的营销目标，然后针对营销目标进行素材的选择和设计，这样才能保证取得较高的点击率与转化率。

（3）形式美观：美的东西总是令人无法抗拒，形式美观的智钻图更能获取消费者好感，进而提高网上店铺的点击率。因此，网店美工在选择好素材，规划好创意后，适当地对智钻图进行美化便显得十分重要。

7.2.2 智钻图的构图方式

智钻图的内容既可以是商品，也可以是店铺、活动、主题等信息，其形式较主图更多样，因此可以使用大胆的构图来吸引消费者的注意力。智钻图的常用布局方式主要有以下8种。

（1）两栏式构图：图片文案分两栏排列，左文右图或左图右文。其中心主体一般占整个画面的7/10，一般通过大小对比与色彩对比来突出显示图片层次，如图7-13所示。

（2）三栏式构图：中间为文字，两边为图片，以不同大小摆放，可增加图片的空间感，适合多件商品或者多种色彩的展示，如图7-14所示。

图7-13 两栏式构图

图7-14 三栏式构图

（3）上下式构图：上文下图或上图下文，主要用于多系列商品促销活动，通常用于尺寸较小且呈正方形显示的展位，如图7-15所示。

（4）正反三角形构图：正反三角形构图的立体感强，构图稳定自然、空间感强、安全感强、稳定可靠，如图7-16所示。

图7-15 上下式构图

图7-16 正反三角形构图

（5）垂直构图：垂直构图的特点是在画面中平均分布各件商品，由于各件商品在图中所占比重相同，因而图片的秩序感很强，如图7-17所示。

（6）斜切式构图：斜切式构图能让整个画面富有张力，可以使其中的主体和需要表达的内容更加醒目，通常图中的文字需要与商品倾斜对齐排列，如图7-18所示。

图7-17　垂直构图

图7-18　斜切式构图

（7）渐次式构图：渐次式构图是指将多件商品进行渐次式排列，由远及近，由大及小，这种构图稳定、空间层次更加丰富，能给消费者更为自然舒适的感觉，如图7-19所示。

（8）放射性构图：该类型构图中的图片由一个视觉中心点放射出来，具有极强的透视感，特别适合大促活动的智钻图，如图7-20所示。

图7-19　渐次式构图

图7-20　放射性构图

7.2.3　制作淘宝首焦智钻图

微课：制作淘宝首焦智钻图

下面我们通过使用淘宝首焦智钻位对店铺的感恩节活动进行推广，其智钻图在构图方式上采用三栏式构图，并通过添加投影，增强商品的立体感，其中还使用了较粗大的字体来提高图片推广的效果，其具体操作步骤如下。

STEP 01 新建大小为520像素×280像素，分辨率为72像素/英寸，名称为“感恩节智钻”的文件。打开素材文件（配套资源:\素材文件\第7章\感恩节背景.jpg），将其拖动到新建文件中，如图7-21所示。

图7-21　添加背景

STEP 02 选择“钢笔工具”，将工具模式设置为“形状”，将填充色设置为“#ef7c9b”，单击并拖动鼠标光标绘制纸张形状，如图7-22所示。

图7-22　绘制纸张形状

STEP 03 按【Ctrl+J】组合键为形状创建副本，按【Ctrl+T】组合键缩小并旋转形状，在工具属性栏中将填充颜色设置为“#ffe3eb”，如图7-23所示。

图7-23 复制并调整形状

STEP 04 选择“矩形工具”，将填充颜色设置为“#ffffff”，在形状上方绘制矩形，如图7-24所示。

图7-24 绘制矩形

STEP 05 按【Ctrl+J】组合键为矩形创建副本，按【Ctrl+T】组合键向内拖动四角，缩小矩形，在工具属性栏中取消填充，将描边粗细设置为“1像素”，将描边颜色设置为“#e9c184”，如图7-25所示。

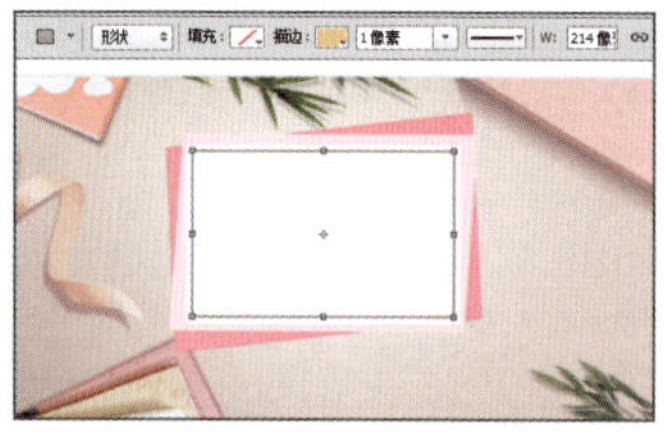

图7-25 复制并调整矩形

STEP 06 选择“横排文字工具”T，将其字体设置为“汉仪中宋简”，将文本颜色设置为“#000000”、字号设置为“15点”，输入“全场满300元返100元”“限量秒杀满减来袭”文本；修改文本颜色为“#ff4f8d”，将字号设置为“35点”，输入“感恩节回馈”文本；修改文本颜色为“#e6a63d”，将字号设置为“25点”，输入“满129元减30元”文本，调整文本位置，如图7-26所示。

图7-26 输入并编辑文本

STEP 07 选择“圆角矩形工具”，取消描边，设置其半径为“10像素”，在“填充”下拉列表中单击“渐变”按钮，双击色标，在打开的对话框中分别将渐变颜色设置为“#ee3c6c、#fac0d0”，将角度设置为“90”；在“限量秒杀满减来袭”文本下方绘制渐变圆角矩形，将“限量秒杀满减来袭”文本的颜色更改为“#ffffff”，如图7-27所示。

图7-27 绘制圆角矩形并修改文本颜色

STEP 08 打开“感恩节素材.psd”文件（配套资源:\素材文件\第7章\感恩节素材.psd），依次拖动粉底、口红、丝带元素到图片中，按【Ctrl+T】组合键调整各素材的大小与位置，然后移动图层，调整图层顺序，效果如图7-28所示。

图7-28 添加素材

STEP 09 双击“粉底”图层，在打开的对话框的左侧列表中单击选中“投影”复选框，将“混合模式、颜色、不透明度、角度、距离、大小”分别设置为“正片叠底、#b88885、75%、11度、6像素、5像素”，单击 确定 按钮，如图7-29所示。

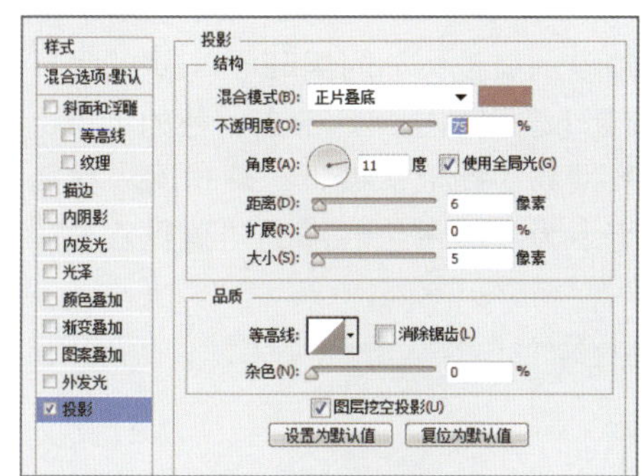

图7-29　添加投影

STEP 10 在“图层”面板中按住【Alt】键，拖动“粉底”图层后侧的“指示图层效果”图标 fx 到其他需要添加阴影的图层，然后保存文件完成操作，如图7-30所示（配套资源:\效果文件\第7章\感恩节智钻.psd）。

图7-30　感恩节智钻图效果

新手试练

请使用淘宝首焦智钻位对 2019 年新款上市的女士打底裤进行推广，智钻图采用左图右文的构图方式；文本的排列采用倒三角式的排版方式，女士打底裤智钻效果图如图 7-31 所示。

图7-31　女士打底裤智钻效果图

7.3 直通车推广图设计

直通车是淘宝网的常见推广方式，可以为商家实现商品的精准推广。直通车推广能将商品信息推送给潜在消费者，为商品和店铺带来巨大的流量，能够取得非常明显的营销效果。直通车推广图就是在直通车展位上所展示的图片，其设计类似于商品主图，但需要更加注重创意和视觉效果的体现。

7.3.1 直通车展现方式

参加直通车推广的商品，主要展示在如下几个位置。

（1）关键词搜索结果页的展位：在消费者搜索相应关键词时，关键词搜索结果页中间、右侧以及底部的掌柜热卖区域中将出现直通车。图7-32所示为关键词搜索结果页底部的“掌柜热卖”，单击“掌柜热卖”超链接可进入直通车聚集的页面。

图7-32　关键词搜索结果页底部的“掌柜热卖”

（2）消费者必经之路上的众多高流量、高关注度的展位：如阿里旺旺PC端的每日焦点掌柜热卖、我的淘宝首页（猜我喜欢）、我的淘宝（已买到宝贝底部）、我的宝贝（收藏列表页底部）、我的淘宝（购物车底部），以及网易、新浪、搜狐、环球网、搜狐视频、爱奇艺等大型媒体网站的优质位置。图7-33所示为我的淘宝底部的“猜我喜欢”直通车。

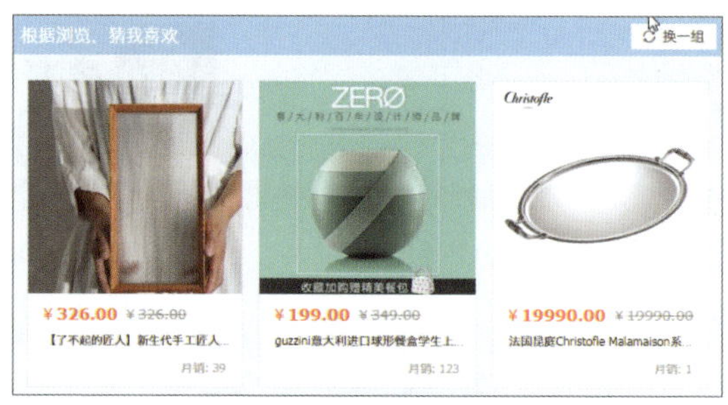

图7-33　“猜我喜欢”直通车

7.3.2　直通车图的设计要点

直通车图担负着为商品引流的重任，所以直通车图既要有很好的视觉效果，也要能介绍并宣传商品，因此在有限的画幅内对其进行精心的设计就显得十分重要。一般情况下，网店美工在制作直通车图时应遵循以下3个原则。

（1）主题卖点简洁精确：主题卖点要紧扣消费者诉求，并且主题卖点要简洁精确，为了便于消费者接受，其标题字数应尽量控制在6个字以内。

（2）构图合理：直通车图的构图方式很多，包括中心构图、三角构图、斜角构图、黄金比例构图等。所有构图总体上要符合消费者从左至右、从上至下、先中间后两边的视觉流程，图文搭配比例要恰当，颜色搭配需和谐。应用文本时，文本的排列方式、行距、字体颜色、样式等要整齐统一，可通过改变字体大小或者颜色来清晰地呈现信息的层次。图7-34所示采用了从左至右的构图方式。

（3）具有吸引力：网店美工可使用独特的拍摄手法、夸张直接的文案，或通过商品的精美搭配使我们的商品图片与其他商品的图片形成鲜明对比，让我们的商品图片从图海中脱颖而出，吸引消费者的注意力，被消费者读懂，如图7-35所示。需要注意的是，若商品款式的吸引力强，我们就需要全面展示款式，此时并不需要烦琐的文案，大量留白的背景、单一的色彩反而更能体现商品的质感，更能吸引消费者的注意力。

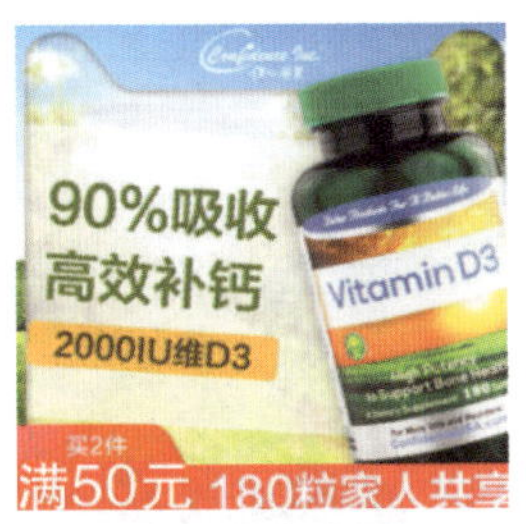

图7-34　构图合理

图7-35　具有吸引力的直通车图

↘ 7.3.3　直通车图引流的关键

能否快速打动消费者是直通车图是否成功的关键因素，网店美工若想制作出能快速吸引消费者注意力的直通车图，一般可从以下5个方面着手。

（1）分析消费者心理需求：为了确保主体卖点紧扣消费者诉求，我们在确定主体卖点时，就需要分析消费者的心理需求。消费者的心理需求包括求实心理、求美心理、求便心理、炫耀心理、从众心理、占有心理、崇权心理、爱占便宜心理和害怕后悔心理等。如果消费者具有爱占便宜的心理，那么其看到超低折扣的商品后就会产生购买行为。1元购、免费试用、秒杀、清仓等营销手段和鲜明的折扣信息等往往会吸引大量消费者的注意力，如图7-36所示。

（2）分析图片的差异：我们可根据投放位置对临近展位的直通车图进行分析，充分研究直通车图的特点，包括素材选择、色彩、构图、文案等，找出它们的共性，然后走差异化路线。如图7-37所示，该图以堆叠的方式展现“量大”的特征，能够吸引消费者的注意力。

图7-36　分析消费者心理需求

图7-37　分析图片的差异

（3）提炼有诱惑力的卖点：我们可以使用一些让消费者容易认可的卖点，增强商品的说服力。例如，直通车中某矿泉水的卖点为“来自大山里的矿泉水”，某核桃的卖点为“原生态、无漂洗、无添加”。

（4）使用增值服务：突出放大增值服务，如顺丰包邮、货到付款、终身质保、保修包换、上门安装、送赠品等，可以增加消费者的兴趣，让消费者觉得贴心，如图7-38所示。

（5）使用大众好评：如果你的商品已经积攒了大量的销量和好评，这无疑是其强有力的卖点，我们可以将文字好评突出放大，利用可靠的论证数据和事实来揭示商品的特点，从而提高网上店铺的点击率。图7-39就是利用销量来赚取点击率的案例。

图7-38 使用增值服务

图7-39 销量突出

↘ 7.3.4 设计剃须刀直通车图

下面我们利用直通车图对剃须刀商品进行推广，该直通车图利用蓝色的背景和刚硬的文字突出剃须刀的时尚科技感。在制作直通车图时，我们用到了剪贴蒙版、投影、内发光、外发光等工具，其具体操作步骤如下。

微课：设计剃须刀直通车图

STEP 01 新建大小为800像素×800像素，分辨率为72像素/英寸，名称为“剃须刀直通车”的文件，打开“剃须刀直通车背景.jpg”图片（配套资源:\素材文件\第7章\剃须刀直通车背景.jpg），将背景拖动到当前图片中，调整其位置和大小，如图7-40所示。

图7-40 添加背景

STEP 02 打开“剃须刀.png”图片（配套资源:\素材文件\第7章\剃须刀.png），将其拖动到“剃须刀直通车”文件中，调整其位置和大小。双击剃须刀图层，在打开的对话框的左侧列表中单击选中“内发光”复选框，将“混合模式、不透明度、颜色、大小”分别设置为“线性光、80%、#13325f、38像素”，如图7-41所示。

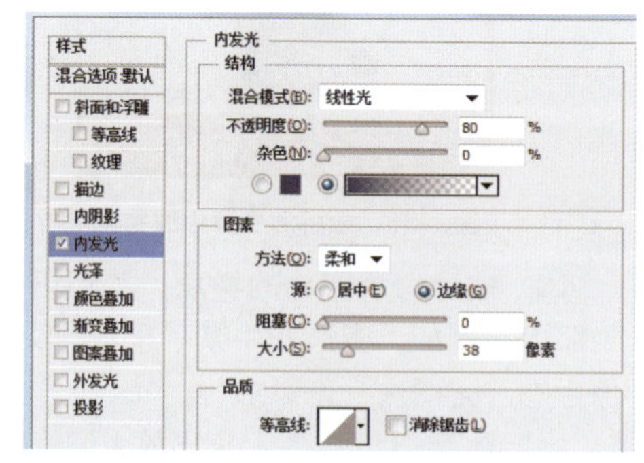

图7-41 添加剃须刀并设置内发光

STEP 03 继续单击选中“外发光”复选框，将“混合模式、不透明度、颜色、扩展、大小”分别设置为“滤色、75%、#13325f、16%、49像素”，单击 确定 按钮，如图7-42所示。

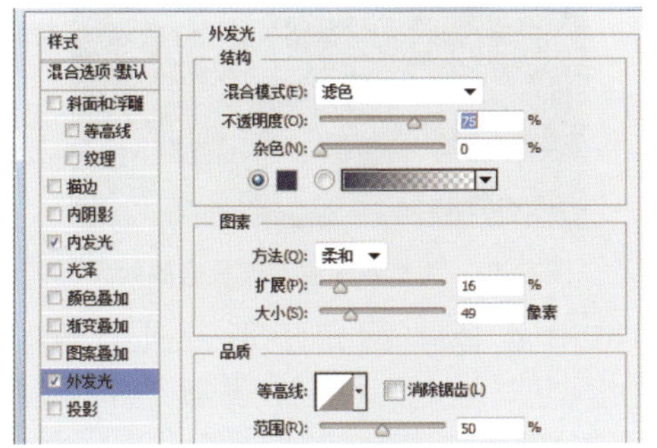

图7-42　添加外发光

STEP 04 选择剃须刀所在图层，按【Ctrl+J】组合键复制，并垂直翻转该复制图层，将图层不透明度设置为“40%”，移至原图片下方，制作投影，如图7-43所示。

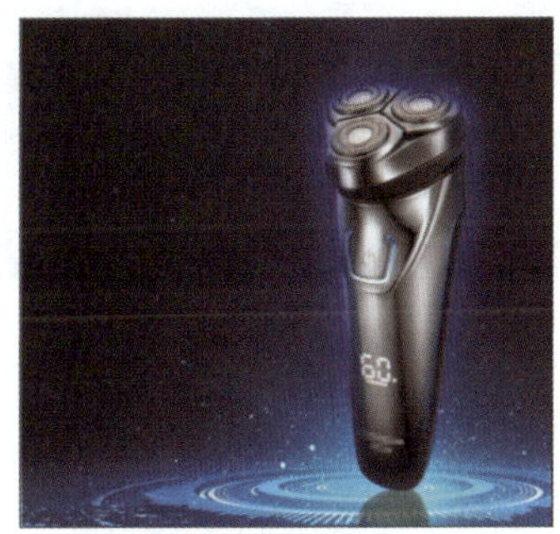

图7-43　制作投影

STEP 05 选择“横排文字工具” T，在工具属性栏中单击“切换字符和段落面板”按钮，打开“字符”面板，将字体设置为“华康黑体W9(P)”，将文本颜色设置为“#ffffff”，将字号设置为“30点”，将“字距”设置为“1340”，单击“仿斜体”按钮 T，输入“2019 · 新品限量发售”文本，如图7-44所示。

图7-44　输入文本

STEP 06 继续选择“横排文字工具” T，将其字体设置为“华康黑体W9(P)”，将字号设置为“135点”，将文本颜色设置为“#606d92”，输入“型男必备”文本；将字体更改为“黑体、仿粗体”，将字号更改为“210点”，将文本颜色设置为“#030000”，输入“99”文本；将字号更改为“69点”，将文本颜色设置为“#2154a4”，输入“¥”文本，如图7-45所示。

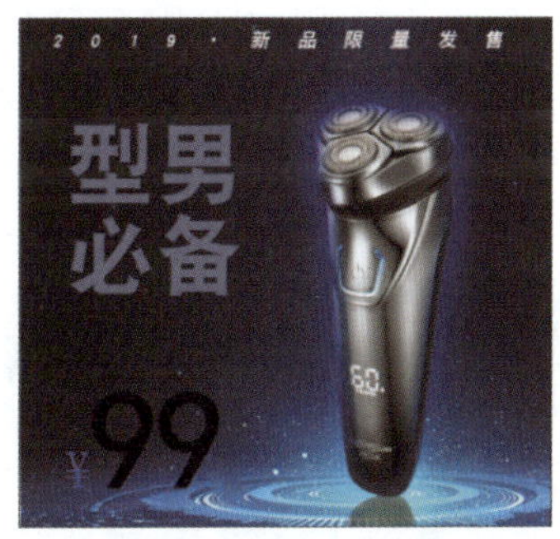

图7-45　输入文本

STEP 07 选择“型男必备”文本图层，打开“素材1.png”图片（配套资源:\素材文件\第7章\素材1.png），将其拖动到文本图层上，并通过剪贴蒙版裁剪到文本中，如图7-46所示。

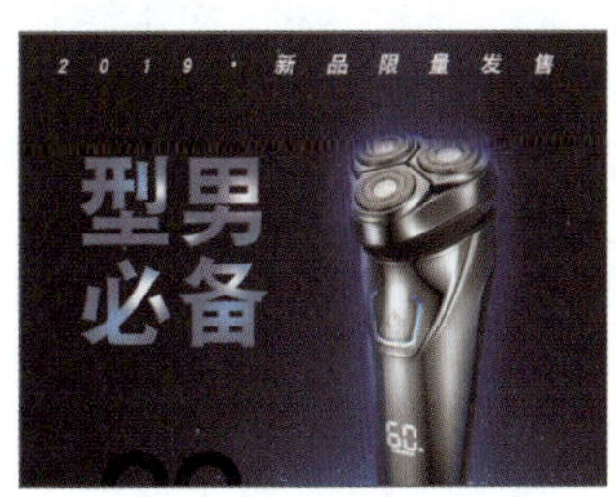

图7-46　添加素材

STEP 08 再次选择“型男必备”文本图层，按【Ctrl+J】组合键复制该图层，打开“素材2.png”图片（配套资源:\素材文件\第7章\素材2.png），将其拖动到复制的文本图层上，并通过剪贴蒙版裁剪到复制文本中，如图7-47所示。

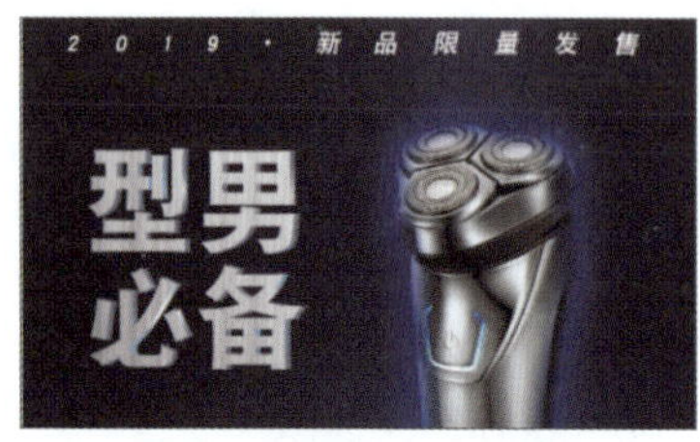

图7-47 复制图层并添加素材

STEP 09 使用相同的方法为“99”文本图层添加剪贴蒙版，选择“¥”文本图层，按【Ctrl+J】组合键复制该图层，修改复制的“¥”文本颜色为“#021125”，调整文本位置，如图7-48所示。

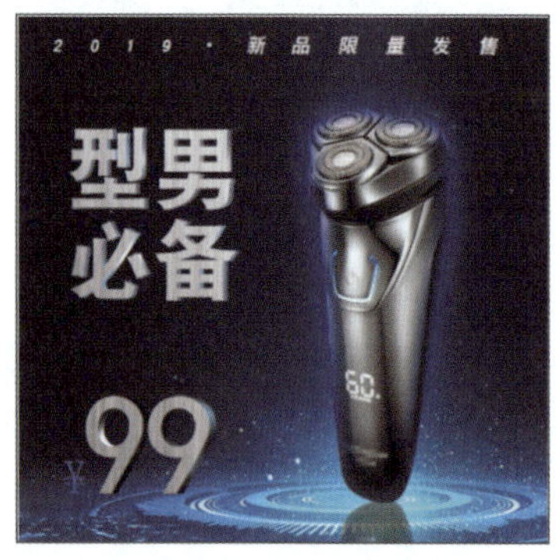

图7-48 添加剪贴蒙版

STEP 10 选择与“99”文本图层相关的所有图层，按【Ctrl+G】组合键将其创建为图层组，按【Ctrl+J】组合键复制该图层组，垂直翻转复制的图层组，并设置其不透明度为“40%”，移至原图层组下方，制作投影，使用相同的方法为“¥”文本图层制作投影，为文本图层制作投影的效果如图7-49所示。

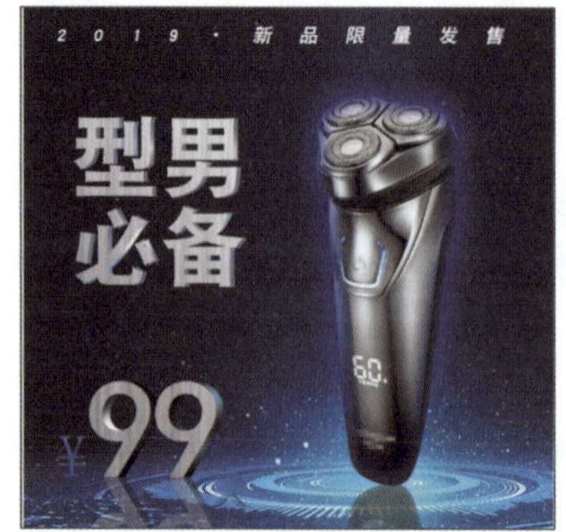

图7-49 为文本图层制作投影的效果

STEP 11 选择“圆角矩形工具”，在工具属性栏中将描边颜色设置为“#ffffff”，将粗细设置为“1点”，将半径设置为“10像素”，取消填充，在“型男必备”文本图层下方绘制圆角矩形，按【Ctrl+J】组合键复制该图层，并缩小圆角矩形的宽度，修改填充颜色为“#2e5aa8”，绘制圆角矩形的效果如图7-50所示。

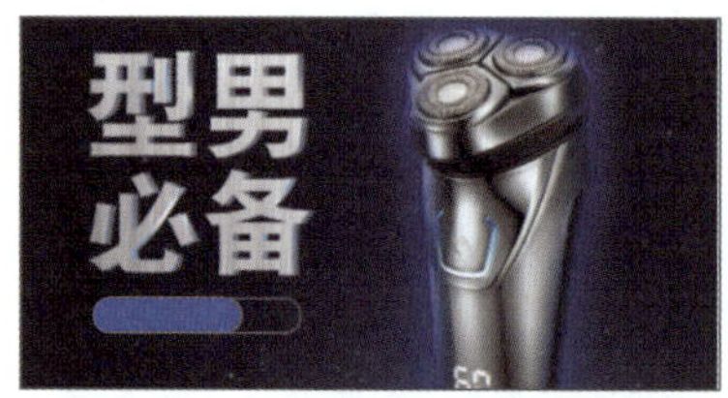

图7-50 绘制圆角矩形的效果

STEP 12 选择“横排文字工具” T，将其字体设置为“黑体”，将字号设置为“28点”，将文本颜色设置为“#ffffff”，在蓝色圆角矩形内输入“浮动剃须”文本；修改文本颜色为“#f6ce56”，输入“特惠”文本，调整曲线的效果如图7-51所示。

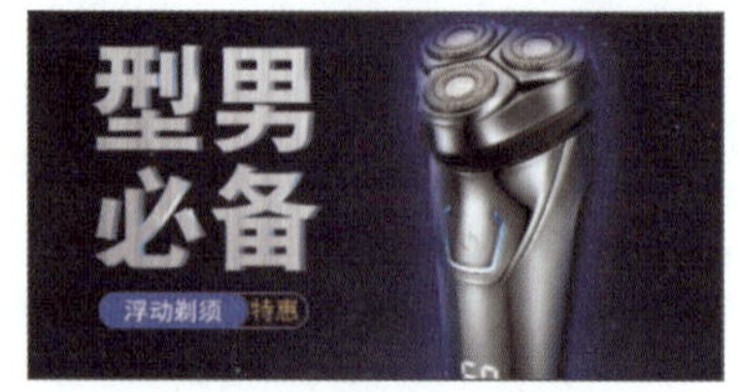

图7-51 调整曲线的效果

STEP 13 打开“光线.psd”文件（配套资源:\素材文件\第7章\光线.psd），将其分别拖动到图片中，并调整其大小与位置，完成本例的制作，最终效果如图7-52所示（配套资源:\效果文件\第7章\剃须刀直通车.psd）。

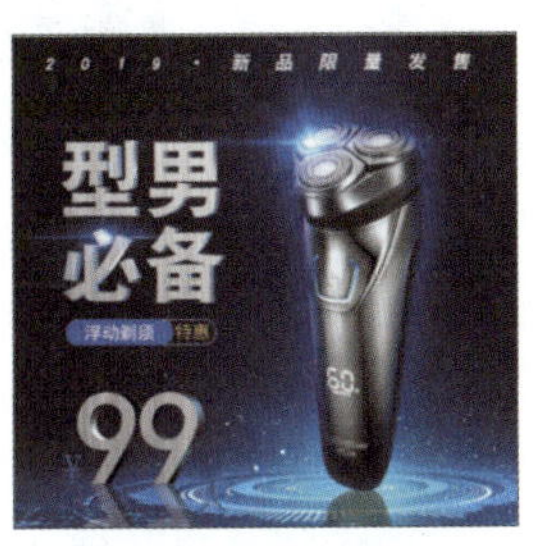

图7-52　最终效果

> **新手试练**
>
> 请对店铺中的一款 3D 智能播放器进行直通车推广，播放器直通车图如图 7-53 所示。
>
> 图7-53　播放器直通车图

7.4 实战演练

本实战将从淘宝直通车图和智钻图入手，帮助大家进一步掌握推广图的制作方法。

7.4.1　设计唇彩直通车图

本例将介绍设计唇彩直通车图的方法。我们首先提炼其卖点：“健康安全　多色可选 无刺激”，然后添加背景与装饰素材，最后输入文本，完成唇彩直通车图的制作。制作完成后的唇彩直通车图如图7-54所示。

图7-54　制作完成后的唇彩直通车图

1. 设计思路

本例唇彩直通车图的设计思路如下。

（1）撰写文案，提炼卖点。要求主题卖点简洁精确，画面整体简洁美观。

（2）添加背景、商品与装饰元素，注意整体色调的和谐统一。

（3）通过文本颜色、字体、大小与角度的组合设计，编辑文案。

2. 知识要点

完成本例唇彩直通车图的设计，大家需要掌握以下知识。

（1）分析消费者心理需求，并遵循直通车图设计的原则。

（2）组合与编辑素材：包括素材的添加、素材叠放顺序的设置、素材位置与大小的调整，以及素材投影的制作。

（3）编辑文本：文本字体、颜色、大小的搭配组合。

微课：设计唇彩直通车图

3. 操作步骤

下面根据唇彩外观设计直通车图，其具体操作步骤如下。

STEP 01 新建大小为800像素×800像素，分辨率为72像素/英寸，名称为“唇彩直通车”的文件，打开“粉色背景.jpg”图片（配套资源:\素材文件\第7章\粉色背景.jpg），将背景拖动到“唇彩直通车”文件中，调整其位置和大小，如图7-55所示。

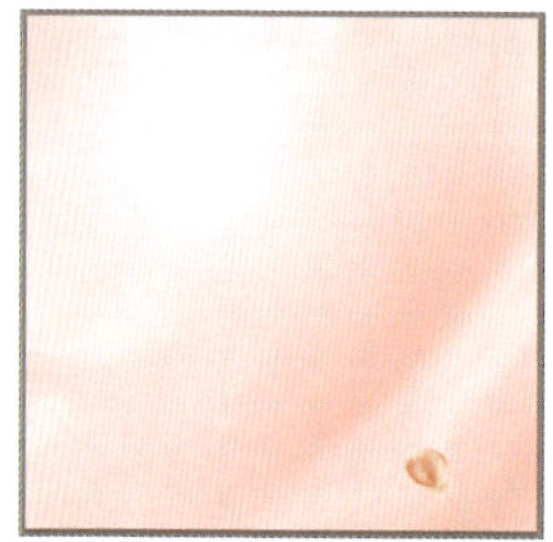

图7-55 添加背景

STEP 02 在背景中添加唇彩、金色丝带与植物叶片素材（配套资源:\素材文件\第7章\唇彩直通车\），调整其位置和大小以及图层的叠放顺序，如图7-56所示。

图7-56 添加素材

STEP 03 选择唇彩所在的图层，在“图层”面板中单击“添加图层蒙版”按钮；选择蒙版，按【Ctrl】键单击丝带图层缩略图，载入选区，将前景色设置为黑色，使用画笔涂抹被唇彩遮挡的丝带部分，制作丝带包围唇彩的效果，如图7-57所示。

图7-57 使用蒙版隐藏部分图像

STEP 04 将前景色设置为“#99542d”，选择“画笔工具”，将不透明度设置为“24%”，在丝带图层下方新建图层，使用柔边画笔涂抹需要添加投影的部分，添加投影，增强立体感，如图7-58所示。

图7-58 添加投影

STEP 05 选择“横排文字工具”，将其字体设置为“方正兰亭粗黑简体”，将字号设置为“91.57点”，将文本颜色设置为“#d1340a”；输入第1排文本，将字号设置为“61.24点”，输入第2排文本，将字体更改为“方正兰亭纤黑_GBK”，将文本颜色更改为“#4f0704”，将字号设置为“34点”，输入第3排文本，如图7-59所示。

图7-59 输入文本

STEP 06 选择文本图层，按【Ctrl+T】组合键进入选区编辑状态，单击鼠标右键，在弹出的快捷菜单中选择“斜切”命令，拖动右侧的两个控制点，倾斜文本，如图7-60所示。然后使用相同的方法斜切其他文本。

图7-60　斜切文本

STEP 07 选择“钢笔工具” ，将工具模式设置为“形状”，将填充颜色设置为“#d1340a”，在第2排文本下方按住鼠标左键不放并拖动鼠标绘制轮廓图形与线条，将第2排文本颜色更改为“#ffffff”，如图7-61所示。

图7-61　绘制形状并更改文本颜色

STEP 08 按【Ctrl+J】组合键复制唇彩图层，垂直翻转图层，将不透明度降低为“36%”，然后将其移动到唇彩底部作为投影，完成本例的制作，最终效果如图7-62所示（配套资源:\效果文件\第7章\唇彩直通车.psd）。

图7-62　最终效果

↘ 7.4.2　设计紫色护肤品智钻图

本例将制作一款紫色护肤品的智钻图，其设计的重点除了要展示所销售的重点商品外，还需要用文案来传达活动主题，制作好的紫色护肤品智钻图如图7-63所示。

1. 设计思路

本例紫色护肤品智钻图的设计思路如下。

（1）色调的选择：色调需要根据行业及商品的颜色来进行选择，本例商品的主色调为紫色，因此我们选择淡紫色的背景来搭配，让整体色调一致。

（2）文本的渐变设计：本例通过文本的渐变、大小等对比设计来体现文本的显示级别。

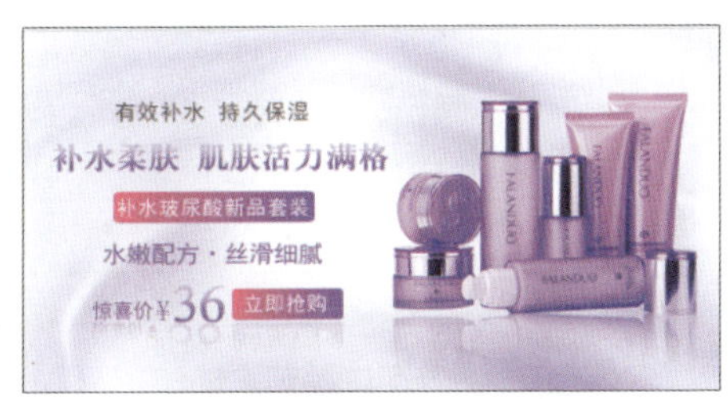

图7-63　紫色护肤品智钻图

2. 知识要点

大家若想完成本例紫色护肤品智钻图的设计，需要掌握以下知识。

（1）智钻图的设计要点，如主图突出、目标明确、形式美观等。

（2）智钻图的构图方式，包括两栏式构图、三栏式构图、正反三角形构图等。

（3）文本的输入及形状的绘制。文本字体、颜色、大小的搭配组合，以及与图形的外观、颜色的搭配组合。

微课：设计紫色护肤品智钻图

3. 操作步骤

下面制作紫色护肤品智钻图，其具体操作步骤如下。

STEP 01 新建大小为520像素×280像素，分辨率为72像素/英寸，名称为“紫色护肤品智钻”的文件，添加紫色护肤品背景（配套资源:\素材文件\第7章\紫色护肤品背景.jpg），如图7-64所示。

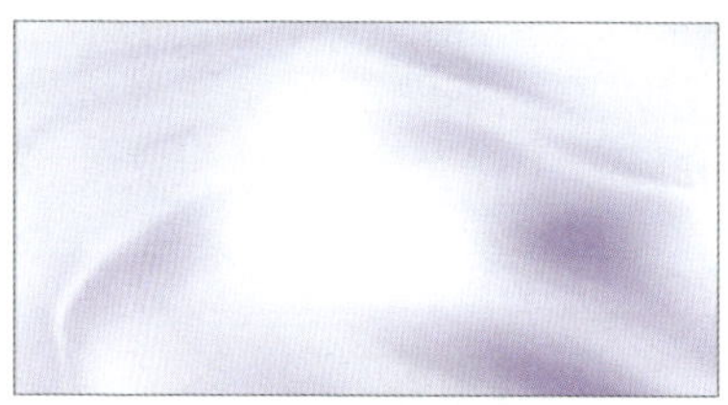

图7-64　添加背景

STEP 02 打开“紫色护肤品.png”图片（配套资源:\素材文件\第7章\紫色护肤品.png），将其拖动到图片右侧，在“图层”面板中单击“添加图层蒙版”按钮；选择蒙版，将前景色设置为黑色，选择“画笔工具”，将画笔不透明度设置为“70%”，调整画笔大小，使用画笔涂抹护肤品的投影部分，让过渡更加自然，如图7-65所示。

图7-65　添加素材

STEP 03 选择“横排文字工具”，设置字体为“黑体”、字号为“16点”，将文本颜色设置为“#585959”，输入“有效补水 持久保湿”文本；修改文本颜色为“#773f8d”，输入图7-66所示的文本，调整文本大小、位置。

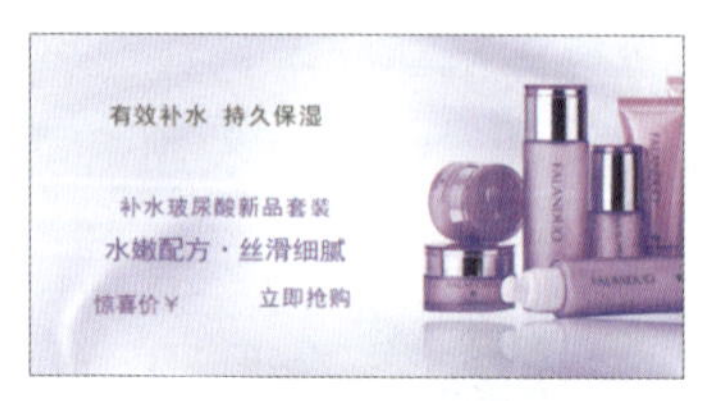

图7-66　输入文本

STEP 04 继续选择“横排文字工具”，将字体设置为“汉仪中宋简”，将字号设置为“23点”，将文本颜色设置为“#ffffff”，输入“补水柔肤 肌肤活力满格 ”文本，双击该文本图层，在打开的“图层样式”对话框中单击选中“渐变叠加”复选框，将渐变颜色分别设置为“#6a4490、#c1b3d7”，单击确定按钮，如图7-67所示。

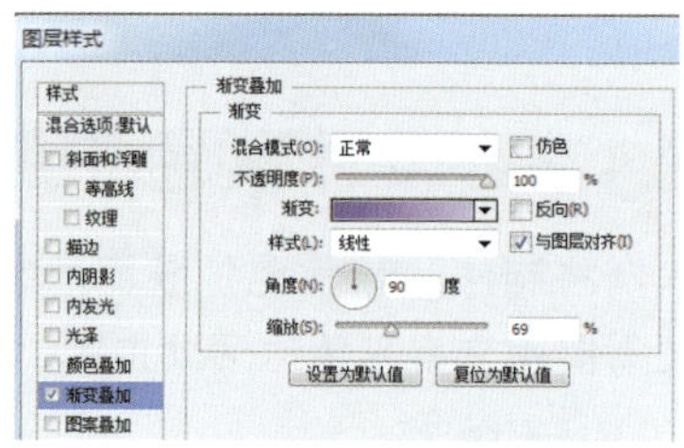

图7-67　输入文本并添加渐变

STEP 05 继续修改字号为“38点”，并输入“36”文本，在“图层”面板中按住【Alt】键，拖动“补水柔肤 肌肤活力满格”文本图层后侧的“指示图层效果”图标到“36”文本图层，如图7-68所示。

图7-68　输入文本并复制渐变

STEP 06 选择“圆角矩形工具”，

取消描边，将其半径设置为“10像素”，在“填充”下拉列表中单击“渐变”按钮，双击色标，在打开的对话框中分别将渐变颜色设置为“#dd256f、#734194”，将角度设置为“-7”，在“补水玻尿酸新品套装”文本下方绘制渐变圆角矩形，并将文本的颜色更改为“#ffffff”；复制渐变圆角矩形，将其移动到“立即抢购”文本下方，并将文本颜色改为“#ffffff”，调整圆角矩形的大小与位置，如图7-69所示。

图7-69　绘制形状并输入文本

STEP 07 选中“惊喜价¥”“36”“立即抢购”文本图层以及“立即抢购”文本图层下方的圆角矩形图层，按【Ctrl+G】组合键将其创建为图层组；按【Ctrl+J】组合键复制该图层组，并垂直翻转复制的图层组，在“图层”面板中单击“添加图层蒙版”按钮；选择蒙版，将前景色设置为黑色，选择“画笔工具”，将画笔不透明度设置为“70%”，调整画笔大小，使用画笔涂抹图层组的投影部分，完成本例的操作，如图7-70所示（配套资源:\效果文件\第7章\紫色护肤品智钻.psd）。

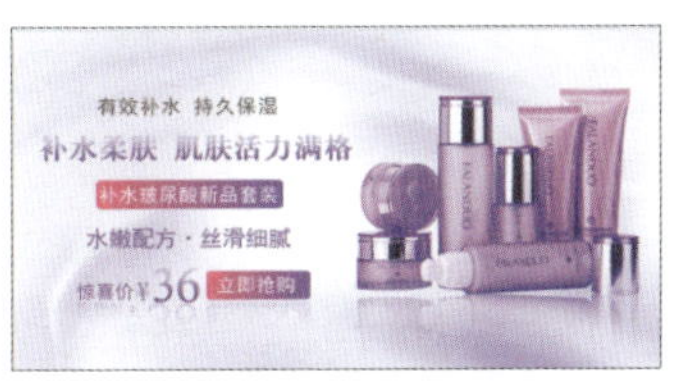

图7-70　最终效果

课后练习

（1）新建大小为800像素×800像素，分辨率为300像素/英寸，名称为“绿色护肤品直通车”的文件，添加素材（配套资源:\素材文件\第7章\绿色护肤品.psd）。我们先添加各种素材，最后在图片中输入商品卖点、价格等重要信息，完善主图的细节，这既能突出商品绿色天然的特点，又能让整张图更加和谐统一，吸引消费者的注意力。制作后的绿色护肤品直通车图如图7-71所示（配套资源:\效果文件\第7章\绿色护肤品直通车.psd）。

（2）新建大小为520像素×280像素，分辨率为72像素/英寸，名称为“口红智钻图”的文件，添加口红素材（配套资源:\素材文件\第7章\口红.psd），使用发射构图方式，对文本和商品进行排版设计。制作完成后的口红智钻图如图7-72所示（配套资源:\效果文件\第7章\口红智钻图.psd）。

图7-71　制件后的绿色护肤品直通车图

图7-72　制作完成后的口红智钻图

第 4 篇　无线终端应用

第 8 章　无线终端店铺首页的视觉设计与装修

凭借着互联网突飞猛进的发展，更便携、更安全、更方便的无线设备成为人们进行网上购物的主要平台。淘宝App、天猫App、京东App等针对无线终端的购物端口迅速发展壮大，其流量已远超计算机端，针对无线终端进行网络装修已经成为电商卖家必不可少的工作。首页装修是无线终端店铺装修中至关重要的一部分，本章将针对无线终端店铺首页的视觉设计与装修进行介绍。

学习目标：

* 熟悉无线终端店铺首页的各模块
* 熟悉无线终端店铺首页装修的注意事项
* 掌握无线终端模块的编辑与装修方法

技能目标：

* 掌握制作店招的方法
* 掌握制作智能海报的方法
* 掌握制作优惠券的方法
* 掌握制作分类模块的方法
* 掌握制作宝贝展示图的方法

8.1 无线终端店铺首页设计基础

在计算机端上，消费者要想访问店铺首页无非是通过商品详情页跳转，或者在淘宝网首页直接搜索店铺这两种方式，而在无线终端，消费者可以通过扫描店铺的二维码、店铺微淘、搜索店铺、详情页跳转等多种方式来访问店铺首页。因此，无线终端店铺的首页与计算机端店铺的首页具有不同的客户访问特征，无线终端店铺首页能起到大于计算机端店铺首页的作用。下面我们从无线终端店铺首页与计算机端店铺首页的不同、无线终端店铺首页模块组成、无线终端店铺首页装修注意事项3个方面对无线终端店铺首页设计的基础知识进行讲解，为后面无线终端店铺首页的视觉设计奠定基础。

8.1.1　无线终端店铺首页与计算机端店铺首页的不同

无线终端店铺首页与计算机端店铺首页的区别很大，具体体现在尺寸、布局、详情、分类和颜色5个方面。下面就对无线终端店铺首页与计算机端店铺首页的页面进行对比。

（1）尺寸对比：无线终端店铺首页显示的店铺页面宽度为750像素，而计算机端店铺首页显示的店铺页面宽度一般为950像素，若将计算机端店铺首页的图片放到无线终端店铺首页，则容易导致因尺寸不适合而造成图片显示不全、界面混乱、浏览效果不佳等问题。

（2）布局对比：无线终端店铺首页页面更注重浏览体验，省略了边角的活动模块以及详细的广告文案，将计算机端店铺首页的三栏图片展示精简为两栏，并将海报中的文案、价格等信息通过字号加大、颜色调整等方法突出显示出来，使其更适合无线终端店铺首页阅读。

（3）详情对比：计算机端店铺首页页面会通过较多文字说明商品的卖点、促销信息、优惠信息等，而无线终端店铺首页页面的文字则更为精简。

（4）分类对比：无线终端店铺首页页面的分类模块比较简洁、清晰，使用了分类图标，而计算机端店铺首页页面的分类信息更详细。无线终端店铺首页页面的文字明显较粗、识别性更强。

（5）颜色对比：计算机端店铺首页页面的用色更深，如使用黑色背景渲染店铺个性风格，而无线终端的店铺首页在页面中增加了白色的空隙，以实现鲜亮颜色的自然过渡，使页面整体鲜亮而不失整洁。

8.1.2　无线终端店铺首页的模块

和计算机端店铺首页一样，各电商平台也为无线终端店铺首页装修提供了模块，当下最主流的无线终端是手机端，这里以淘宝网手机端为例来介绍无线终端店铺首页装修的模块。图8-1所示就是无线终端店铺首页页面的模块布局，可见无线终端淘宝网店铺首页包括店招、标题、轮播图、优惠券、左文右图、套餐搭配、文本、宝贝类等模块。

图8-1　无线终端店铺首页页面的模块布局

下面我们对常用的无线终端店铺首页页面模块的组成与设计要点进行介绍。

（1）店招模块：无线终端店铺首页页面的店招大小为750像素×580像素，一般包含店铺名称、Logo、收藏与分享按钮、营销亮点、店铺活动、背景图片等内容。由于其位于页面的顶端，显示的比例比计算机端大，因此更为抢眼。其一般要求是主题鲜明突出、颜色亮丽，以便能在吸引消费者注意力的同时宣传店铺。在设计店招时，大家可从行业地位、店铺调性、活动主题出发进行设计。

（2）标题模块：无线终端店铺首页页面的标题主要用于区分商品类别、展示店铺的优势、品牌的理念等，最多支持20个中文字符（约17磅）。

（3）轮播图模块：无线终端店铺首页轮播图片的宽度为750像素，高度为200像素~950像素，一般用于店铺活动宣传、商品宣传、形象宣传等。此模块中最多可以添加4张轮播图，大家也可根据需要只添加一张图片。

（4）优惠券模块：无线终端的优惠券要重点醒目、清晰、互动性强，并具有分隔空间、活跃页面的作用。大家可以使用多图、左文右图等构图方式进行制作。

（5）左文右图模块：其图片大小为608像素×160像素，一般用于店铺活动宣传、店铺王牌宝贝展示、店铺文化介绍等。此模块在制作时要求清晰准确，大家可在其中插入一些引导按钮，引导消费者点击。

（6）套餐搭配模块：设置此模块的目的是告知消费者店铺内搭配的套餐，以提高成交量。

（7）文本模块：此模块支持直接输入文本内容，最多可输入100字，支持在文本框内进行回车换行，它作为商品与商品之间的分割，是对商品的特别说明。

（8）宝贝类模块：宝贝类模块包括智能双列、智能单列宝贝、猜你喜欢、宝贝排行榜、视频合集等，用于对店铺首页的商品进行展示。网店美工在注意布局的同时应尽量将主营的宝贝全部覆盖。在展示宝贝时，网店美工应将王牌宝贝、热销宝贝进行重点突出，具体可通过色相对比吸引消费者的注意力，或添加相应元素引导消费者购买。

8.1.3　无线终端店铺首页装修的注意事项

无线终端店铺首页比计算机端店铺首页对店铺的影响更大，但受到无线终端设备屏幕大小的限制，无线终端店铺首页能承载的信息有限，所以网店美工在设计无线终端店铺首页时，还需特别注意以下4个方面。

（1）注重感官的习惯性与舒适性：从消费者的购物习惯出发，图片的清晰度和大小都要适应无线设备，以大图为主，图片分类要清晰明确，搭配舒适的颜色，商品的细节展示要清晰、美观，要给人舒适的感觉。

（2）合理控制页面的长度：由于无线设备体型狭长，消费者在浏览时一般会按照自上而下的顺序浏览，此时页面内的信息不必太多，一般以6屏为最佳。

（3）对页面整体内容的把握：店铺的主营宝贝与定位理念要突出，要充分考虑其互动性、趣味性、专业性与基调定位，页面内容要能够精准定位消费者，并快速吸引消费者的注意力。

（4）与计算机端的视觉统一：无线终端的内容与计算机端的内容相互呼应，具有相通的视觉符号，可以提高店铺品牌的关联度。

8.2　无线终端店铺首页关键模块的视觉设计

对无线终端店铺首页关键模块进行设计并提高其视觉效果，是增强店铺首页吸引力的重要手段。下面我们将对“魅力厨房”无线终端店铺首页的关键模块进行设计，包括对店招、海报、优惠券等的设计。

8.2.1　店招设计

由于无线终端设备的屏幕普遍较小，所以无线终端店铺首页的店招尺寸也较小，基本上不会在其中显示视频图形、详细活动公告等信息，而往往选择将店名等重要信息进行展示，其美术风格则应符合店铺首页的风格，不可过于花哨，影响主要信息的表达。下面设计“魅力厨房”店铺首页的店招，其具体操作步骤如下。

微课：店招设计

STEP 01 新建大小为750像素 × 580像素，分辨率为72像素/英寸，名称为“无线终端店招”的文件。打开“无线终端店招背景.jpg”图片（配套资源:\素材文件\第8章\无线终端店招背景.jpg），拖动到“无线终端店招”文件中，调整其位置和大小，使其覆盖页面，效果如图8-2所示。

图8-2　添加背景

STEP 02 选择“矩形工具”，取消描边，将填充颜色设置为“#ffffff”，并设置其不透明度为“50%”，按【Ctrl+J】组合键复制矩形图层，缩小复制的矩形，并修改不透明度为“80%”，如图8-3所示。

图8-3　绘制与复制矩形

STEP 03 选择“横排文字工具”T，将其字体设置为“汉仪中宋简”，将字号设置为“75点”，将文本颜色设置为“#f0a804”，在矩形上方输入“魅力厨房”文本；修改字号为“26点”，将文本颜色设置为“#ce2041”，输入“晒单＋1元送价值1280元电饭锅”文本，单击确定按钮，如图8-4所示。

图8-4　输入文本

STEP 04 双击“魅力厨房”文本图层，在打开的对话框的左侧列表中单击选中“投影”复选框，将“混合模式、颜色、不透明度、距离、扩展、大小”分别设置为“正片叠底、#6d1422、36%、4像素、7%、4像素”，单击确定按钮，如图8-5所示。

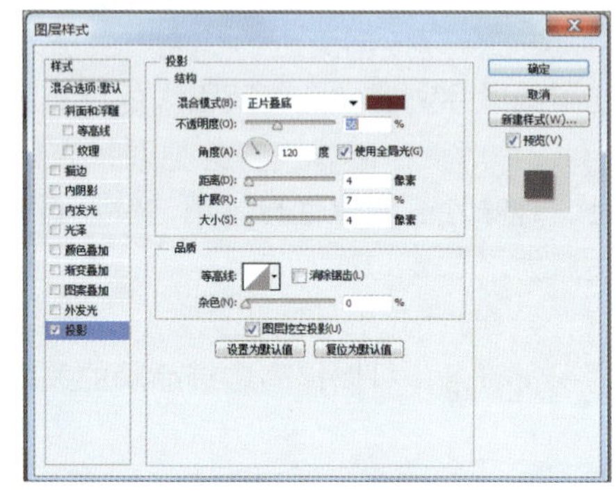

图8-5　添加投影

STEP 05 添加投影完成后将其保存为JPEG格式，完成无线终端店招的制作，如图8-6所示（配套资源:\效果文件\第8章\无线终端店招.jpg）。

图8-6　无线终端店招的最终效果

8.2.2　海报设计

海报的位置十分显眼，尺寸也相对较大，能承载的信息也多，优质的海报能够起到很好的引流作用。下面我们将制作一张榨汁机的海报，其具体操作步骤如下。

STEP 01 新建大小为750像素×470像素，分辨率为72像素/英寸，名称为“榨汁机海报”的文件。打开“榨汁机背景.jpg”“榨汁机.png”图片（配套资源:\素材文件\第8章\榨汁机背景.jpg、榨汁机.png），将其分别拖动到“榨汁机海报”文件中，调整其位置和大小，如图8-7所示。

图8-7　添加榨汁机背景、榨汁机素材

STEP 02 选择“横排文字工具” T，将字体设置为“黑体”，将字号设置为“43点”，将字体颜色设置为“#3f4415”，输入“DELICIOUS”文本；将字号设置为“60点”，输入“真美味鲜榨机”文本；将字号设置为“30点”，输入“新鲜榨取，美味共享”文本；将文本颜色更改为“#aa6217”，将字号更改为“23点”，输入“超大容量”“细腻多汁”“品质保障”文本；将字号设置为“25点”，输入“抢购价¥”文本；将字号设置为“60点”，输入“1298”文本；将字号设置为“21点”，输入“立即抢购>”文本，如图8-8所示。

图8-8　输入文本

STEP 03 双击“真美味鲜榨机”文本图层，打开“图层样式”对话框，单击选中“渐变叠加”复选框，将渐变颜色设置为“#2e3200、#5c9621”，单击 确定 按钮，如图8-9所示。

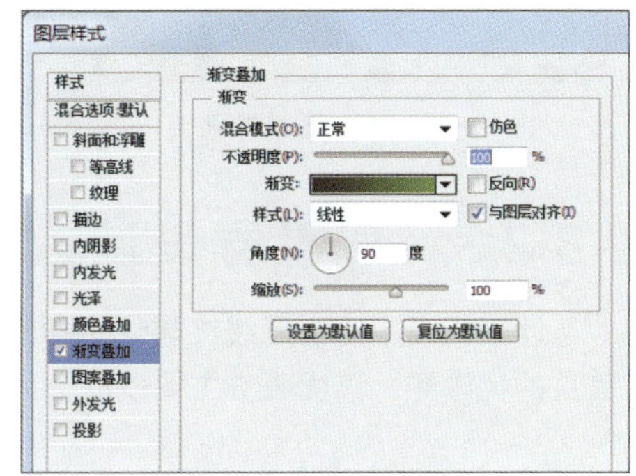

图8-9　设置渐变叠加

STEP 04 按住【Alt】键，将渐变叠加效果复制到“新鲜榨取，美味共享”文本中，将设置了渐变叠加的两段文本的字体颜色设置为“#9d9f91”，效果如图8-10所示。

图8-10　复制渐变叠加

STEP 05 在文本周围绘制矩形和圆角矩形，装饰文本，将“立即抢购>”文本颜色修改为“#ffffff”；打开“亮光.png”图片（配套资源:\素材文件\第8章\亮光.png），将其拖动到图片中，完成后将其保存为JPEG格式，完成本例的制作，最终效果如图8-11所示（配套资源:\效果文件\第8章\榨汁机海报.jpg）。

图8-11　最终效果

经验之谈：

在制作海报时，我们可以制作多张海报来组合成轮播图，以便展示更多商品和活动内容。

8.2.3　优惠券设计

与计算机端相比，无线终端优惠券的位置更加显眼，引流效果极佳。本例将设计榨汁机首页的优惠券，该优惠券主要以红色为主色，其具体操作步骤如下。

STEP 01 新建大小为640像素×320像素，分辨率为72像素/英寸，名称为“优惠券”的文件。选择“矩形工具”，将填充颜色设置为“#e71f3a”，在页面左侧绘制矩形，如图8-12所示。

图8-12　绘制矩形

STEP 02 选择“椭圆工具”，取消填充，将描边粗细设置为“3点”，将描边颜色设置为“#ffffff”，按【Shift】键在矩形右侧绘制圆；在圆中输入“券”文本，将字体设置为“黑体”，将字号设置为“136点”，将文本颜色设置为“#ffffff”，如图8-13所示。

图8-13　绘制圆并输入文本

STEP 03 按【Ctrl+E】组合键合并圆和文本图层，在合并后的图层上单击鼠标右键，在弹出的快捷菜单中选择“创建剪贴蒙版”命令，将其裁剪到红色矩形中，设置图层不透明度为“15%”，创建剪贴蒙版，如图8-14所示。

图8-14　创建剪贴蒙版

STEP 04 选择“横排文字工具”，将字体设置为“方正特雅宋简”，将字体颜色设置为“#ffffff”，调整文本大小，将“点击领取”文本的字体设置为“黑体”，输入图8-15所示的文本。

图8-15　输入文本

STEP 05 选择“圆角矩形工具”，将圆角矩形半径设置为“10像素”，将填充颜色设置为“#fdc823”，在“点击领取”文本上方绘制圆角矩形，并更改文本颜色为“#000000”，为圆角矩形添加投影，绘制圆角矩形并添加投影的效果如图8-16所示。

图8-16　绘制圆角矩形并添加投影的效果

STEP 06 全选优惠券内容，按【Ctrl+G】组合键将优惠券内容放置到新建的组中，按【Ctrl+J】组合键复制组，将其放置到右侧，修改金额，完成其他优惠券的制作，如图8-17所示（配套资源:\效果文件\第8章\优惠券.psd）。

图8-17　制作其他优惠券

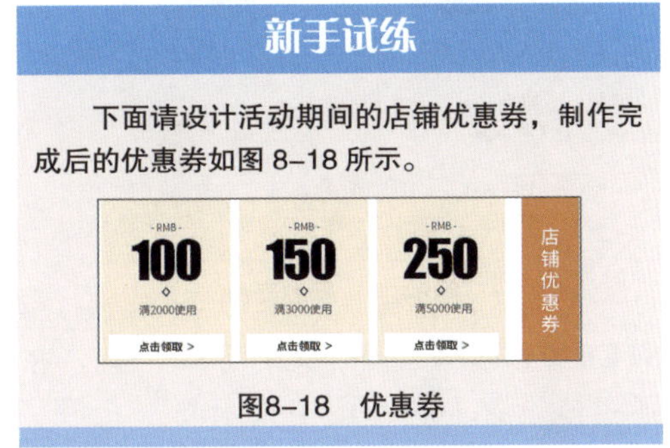

新手试练

下面请设计活动期间的店铺优惠券，制作完成后的优惠券如图 8-18 所示。

图8-18　优惠券

↘ 8.2.4　分类设计

微课：分类设计

无线终端的分类设计与计算机端相比，文本字号更大，分类板块更加分明。本例将设计榨汁机店铺首页的分类板块，主要采用不同色块的均匀排列实现分类设计，其具体操作步骤如下。

STEP 01 新建大小为640像素×600像素，分辨率为72像素/英寸，名称为“分类”的文件，选择“矩形工具”▭，在页面中绘制2个大小相等的矩形，分别将其填充颜色设置为“#faf1df、#fbeff4”，如图8-19所示。

图8-19　绘制矩形（1）

STEP 02 使用同样的方法在2个矩形下方再绘制3个大小相等的矩形，分别将其填充颜色设置为“#ecfcf3、#f8fbed、#daf2f6”，如图8-20所示。

图8-20　绘制矩形（2）

STEP 03 打开“分类商品.psd”图片（配

套资源:\素材文件\第8章\分类商品.psd），拖动到“分类”文件中，调整其大小、位置与叠放层次，如图8-21所示。

图8-21　添加素材

STEP 04 选择“横排文字工具” T，将其字体设置为“方正中雅宋简”，将字号设置为“38点”，将文本颜色设置为“#e71f3a”，输入“破壁机”文本；将字号更改为“20点”，输入“了解详情<<<”文本，如图8-22所示。

图8-22　输入文本

STEP 05 选择“圆角矩形工具”，将圆角矩形半径设置为“10像素”，将填充颜色设置为“#e71f3a”，在“了解详情< < < ”文本上方绘制圆角矩形，并更改文本颜色为“#ffffff”，如图8-23所示。

图8-23　绘制圆角矩形

STEP 06 全选文本内容，按【Ctrl+G】组合键将其放置到新建的组中，按【Ctrl+J】组合键复制组，将其放置在其他分类区，调整下侧的文本大小，并修改文本，最终效果如图8-24所示（配套资源:\效果文件\第8章\分类.psd）。

图8-24　最终效果

↘ 8.2.5　宝贝展示图设计

微课：宝贝展示图设计

为了便于消费者清晰地浏览宝贝信息，无线终端的宝贝展示图一般分为一行展示图和两行展示图。下面设计一行展示图和两行展示图，其具体操作步骤如下。

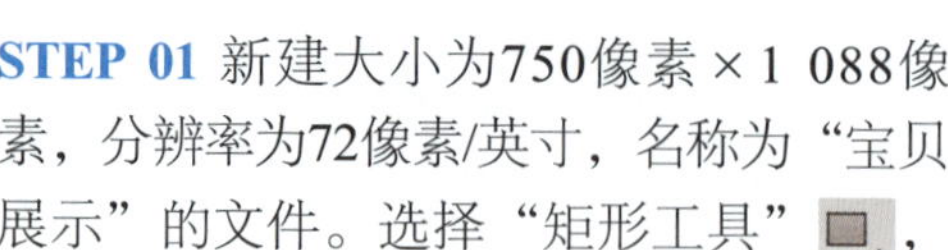

STEP 01 新建大小为750像素×1 088像素，分辨率为72像素/英寸，名称为“宝贝展示”的文件。选择“矩形工具”，将其填充颜色设置为“#ffcc00”，在页面顶端绘制矩形，如图8-25所示。

图8-25　绘制矩形

STEP 02 在绘制的矩形下边缘处输入“▲”符号，将其字体设置为“方正兰亭黑简体”，将字号设置为“22点”，将文本颜色设置为“#ffffff”，将字符间距设置为“-300”，然后将“▲”符号连接在一起，形成锯齿，如图8-26所示。

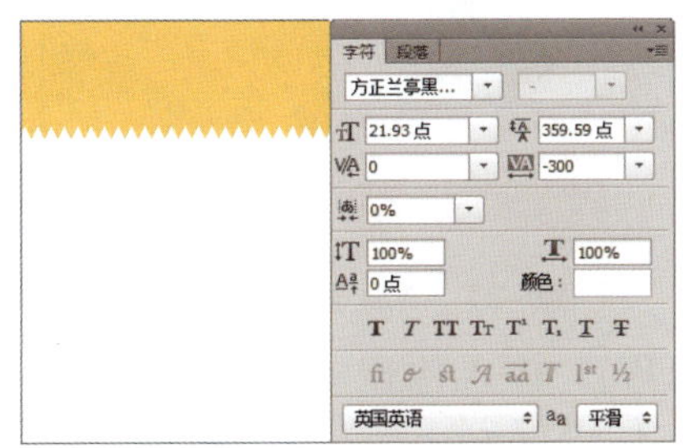

图8-26　输入“▲”符号

STEP 03 绘制垂直直线，将其描边粗细设置为“1点”，将描边颜色设置为“#ffffff”；在直线图层上单击鼠标右键，在弹出的快捷菜单中选择“栅格化图层”命令，栅格化直线，按【Ctrl+J】组合键创建副本，按【Ctrl+T】组合键将其向右移动一定距离，然后按【Enter】键完成移动，如图8-27所示。

图8-27　绘制并复制直线

STEP 04 重复按【Ctrl+Shift+Alt+T】组合键复制并移动直线，直至其排列到页面右边缘，复制并移动直线的效果如图8-28所示。

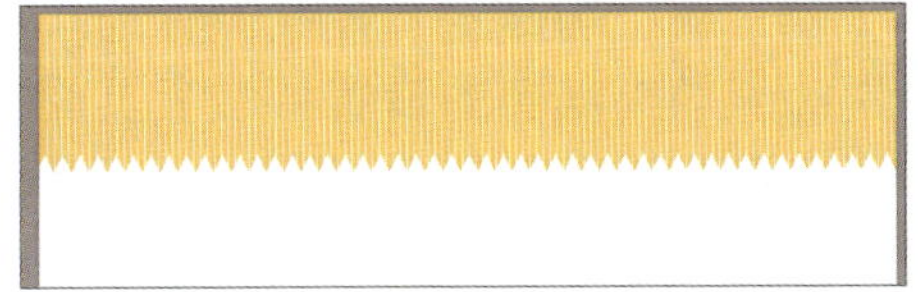

图8-28　复制并移动直线的效果

STEP 05 选择所有直线图层，按【Ctrl+E】组合键将其合并；按【Ctrl+T】组合键调整其大小，单击鼠标右键，在弹出的快捷菜单中选择“斜切”命令，拖动左下角和右上角的控制点，倾斜直线，如图8-29所示。

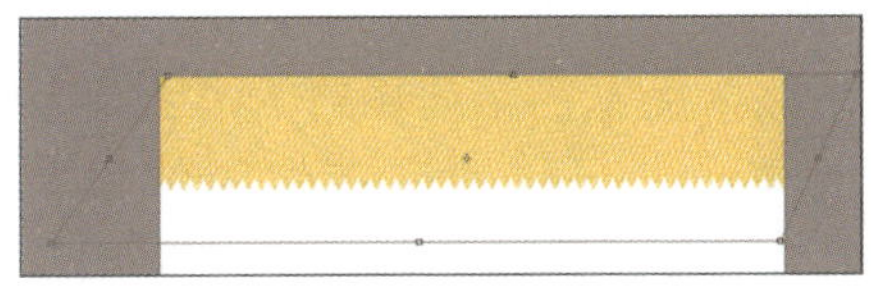

图8-29　变换直线

STEP 06 将直线的不透明度更改为“25%”。选择“横排文字工具” T，将其字体设置为“反正兰亭粗黑简体”，将字号设置为“60点”，将文本颜色设置为“#ffffff”，输入“‘爆款热卖’”文本，将“热卖”和后面引号的颜色更改为“#f6fd41”，将引号字体更改为“Adobe 黑体 Std”，然后在下方绘制矩形，将其填充颜色设置为“#f7f5f4”，如图8-30所示。

图8-30　输入文本并绘制矩形

STEP 07 打开“迷你榨汁机.jpg”图片（配套资源:\素材文件\第8章\迷你榨汁机.jpg），将其拖动到灰色矩形图层的左侧，调整其位置和大小；选择“钢笔工具”或“椭圆工具”，将其工具模式设置为“形状”，其填充颜色的设置可参考页面顶端，分别绘制标签图形，如图8-31所示。

图8-31 绘制标签图形

STEP 08 在矩形内输入文本，其中将“精品”文本的字体设置为“方正兰亭黑简体”，将其他文本的字体设置为“方正兰亭粗黑简体”；将“TOP1”文本的颜色设置为“#d73c0a”，将其余文本的颜色设置为“#ffffff”，然后调整文本大小，如图8-32所示。

图8-32 输入并调整文本

STEP 09 为“爆款热卖”页头部分创建并复制组，然后向下移动组中对象，制作“新品上架”页头，如图8-33所示。

图8-33 制作“新品上架”页头

STEP 10 选择“矩形工具”，取消填充，将其描边粗细设置为“1点”，将描边颜色设置为“#b5b5b5”，绘制矩形框。打开“碎肉机.jpg”图片（配套资源:\素材文件\第8章\碎肉机.jpg），将其拖入矩形框，调整素材的位置和大小。在下方绘制标签形状，将红色值设置为“#ff456b”，将黄色值设置为“#ffcc00”，如图8-34所示。

图8-34 添加素材并绘制形状

STEP 11 输入碎肉机相关文本，将文本字体设置为“方正兰亭粗黑简体”，将“直降20元”文本的颜色设置为“#854a19”，将“立即购买”文本的颜色设置为“#ff456b”，将商品名称与价格的文本颜色分别设置为“#000000”和“#ffffff”，调整文本大小，如图8-35所示。

图8-35 输入并调整文本

STEP 12 将碎肉机矩形框内的所有图层合并为一个组，然后复制组，将复制的组向右移动，修改其中的文本与商品（配套资源:\素材文件\第8章\多功能榨汁机.jpg），制作“多功能榨汁机”展示图，如图8-36所示。完成后保存宝贝展示图（配套资源:\效果文件\第8章\宝贝展示.psd）。

图8-36　制作“多功能榨汁机”展示图

8.3 无线终端店铺首页装修

无线终端店铺首页装修与计算机端店铺首页装修的差别不大，同样是通过选择、编辑模块，然后根据模块要求上传对应尺寸的图片，最后适当调整优化即可，网店美工也可以套用模板来提高工作效率。下面我们将对模块装修和模板装修进行具体介绍。

8.3.1　模块装修

在进行模块装修时，网店美工进入装修页面，选择并添加想要的模块，并在右侧模块面板上对图片、文本、视频、链接等进行编辑，即可完成装修。下面我们以装修轮播图海报为例，介绍模块装修的具体操作步骤。

微课：模块装修

STEP 01 在千牛卖家工作台页面单击“店铺管理”栏中的“店铺装修”超链接，再在店铺装修页面中单击“手机端”选项卡，接着在其首页后单击 装修页面 按钮，如图8-37所示。

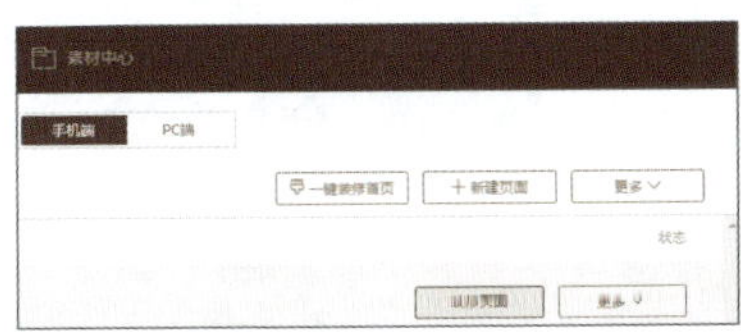

图8-37　进入手机端店铺首页装修页面

STEP 02 进入手机端店铺首页装修页面后，选择“轮播图”模块，将鼠标光标移动到右侧面板的加号上，接着单击 本地上传 按钮，如图8-38所示。

图8-38　编辑轮播图模板

经验之谈：

单击 在线制作 按钮，在打开的页面中可以选择制作海报的模板，修改其中的文字、图片或商品，可以快速完成海报的在线制作。

STEP 03 将之前制作的JPEG格式的榨汁机海报上传到图片空间，然后在图片空间中选择榨汁机海报，将其添加到轮播图模块中，再查看上传的海报效果，单击＋添加1/4按钮可继续添加需要轮播的海报，如图8-39所示。

图8-39 添加轮播海报

STEP 04 输入海报链接的无线链接网址，单击保存按钮即可查看装修的海报轮播图效果，如图8-40所示。

图8-40 装修的海报轮播图效果

8.3.2 模板装修

利用模板可以快速完成店铺的装修并在一定程度上保证页面的美观，这是网店美工完成店铺装修工作的重要工具。网店美工可以在模块中的“在线编辑”页面选择模板，也可在装修页面左侧选择“模板”选项，单击右上角的模板市场按钮，可打开“装修市场”页面，该页面也为网店美工提供了丰富的PC端店铺模板、无线端店铺模板、微海报模板，但这些模板大多都需要付费购买，网店美工购买并套用模板后，编辑模块信息即可快速完成装修，如图8-41所示。

图8-41 套用模板装修

8.4 实战演练

本实战将从无线终端首焦海报、优惠券和商品展示图入手，帮助大家进一步掌握无线终端店铺首页的制作方法。

8.4.1　制作沙发无线终端首焦海报与优惠券

下面将制作沙发无线终端首页的首焦海报和优惠券。设计时，我们根据沙发简约的特点，选择尽量简洁大气的字体；在用色方面，以白色为底色，结合不同层次的灰色丰富页面，使各个板块的结构划分清晰。制作完成的沙发无线终端首焦海报与优惠券如图8-42所示。

图8-42　制作完成的沙发无线终端首焦海报与优惠券

1. 设计思路

设计本例沙发无线终端首焦海报与优惠券的思路如下。

（1）分析沙发风格，选择合适的字体与色彩，确定店铺的风格。

（2）规划首焦海报与优惠券的展示高度。

（3）通过素材的添加、图形的绘制、文本的输入，完成本例的制作。

2. 知识要点

完成本例沙发无线终端首焦海报与优惠券的设计，我们需要掌握以下知识。

（1）网店美工必备的视觉营销知识。色彩搭配、图形元素的应用、文本外观设计，以及三者之间的组合搭配。

（2）无线终端首页首焦海报与优惠券的尺寸规范。

（3）合理搭配首焦海报与优惠券的外观，注重感官的习惯性与舒适性。

（4）能够在Photoshop中快速完成素材添加、图形绘制、文本输入与编辑等操作。

3. 操作步骤

下面根据提供的沙发特征制作沙发无线终端首焦海报与优惠券，其具体操作步骤如下。

STEP 01 新建大小为750像素×650像素，分辨率为72像素/英寸，名称为“沙发首焦海报与优惠券.psd”的文件。选择“矩形工具”，在页面顶端绘制矩形，将该矩形的填充颜色设置为白色、描边颜色设置为黑色，将描边粗细设置为“22点”、高度设置为“435像素”，如图8-43所示。

图8-43　绘制矩形

STEP 02 打开“沙发1.jpg”图片（配套资源:\素材文件\第8章\沙发1.jpg），将其移动至图片中，在图层上单击鼠标右键，在弹出的快捷菜单中选择“创建剪贴蒙版”命令，将其置入下方的矩形，调整图片的位置和大小，如图8-44所示。

图8-44　创建的剪贴蒙版

STEP 03 选择“横排文字工具”，在工具属性栏中将文本颜色设置为“#444547”，输入文本（配套资源:\素材文件\第8章\文本素材.txt），将“每周新品”的字体设置为“锐字云字库姚体”，且将文本作为单个文字图层输入；将“全场八折起”的字体设置为“方正兰亭刊黑_GBK”；将引号和英文的字体设置为“张海山锐线体2.0”。调整文本大小，如图8-45所示。

图8-45　输入并调整文本

STEP 04 选择“矩形工具”，在“每周新品”下方绘制矩形，将矩形的填充颜色设置为“#f7f7f7”、高度设置为“190像素”；继续在左侧绘制188像素×167像素的白色矩形，双击白色矩形图层，为矩形添加投影，如图8-46所示。

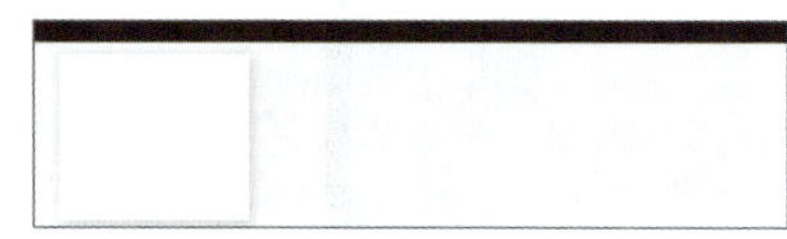

图8-46　绘制矩形并添加投影

STEP 05 打开“手图标.jpg”图片（配套资源:\素材文件\第8章\手图标.jpg），将其移动到白色矩形中，调整图片的位置和大小，在下方输入“领取优惠券 >”文本，将字体设置为“方正兰亭中黑_GBK、下画线”，将字号设置为“15点”，将文本颜色设置为“#454648”，如图8-47所示。

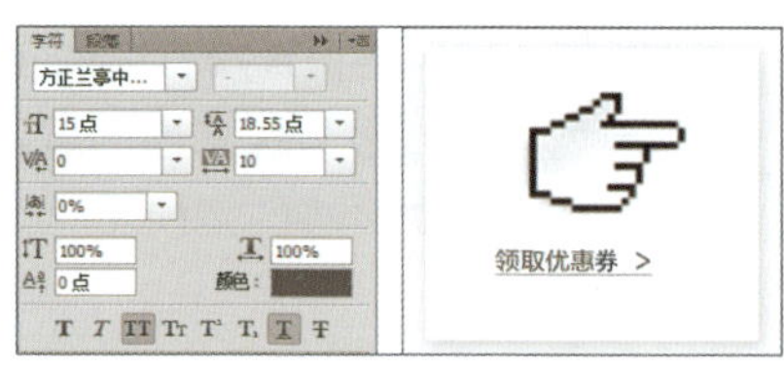

图8-47　输入文本

STEP 06 选择“矩形工具”，绘制3个不同的矩形，分别填充颜色“#eeeeee、#e8e8e8、#dfdfdf”，调整其位置，如图8-48所示。

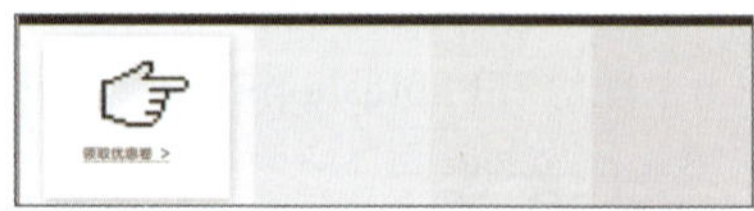

图8-48　绘制矩形并填充颜色

STEP 07 选择"横排文字工具" T，在工具属性栏中将文本颜色设置为"#454648"，输入文本，将"20"的字体设置为"Accidental Presidency"，将字号设置为"98点"，将字间距设置为"-50"；将"¥"的字体设置为"微软雅黑"，将字号设置为"13点"；将"满188元可用"的字体设置为"方正兰亭超细黑简体、下画线"，将字号设置为"19.4点"，如图8-49所示。

图8-49　输入文本并调整文本格式

STEP 08 选择"椭圆工具"，在工具属性栏中将填充颜色设置为"#454648"，按住【Shift】键在优惠券文本下方绘制小圆；在圆上输入"ˇ"，将字体设置为"方正兰亭超细黑简体"，将字号设置为"7.4点"，将文本颜色设置为"#ffffff"；按【Ctrl+T】组合键进入选区编辑状态，将其旋转90°，然后按【Enter】键完成本步的操作，如图8-50所示。

图8-50　绘制圆并输入文本

STEP 09 将STEP 07~STEP 08的图层合为一组，然后复制组，修改优惠券金额，制作其他优惠券，如图8-51所示。最后完成本例的制作（配套资源:\效果文件\第8章\沙发无线终端首焦海报与优惠券.psd）。

图8-51　制作其他优惠券

8.4.2　制作沙发无线终端商品展示图

下面将采用单列宝贝与双列宝贝展示相结合的方法制作沙发无线终端商品展示图，制作完成后的沙发无线终端商品展示图如图8-52所示。

图8-52　制作完成后的沙发无线终端商品展示图

1. 设计思路

本例沙发无线终端商品展示图的设计思路如下。

（1）分析沙发无线终端商品展示图的特征，包括无线终端的屏幕大小等，规划符合无线终端需求的商品展示方式。

（2）通过素材的添加、图形的绘制、文本的输入来布局版面，完成本例的制作。

2. 知识要点

完成本例沙发无线终端商品展示图的设计，我们需要掌握以下知识。

（1）字体的搭配组合技巧，图形元素对文本的修饰与凸出显示。

（2）页面元素的平均分布与对齐方式的设置。

（3）注重感官的习惯性与舒适性、合理控制页面的长度。

（4）掌握素材的添加、图形绘制、文本输入与编辑等操作。

微课：制作沙发无线终端商品展示图

3. 操作步骤

下面根据提供的沙发与无线终端特征来制作沙发商品展示图，其具体操作步骤如下。

STEP 01 新建大小为750像素×1 579像素，分辨率为72像素/英寸，名称为“沙发展示图”的文件。在左侧输入文本（配套资源:\素材文件\第8章\文本素材1.txt），将英文的字体设置为“Myriad Pro”，将中文的字体设置为“方正兰亭刊黑_GBK”，调整文本大小。在“点击了解＞”文本图层下方绘制填充颜色为“#454648”的矩形，更改文本颜色为“#ffffff”，为前三排文本添加下画线，如图8-53所示。

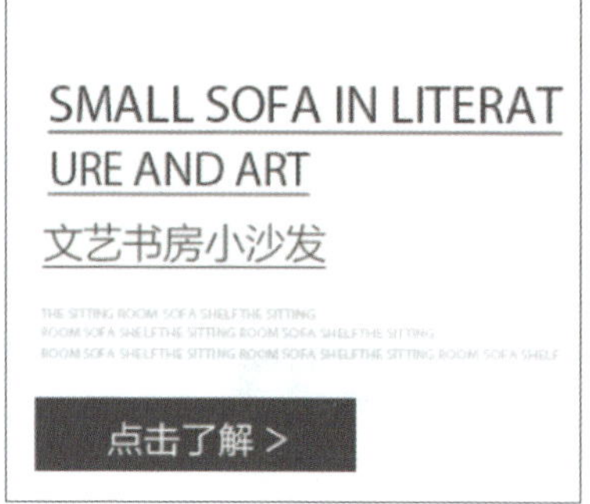

图8-53 输入文本的效果

STEP 02 在右侧绘制408像素×370像素的矩形，如图8-54所示。

图8-54 绘制矩形

STEP 03 打开“沙发2.jpg”图片（配套资源:\素材文件\第8章\沙发2.jpg），在图层上单击鼠标右键，在弹出的快捷菜单中选择“创建剪贴蒙版”命令，将其置入下方的矩形，调整素材的位置和大小，如图8-55所示。

图8-55 添加素材并创建剪贴蒙版

STEP 04 为STEP 01的文本新建组，复

制组并放到沙发下面，复制STEP 02的矩形，放到文本左侧，添加“沙发3.jpg”图片（配套资源:\素材文件\第8章\沙发3.jpg），通过剪贴蒙版裁剪到下方的矩形中，如图8-56所示。

图8–56　制作其他商品的展示图

STEP 05 选择“矩形工具”，绘制矩形，将其作为背景，将填充颜色设置为“#f4f4f4”。选择“横排文字工具”，在灰色背景上方输入“沙发新品推荐”相关文本，将英文的字体设置为“Accidental Presidency”，将中文的字体设置为“方正兰亭刊黑_GBK”，调整文本大小，如图8-57所示。

THE NEW SOFA
\# 沙发新品推荐 #

图8–57　输入文本的效果

STEP 06 在文本下方绘制4个矩形，2个白色矩形作为商品的放置版块，将白色矩形中的2个矩形的颜色设置为“#454648”，用于裁剪图片，如图8-58所示。

图8–58　绘制矩形

STEP 07 添加“沙发4.jpg”“沙发5.jpg”图片（配套资源:\素材文件\第8章\沙发4.jpg、沙发5.jpg），通过剪贴蒙版分别裁剪到下方的矩形中，如图8-59所示。

图8–59　添加并裁剪商品图片

STEP 08 在商品图片下方输入文本（配套资源:\素材文件\第8章\文本素材2.txt），将其字体设置为“方正兰亭刊黑_GBK”，调整文本大小。在“点击查看＞”文本下方绘制填充颜色为“#454648”的矩形，更改文本的颜色为“#ffffff”，为第一排文本添加下画线。完成后为该步的文本创建组并复制组到右侧的图片下方，修改文本，完成双列宝贝展示模块的制作，如图8-60所示。最后完成本例的制作（配套资源:\效果文件\第8章\沙发展示图.psd）。

图8–60　双列宝贝展示效果

经验之谈:

家居类商品的展示图主要以场景图片为主，搭配简约的文案，并且适当留白，可以给消费者一种身临其境的感觉，也让消费者产生好的视觉体验。

课后练习

（1）本练习将利用素材（配套资源:\素材文件\第8章\小吃无线终端首页素材\）制作小吃店铺的无线终端首页，具体包括店招、海报、优惠券、宝贝展示等版块。该首页在花纹选择、颜色搭配与字体应用方面都具有浓厚的特色，制作完成后的小吃店铺无线终端首页如图8-61所示（配套资源:\效果文件\第8章\小吃店铺无线终端首页.psd）。

图8-61 制作完成后的小吃店铺无线终端首页

（2）本练习将利用收集的素材（配套资源:\素材文件\第8章\零食.psd）制作零食店铺无线终端首页，我们主要采用红色作为店铺的主色，分别对店铺的海报、优惠券、分类展示、商品展示进行视觉设计。制作完成的零食店铺无线终端首页如图8-62所示（配套资源:\效果文件\第8章\零食店铺无线终端首页.psd）。

图8-62 制作完成的零食店铺无线终端首页

第9章　无线终端详情页的视觉设计与装修

由于无线终端和计算机端的屏幕大小和比例不一样，所以计算机端的商品详情页在无线终端上的显示效果极差，经常会出现图片不显示或显示不全、页面排版混乱、字体太小无法辨认等问题。因此，网店美工应该对无线终端的商品详情页进行单独设置与装修。本章将对无线终端详情页的设计、模板套用与装修，以及自定义页面装修等知识进行详细介绍，帮助大家尽快掌握无线终端详情页的视觉设计与装修知识。

学习目标：

* 掌握无线终端详情页的设计要点
* 熟悉无线终端详情页的特征

技能目标：

* 掌握设计与装修无线终端详情页的方法
* 熟悉装修无线终端自定义页面的方法

9.1 无线终端详情页设计基础

和计算机端一样，无线终端详情页的质量也对商品的销售有着至关重要的影响，下面我们就对无线终端详情页的特征和设计要点进行具体介绍。

9.1.1 无线终端详情页的特征

由于无线终端与计算机端的差异以及无线终端网上购物的特点，无线终端详情页总体呈现以下5个特征。

（1）尺寸更小：无线终端详情页的尺寸往往比较小，宽度一般为620像素，一屏高度不超过960像素，为了能在一屏内展示消费者想看的内容和信息，大家在设计无线终端详情页时需要考虑其页面的长度。

（2）卖点更加精练：无线终端详情页的内容可以参照计算机端，但是无线终端更加注重在最短的时间内，把消费者的购买欲望放大到最大，因此无线终端详情页内的卖点应该更加精练。

（3）场景更加丰富：由于无线终端的消费者可以在多种场景内进行购物，如车上、床上等。因此，在无线终端详情页中添加多种场景可以使其更加贴近生活，增加消费者对商品的了解程度。

（4）页面切换不便：消费者在浏览计算机端详情页时可以很方便地通过页面的文字或按钮切换页面，而使用无线终端进行页面切换不是很方便，因此无线终端详情页中的图片以及图片上的引导文字一定要清晰并且具有吸引力，能够快速吸引消费者的注意力并刺激其产生购买行为。

（5）页面文件的容量更小：在计算机端浏览Web页面平均需要消耗9MB流量，因此，若直接将计算机端详情页转化为无线终端详情页，将导致页面加载缓慢，耗费消费者更多的流量。所以，无线终端详情页的页面文件的容量更小。

9.1.2 无线终端详情页的设计要点

基于无线终端详情页的上述特征，网店美工在进行无线终端详情页设计时需要注意3大要点，下面进行具体介绍。

（1）图片设计要点：图片的体积不能太大，否则容易出现加载缓慢的问题，影响消费者的购物体验，此时应在保证图片清晰的同时压缩图片；细节图不能太小，应尽量清晰，以让消费者能够看见细节详情，产生购买欲望。

（2）文字设计要点：图片文字、商品信息和商品描述文字都不能太小，否则容易导致诉求不清。

（3）商品重点的设计：想要商品重点突出，就要合理控制页面展示的信息量，省略一些无关紧要的内容，提升消费者的购物体验。

9.2 无线终端详情页的设计与装修

网店美工在进行无线终端详情页设计时，需要根据其特征与设计要点，并结合商品的实际情况来进行设计，以使无线终端详情页呈现更好的效果，实现营销目标。完成无线终端详情页的设计后，网店美工就需要在店铺装修页面使用模块来将设计一一实现。

9.2.1 无线终端详情页设计

微课：护肤精油无线端详情页设计

下面我们以护肤精油为例，讲解无线终端详情页的制作方法。主要运用绿叶、玫瑰等元素渲染页面，这不仅使页面整体清新自然，还突出了商品纯天然的品质，其具体操作步骤如下。

STEP 01 新建大小为750像素×3 700像素，分辨率为72像素/英寸，名称为“护肤精油无线终端详情页”的文件。打开“护肤精油首图.psd”图片（配套资源:\素材文件\第9章\护肤精油无线终端详情页素材\护肤精油首图.psd），将其分别添加到文件中，调整其位置和大小，效果如图9-1所示。

图9-1　添加背景与精油素材

STEP 02 选择精油图层并复制，将前景色设置为白色，选择“渐变工具”，在工具属性栏中单击渐变色块，打开“渐变编辑器”对话框，在其中选择“前景色到透明渐变”，回到图片编辑区，将鼠标光标从复制的精油底部向上拖动，制作投影，如图9-2所示。

图9-2　制作投影

STEP 03 选择“横排文字工具”T，将字体设置为“汉仪中宋简”，将文本颜色设置为“#975837”，输入图9-3所示的文本，然后调整字号。

图9-3　输入文本

STEP 04 双击第一排文本图层，在打开的“图层样式”对话框中添加渐变叠加效果，将渐变叠加颜色分别设置为“#b16d49”“#cf9664”“#b16d49”；选择“圆角矩形工具”，在工具属性栏中将半径设置为“10像素”，将描边颜色设置为“#985835”，在第二排文本下方绘制圆角矩形，如图9-4所示。

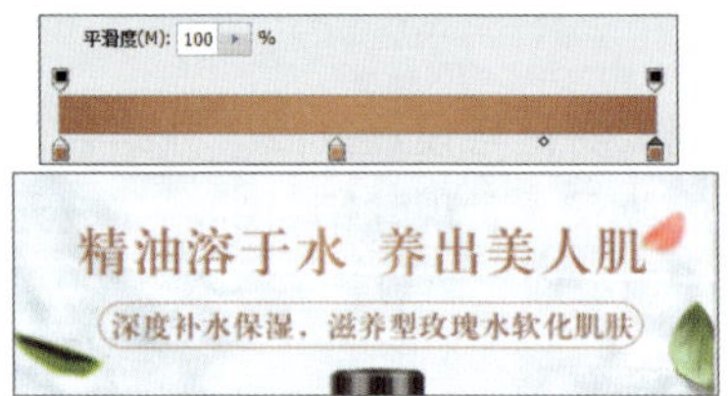

图9-4 添加图层样式

STEP 05 选择“矩形工具”，将填充颜色设置为“#f9fbfb”，在图片中绘制矩形并添加阴影，在矩形左上角添加绿叶素材（配套资源:\素材文件\第9章\护肤精油无线终端详情页素材\绿叶.png），调整绘制矩形的大小，如图9-5所示。

图9-5 调整绘制矩形的大小

STEP 06 选择“横排文字工具”，将字体设置为“汉仪中宋简”，将字号设置为“70点”，将文本颜色设置为“#d24168”，输入“产品信息”文本，并将“精油溶于水 养出美人肌”文本的“渐变叠加”图层样式复制到“产品信息”文本中；继续将字体设置为“Adobe 黑体 Std”，将文本颜色分别设置为“#743c0d、#505050”，将字号设置为“35点”，输入产品信息文本，效果如图9-6所示。

图9-6 输入产品信息文本

STEP 07 将精油素材复制到文本右侧，并为其添加投影，效果如图9-7所示。

图9-7 添加精油素材

STEP 08 选择“横排文字工具”，将字体设置为“Adobe 黑体 Std”，将字号设置为“14.02点”，将文本颜色设置为“#985835”，在图下方输入“你的肌肤是否遇到这些问题？”文本。选择“椭圆工具”，在工具属性栏中将其填充颜色设置为“#985835”，取消描边，按【Shift】键绘制正圆；按【Ctrl+J】组合键复制该圆形，按【Shift+Alt】组合键向内拖动四角，缩小圆形，在工具属性栏中取消填充，将描边粗细设置为“0.8点”，将描边颜色设置为“#985835”。选择所有的圆形图层，按【Ctrl+G】组合键将其创建为新建的图层组，按住【Alt】键移动并复制2个圆，排列后的效果如图9-8所示。

图9-8　绘制圆形

STEP 09 添加与肌肤相关的素材（配套资源:\素材文件\第9章\护肤精油无线终端详情页素材\毛孔.jpg、油腻.jpg、发红.jpg），移动素材图层分别至圆上，调整其大小和位置，通过剪贴蒙版裁剪到下方圆形中，在圆下方输入“毛孔粗大”“油光满面”和“晒后发红”文本，将字体设置为“黑体”，将文本颜色设置为“#606060”，如图9-9所示。

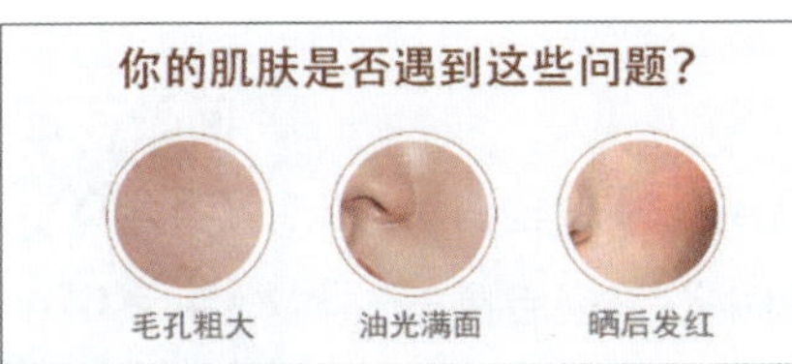

图9-9　添加肌肤素材

STEP 10 复制“产品信息”文本图层，然后向下移动，将文本内容修改为“多重功效　精心呵护”；继续将字体设置为“汉仪中宋简”，将文本颜色设置为“#743c0d”，将字号设置为“30点”，输入其他文本，选择“直线工具”，在文本上下两侧绘制水平直线，如图9-10示。

多重功效　精心呵护

调节粗糙、干纹与脱皮现象　让肌肤喝饱水

图9-10　修改文本并绘制水平直线

STEP 11 选择“椭圆工具”，在工具属性栏中将其填充颜色设置为“#ffffff”，将描边粗细设置为“3点”，将描边颜色设置为“#f85c79”，按【Shift】键绘制正圆，将精油素材复制到圆形中间，如图9-11所示。

图9-11　绘制圆形并添加素材

STEP 12 继续在圆形边缘绘制填充颜色为“#f85c79”的圆形并排列如图9-12所示。

图9-12　绘制圆形

STEP 13 选择“横排文字工具”，将字体设置为“汉仪中宋简”，将字号分别设置为“40点”“26点”，将字体颜色分别设置为“#ffffff”和“#000000”，输入图9-13所示的文本。

图9-13　输入文本

STEP 14 复制“多重功效 精心呵护”文本图层，然后向下移动，将文本内容修改为“产品实拍”，在文本下方添加实拍素材（配套资源:\素材文件\第9章\护肤精油无线终端详情页素材\实拍.psd），制作产品实拍模块，如图9-14所示。然后将其保存为PSD格式，完成本例的制作（配套资源:\效果文件\第9章\护肤精油无线终端详情页.psd）。

经验之谈：

设计该详情页时，大家还可从使用方法、护肤品搭配、包装展示、商品成分等多个方面对该详情页进行介绍。

图9-14 制作产品实拍模块

9.2.2 无线终端详情页装修

微课：无线终端详情页装修

无线终端详情页的装修方法与计算机端的类似，首先需要将图片以符合要求的尺寸与格式进行处理，然后上传到素材中心，最后在无线终端详情页的装修页面进行装修，其具体操作步骤如下。

STEP 01 登录淘宝网，进入千牛卖家工作台页面，在页面上方展开“手机淘宝店铺”选项，单击“立即装修”超链接，如图9-15所示。

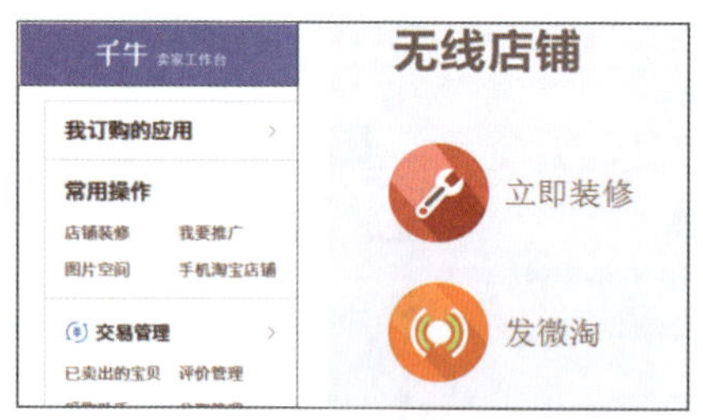

图9-15 进入无线终端装修页面

STEP 02 进入“淘宝旺铺”页面，在页面上方选择“详情装修”选项，如图9-16所示。

图9-16 详情装修

STEP 03 在打开的页面中单击需要编辑的宝贝详情页，在“图文详情”栏中单击宝贝对应的“装修详情”超链接，如图9-17所示。

图9-17 选择进入宝贝详情页

STEP 04 进入宝贝的无线终端详情页编辑页面，选择图片，单击右上角出现的

“图片添加”按钮，如图9-18所示。

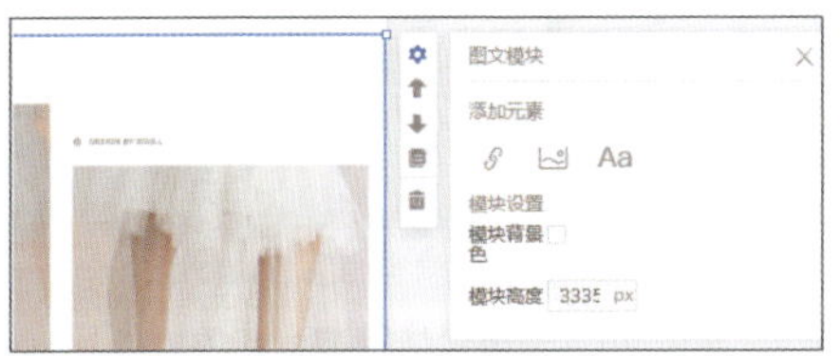

图9-18　添加图片

STEP 05 在打开的“选择图片”对话框中选择制作并上传的详情页图片，然后单击确认按钮，如图9-19所示。

图9-19　选择图片

经验之谈：

详情页的图片通常很长，为了提高页面加载速度，我们一般需要对详情页的图片进行切片，然后在装修详情页时依次添加切片的图片。

STEP 06 返回详情页装修页面，即可查看装修的详情页，如图9-20所示。

图9-20　查看装修效果

9.2.3　无线终端模板装修

使用模板进行装修不仅省时省力，而且可以保证页面整体风格一致，得到较好的装修效果。下面我们使用“淘宝神笔”制作详情页，制作时将使用编辑模块的一些操作，如替换模块的图片、更改文本、添加模块、删除模块、移动模块等，其具体操作步骤如下。

STEP 01 登录淘宝网，进入千牛卖家工作台页面，在页面上方展开“商品”选项，单击“神笔”超链接，如图9-21所示。

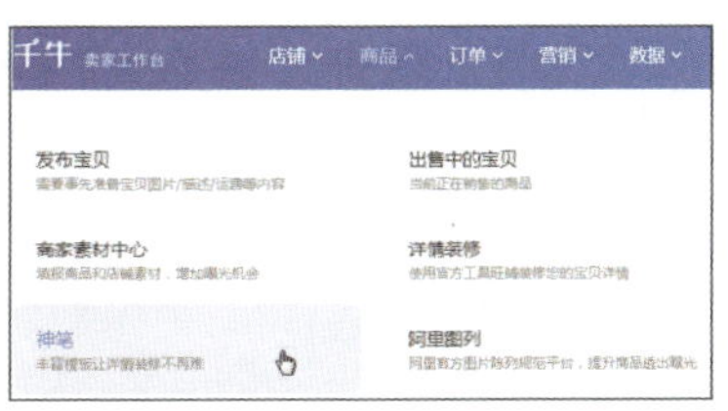

图9-21　进入无线终端装修页面

STEP 02 在打开的“淘宝神笔”页面中选择行业与模板的风格，在这里选择“鞋类箱包”行业中的全部风格模板，如图9-22所示。

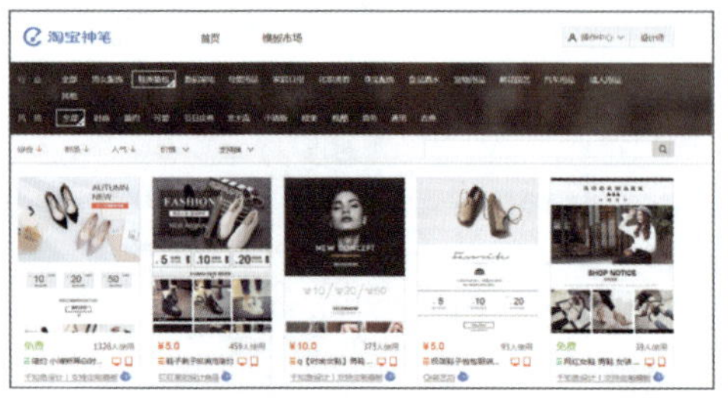

图9-22　选择新模板

STEP 03 在页面中可选择需要套用的模板，单击该模板可预览模板的具体信息，也可选择立即购买或立即试用模板，这里单击 立即试用 按钮试用模板，如图9-23所示。

图9-23　试用新模板

STEP 04 在打开的页面中选择需要套用模板的宝贝详情页，然后单击其后的 编辑手机详情 按钮，如图9-24所示。

图9-24　选择需要套用模板的宝贝详情页

STEP 05 进入该宝贝的无线终端详情页，此时该宝贝详情页已经套用详情页模板，如图9-25所示。

图9-25　套用详情页模板后的效果

STEP 06 选择海报，单击左上角出现的“替换图片”按钮，在打开的“选择图片”对话框中选择宝贝的详情页图片，单击 确认 按钮，如图9-26所示。

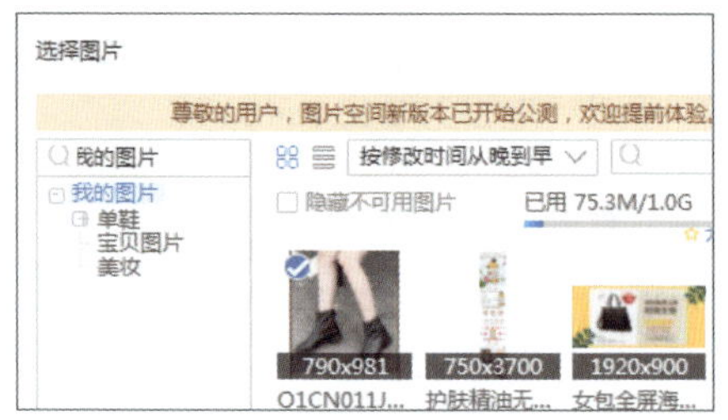

图9-26　替换海报图片

经验之谈：

在替换模板中的图片时，目标图片的尺寸需要与模板中的图片尺寸保持一致。在选择模板后，大家可在右侧的“图文模块”中查看该模板的图片尺寸。

STEP 07 查看替换后的效果，将鼠标光标定位到文本框的文本后面，在弹出的工具栏中可修改文本的字体格式，按【Delete】键可删除原始文本，删除后可在其中输入需要的文本，如图9-27所示。

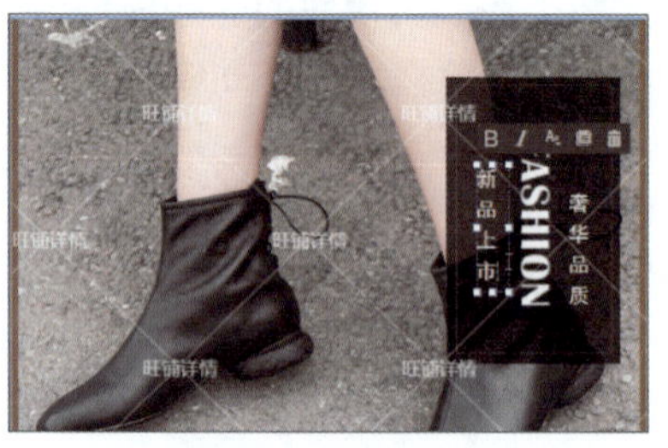

图9-27　修改文本

STEP 08 使用相同的方法修改其他模块的信息，如图9-28所示。

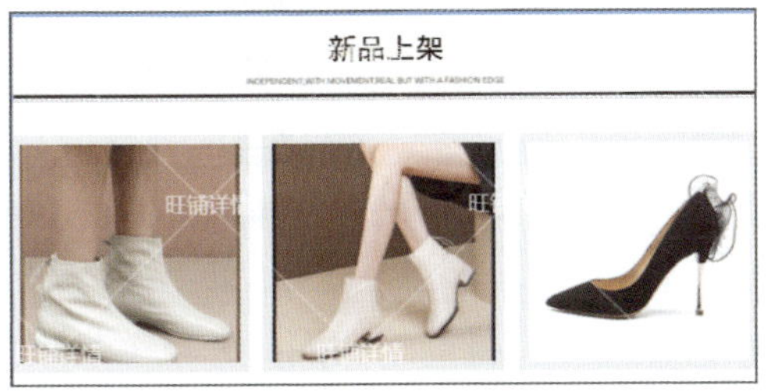

图9-28　修改其他模块的信息

STEP 09 继续修改其他模块中的图片与文本，即可完成详情页页面的装修，如图9-29所示。

图9-29　详情页页面的装修效果

9.3 无线终端详情页模块装修

网店美工如果在装修无线终端详情页时，不便于购买模板或者想要更加个性化的商品详情页装修，则可以使用无线终端详情页模块对详情页进行装修。无线终端详情页模块主要分为基础模块、营销模块和行业模块。下面具体介绍这3种模块的装修方法。

9.3.1 基础模块装修

微课：基础模块装修

基础模块是网店美工装修商品详情页时常用的模块，其中包括图片、文字、视频和动图等基本内容。本节主要讲解动图与文字的装修，其具体操作步骤如下。

STEP 01 登录淘宝网，进入千牛卖家工作台页面，在页面上方展开"手机淘宝店铺"选项，单击"立即装修"超链接，进入"淘宝旺铺"页面，在页面上方选择"详情装修"选项，如图9-30所示。

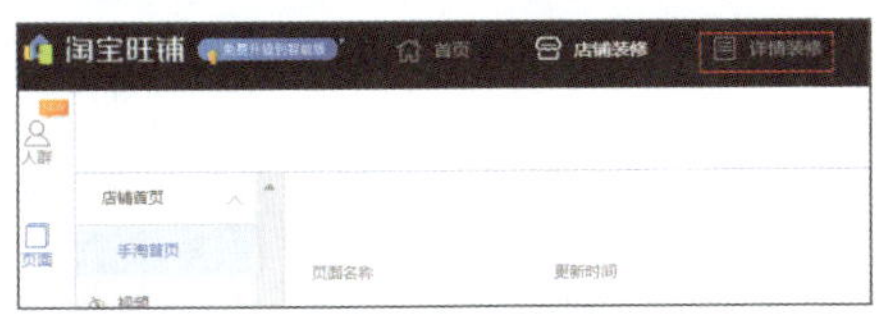

图9-30　详情装修

STEP 02 在打开的页面中单击需要编辑的宝贝详情页，在"宝贝信息"栏中单击宝贝对应的"装修详情"超链接，如图9-31所示。

图9-31　选择进入宝贝详情页

STEP 03 进入商品的无线终端详情页编辑页面，在打开的"淘宝旺铺 详情"页面中选择基础模块中的“文字”选项，并单击第3个文字样式，修改其中的文字内容，如图9-32所示。

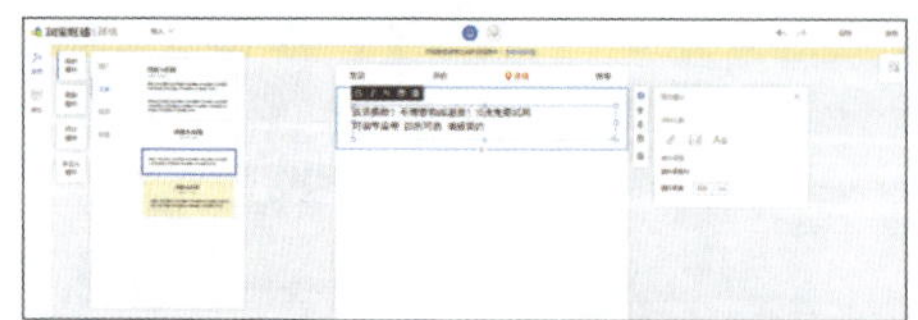

图9-32　选择文字样式并修改内容

STEP 04 继续在“淘宝旺铺 详情”页面中选择基础模块中的“动图”选项，并选择需要的动图样式，如图9-33所示。

图9-33　选择动图样式

STEP 05 单击已选择好的动图，打开“动图编辑器”对话框，如图9-34所示。

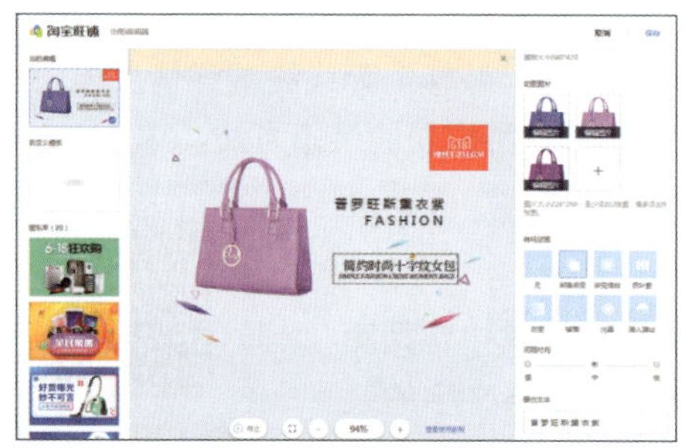

图9-34　打开“动图编辑器”对话框

STEP 06 单击“动图编辑器”页面右上角动图图片下方的 更换图片 按钮，如图9-35所示。

图9-35　替换商品图片

STEP 07 在打开的“选择图片”对话框中选择需要替换的动图图片，单击 确认 按钮，如图9-36所示。

图9-36　选择需要替换的动图图片

STEP 08 回到“动图编辑器”页面，在页面中使用同样的方法更换其他2张动图图片并调整其大小与位置，同时修改其中的中文文本，完成后单击 保存 按钮，如图9-37所示。

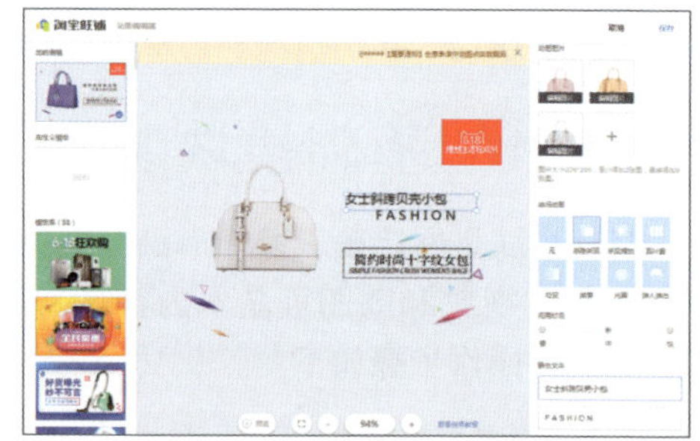

图9-37　替换其他图片并修改文字

STEP 09 回到“淘宝旺铺 详情”页面并单击 保存 按钮，完成基础模块的装修。

9.3.2　营销模块装修

营销模块包括店铺推荐、店铺活动、优惠券、直播、群聊等5个内容，其操作都比较简单，只需添加后再简单设置即可。下面主要介绍店铺活动的装修，其具体操作步骤如下。

STEP 01 在商品的无线终端详情页中的“淘宝旺铺 详情”页面中，选择营销模块中的“店铺活动”选项，并单击活动样式，如图9-38所示。

图9-38　选择活动样式

STEP 02 单击活动样式右侧的“选择已有活动”超链接，打开“链接选择工具”对话框，在其中选择一个商品链接，完成后单击完成按钮，如图9-39所示。

图9-39　设置图片链接

STEP 03 单击活动样式右侧的“添加活动图片”超链接，在打开的“选择图片”对话框中选择需要替换的活动图片，然后单击确认按钮，如图9-40所示。

图9-40　选择需要替换的活动图片

STEP 04 回到“淘宝旺铺 详情”页面并单击保存按钮，完成营销模块的装修。

9.3.3　行业模块装修

无线终端商品详情页装修为网店美工提供了丰富的行业模块，其中包含宝贝参数、颜色款式、细节材质、商品图片、商品吊牌、品牌介绍、商家公告等基本内容。下面主要介绍宝贝参数和颜色款式的装修。其具体操作步骤如下。

微课：行业模块装修

STEP 01 在商品的无线终端详情页中的“淘宝旺铺 详情”页面中，选择行业模块中的“宝贝参数”选项，并选择第3个参数样式，如图9-41所示。

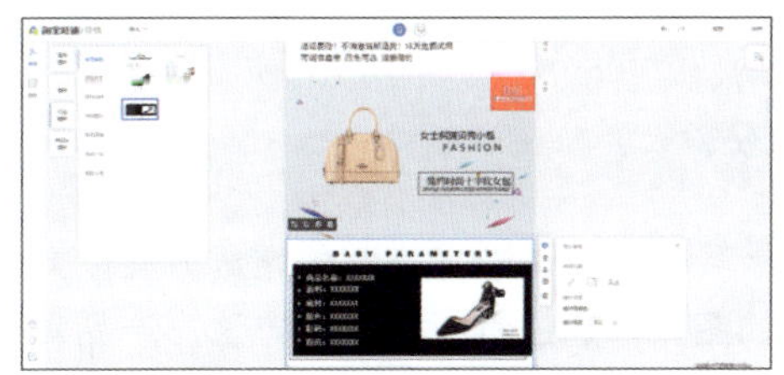

图9-41　选择宝贝参数样式

STEP 02 选择参数样式中的商品图片，单击左上角出现的“替换图片”按钮，在打开的“选择图片”对话框中选择商品图片，单击确认按钮，如图9-42所示。

图9-42　替换商品图片

STEP 03 回到“淘宝旺铺 详情”页面，修改商品图片左侧的文字信息，如图9-43所示。

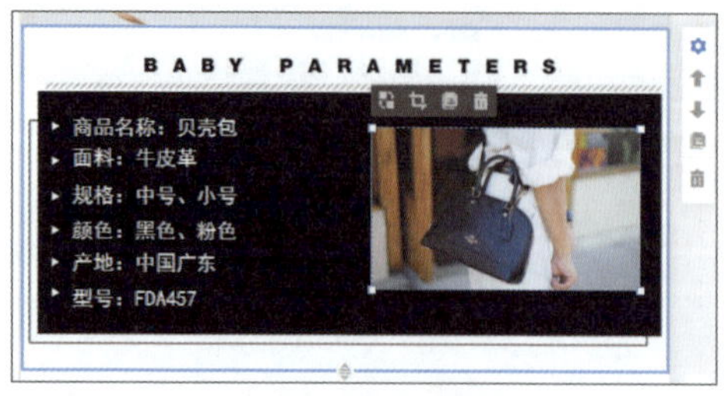

图9-43 修改文字（1）

STEP 04 在“淘宝旺铺 详情”页面中，选择行业模块中的“颜色款式”选项，并选择第3个颜色样式，如图9-44所示。

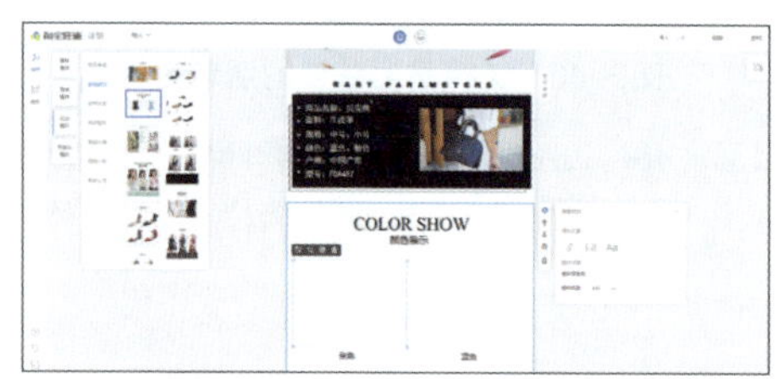

图9-44 选择颜色款式样式

STEP 05 选择颜色样式中的商品图片，单击左上角出现的“替换图片”按钮，在打开的“选择图片”对话框中选择商品图片，单击 确认 按钮，如图9-45所示。

图9-45 替换商品图片

STEP 06 使用同样的方法替换另一张图片，并修改颜色样式中的文字，如图9-46所示。回到“淘宝旺铺 详情”页面并单击 保存 按钮，完成行业模块的装修。

图9-46 修改文字（2）

经验之谈：

网店美工在实际装修过程中可以在行业模块中多选择一些其他样式，让商品详情页的展现更加丰富。

9.4 实战演练

本章主要对无线终端详情页的设计方法进行了讲解。下面我们通过制作无线终端零食详情页和彩妆返场活动页来巩固本章所学知识。

9.4.1 制作无线终端零食详情页

本实战将制作无线终端零食详情页。设计时，我们在字体选择与整体布局方面以方便无线设备浏览为主，提炼并精简卖点，配合大量的图片，通过食材、烘焙方法、产品实拍等方面的内容来吸引消费者浏览并产生购买行为。无线终端零食详情页制作完成后的效果如图9-47所示。

图9–47　无线终端零食详情页制作完成后的效果

1. 设计思路

本例无线终端零食详情页的设计思路如下。

（1）分析商品，准备商品详情页相关素材，根据首页选择详情页的字体，并搭配色彩。

（2）规划页面中需要设计的板块，根据展示内容的多少设计各个板块的高度与展示形式。

（3）通过素材的添加、图形的绘制、文本的输入，完成本例的制作。

2. 知识要点

完成本例无线终端零食详情页的设计，大家需要掌握以下知识。

（1）网店美工必备的视觉营销知识：色彩搭配、图形元素的应用、文本外观设计，以及三者之间的组合搭配。

（2）无线终端零食详情页设计要点：图片的体积不能太大，以保证图片的清晰度；图片文字、商品信息和商品描述文字不能太小；商品重点要突出。

（3）Photoshop的使用知识：能够在Photoshop中快速完成素材添加、图形绘制、文本输入与编辑等操作。

微课：制作无线终端零食详情页

3. 操作步骤

下面我们根据该商品的特征，结合其卖点制作无线终端零食详情页，其具体操作步骤如下。

STEP 01 新建大小为750像素×4 000像素，分辨率为72像素/英寸，名称为“无线终端零食详情页”的文件，依次添加背景、商品（配套资源:\素材文件\第9章\零食素材\背景.png、商品.psd），调整素材的位置和大小，如图9-48所示。

图9-48　添加素材

STEP 02 选择“横排文字工具” T，将字体设置为“汉仪中圆简”，将文本颜色设置为“#895931”，输入图9-49所示的文本，然后调整字号。

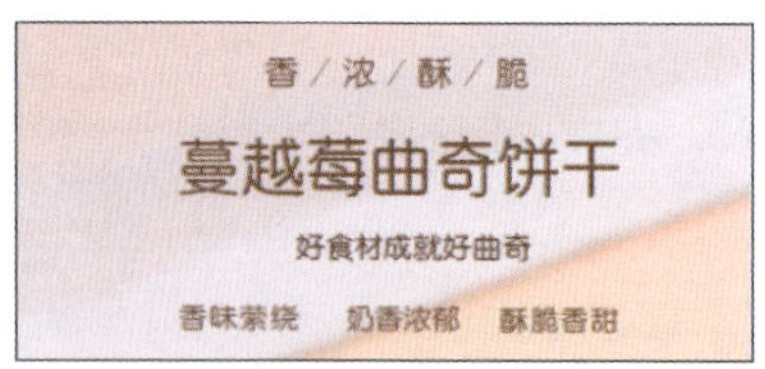

图9-49　输入文本

STEP 03 双击“蔓越莓曲奇饼干”文本图层，在打开的“图层样式”对话框中添加渐变叠加和描边效果，将渐变叠加颜色分别设置为“#93623a”“#b57948”“#875830”；选择“圆角矩形工具”，在工具属性栏中将半径设置为“10像素”，将填充颜色设置为“#fe4045”，在第4排文本下方绘制圆角矩形，并修改圆角矩形内的文本颜色为“#ffffff”，如图9-50所示。

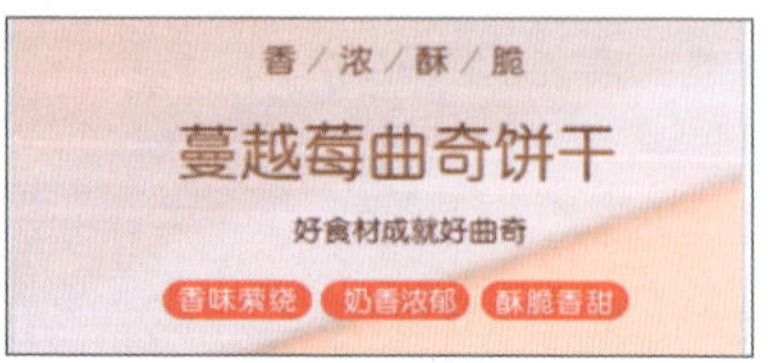

图9-50　绘制圆角矩形

STEP 04 选择“自定形状工具”，在工具属性栏中将填充颜色设置为“#383838”，选择向下形状，在文本下方绘制图标；选择“直线工具”，在“蔓越莓曲奇饼干”文本图层上下两侧绘制水平直线，如图9-51所示。

图9-51　绘制直线

STEP 05 选择“横排文字工具” T，将字体设置为“汉仪中圆简”，将文本颜色设置为“#8b5a32”，输入图9-52所示的文本，然后调整字号。选择“自定形状工具”，在工具属性栏中将填充颜色设置为“#8b5a32”，选择波浪形状，在文本下方绘制图标。

图9-52　输入文本

STEP 06 选择“矩形工具”，将填充颜色设置为“#ffffff”，在文本下方绘制矩形，添加“商品1.jpg”图片（配套资源:\素材文件\第9章\零食素材\商品1.jpg），通过剪贴蒙版裁剪到下方的矩形中，如图9-53所示。

图9-53　绘制矩形并添加素材

STEP 07 继续在矩形下方绘制3个大小一致的小矩形，并使用相同的方法将“商品.psd”（配套资源:\素材文件\第9章\零食素材\商品.psd）中的图片分别裁剪到3个小矩形中，如图9-54所示。

图9-54　添加素材

STEP 08 选择“横排文字工具” T，将字体设置为“汉仪中圆简”，将文本颜色分别设置为“#5b5b59”“#999997”，输入图9-55所示的文本，调整文本的大小与位置。

图9-55　输入文本

STEP 09 为“精选食材”页头部分创建并复制组，然后向下移动组中对象，制作“匠心烘焙”页头，如图9-56所示。

匠心烘焙

厚度均匀，每一片都完整美观、不易松散

图9-56　制作“匠心烘焙”页头

STEP 10 选择“矩形工具”与“圆角矩形工具”，将填充色设置为“#ffffff”，在文本下方绘制1个矩形和3个圆角矩形，并在矩形和圆角矩形中添加不同的零食素材（配套资源:\素材文件\第9章\零食素材\饼干.psd），如图9-57所示。

图9-57　绘制矩形并添加素材

STEP 11 选择“横排文字工具” T，将字体设置为“汉仪中圆简”，将文本颜色设置为“#333333”，在图片下方输入图9-58所示的文本，调整文本的大小与位置。

图9-58　输入文本

STEP 12 使用相同方法制作“产品实拍”页头，如图9-59所示。

产品实拍

享用一刻，只为用心生活的您

图9-59　制作“产品实拍”页头

STEP 13 选择“矩形工具”，将填充色设置为“#ffffff”，在文本下方绘制矩形，并为其添加素材（配套资源:\素材文件\第9章\零食素材\零食1.jpg、零食2.jpg），如图9-60所示。

图9-60 绘制矩形并添加实拍素材

STEP 14 选择“矩形工具”，将填充颜色设置为“#ffaa64”，在第1张图片左上角绘制矩形，并为其添加文本，将文本的字体设置为“汉仪细圆简”，将文本颜色设置为“#333333”；选择“直线工具”，将填充颜色设置为“#b57948”，将粗细设置为“3像素”，在文本上方绘制水平直线，如图9-61所示。

图9-61 绘制矩形并输入文本

STEP 15 选择STEP 14中的所有图层，按【Ctrl+G】组合键将其创建为图层组，按【Alt】键移动并复制图层组到第2张图片的右上角，修改文本，如图9-62所示。然后保存文件，完成本例的操作（配套资源:\效果文件\第9章\无线终端零食详情页.psd）。

图9-62 修改文本

9.4.2 制作返场活动页

本实战将制作化妆品返场活动页的活动头图、活动商品展示板块。设计时，我们使用粉色营造甜蜜的气氛，利用红色与丝带渲染活动气氛，设计的展示板块内容清晰，活动主题突出，设计的返场活动页如图9-63所示。

微课：制作返场活动页

图9-63　设计的返场活动页

1. 设计思路

本例返场活动页的设计思路如下。

（1）确定活动主题，收集活动主题的渲染素材，以及参加活动的商品信息与图片等内容。

（2）策划活动内容的文案。

（3）通过素材的添加、图形的绘制、文本的输入，完成本例的制作。

2. 知识要点

完成本例返场活动页的设计，大家需要掌握以下知识。

（1）网店美工必备的视觉营销知识：色彩搭配、图形元素的应用、文本外观设计，以及三者之间的组合搭配。

（2）返场活动页的设计要点：包括对活动页的整体把握，切忌东拼西凑；适当留白，以缓解视觉疲劳；背景颜色要整体统一，尽量不用色块对页面内容进行分区；页头主题突出，能吸引消费者的注意力，并且具有承上启下的作用。

（3）Photoshop的使用知识：能够在Photoshop中快速完成素材添加、图形绘制、文本输入与编辑等操作。

3. 操作步骤

下面我们将根据提供的化妆品素材制作返场活动页，其具体操作步骤如下。

STEP 01 新建大小为750像素×2 743像素，分辨率为72像素/英寸，名称为“返场活动页”的文件。选择“矩形工具”，在工具属性栏的“填充”下拉列表框中单击“渐变”按钮，将渐变颜色设置为“#ffcde0、#ffcde0、#ffe4f2、#ffe4f2”，将角度设置为“90”，然后绘制渐变矩形，如图9-64所示。

图9-64 绘制渐变矩形

经验之谈：

为保证页面的可用性，每个活动页面的翻屏数量最好限制在5屏以内。

STEP 02 打开“彩带.jpg”图片（配套资源:\素材文件\第9章\化妆品\彩带.jpg），选择并移动其中的两条彩带，添加到当前页面顶端，然后调整其大小与位置，如图9-65所示。

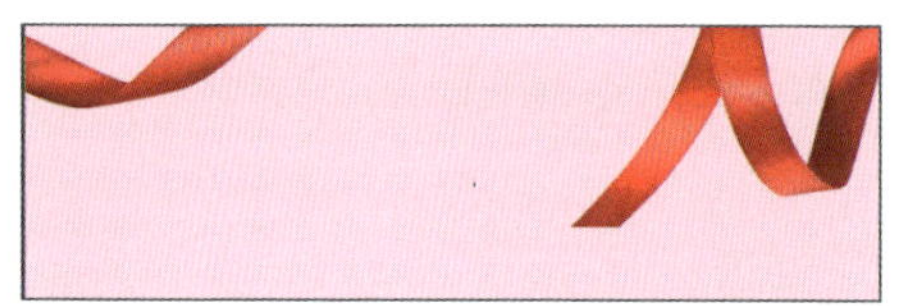

图9-65 添加彩带

STEP 03 选择“矩形工具”，绘制矩形，作为背景，将该矩形的填充颜色设置为“#d41158”；复制并向中心缩小矩形，取消填充，将其描边颜色设置为“#ffffff”，将描边粗细设置为“8点”，如图9-66所示。

图9-66 绘制并复制矩形

STEP 04 选择“钢笔工具”，将其工具模式设置为“形状”，在“填充”下拉列表框中单击“渐变”按钮，将渐变颜色设置为“#fed4a2、#feebd8、#feebd8、#fed4a2”，将角度设置为“55”，然后在边框上绘制标签图形，如图9-67所示。

图9-67 绘制标签图形

STEP 05 在矩形中输入文本，将前三排文本的字体设置为“方正兰亭中黑_GBK”，将最后一排文本的字体设置为“方正兰亭黑简体”，调整文本的大小与颜色，文本颜色可参考“#d41158、#feecda”，在“狂欢未止 邂逅在此”文本下方绘制填充颜色为“#feecda”的矩形，如图9-68所示。

图9-68 输入文本并绘制矩形

STEP 06 双击“任意2件8折”文本图层，打开“图层样式”对话框，单击选中“渐变叠加”复选框，将渐变颜色设置为“#fed4a2、#feecda”，将渐变角度设置为“90”，单击 确定 按钮，如图9-69所示。

图9-69　制作渐变叠加效果

STEP 07 添加化妆品素材（配套资源:\素材文件\第9章\化妆品\化妆品(1).jpg~化妆品(3).jpg）到图片中，调整其位置和大小；将前景色设置为“#d41158”，选择“画笔工具”，将其笔尖设置为“柔边圆”，将硬度设置为“0%”，将不透明度设置为“44%”，然后在化妆品素材下方新建图层，绘制投影，如图9-70所示。

图9-70　添加素材与投影

STEP 08 选择“矩形工具”，绘制矩形，取消填充，将该矩形的描边颜色设置为“#f16f9b”，将描边粗细设置为“5点”，然后继续绘制填充颜色为“#f16f9b”的小矩形，并将小矩形放到上一矩形的下边框中间处，如图9-71所示。

图9-71　绘制矩形

STEP 09 在矩形中输入“经典·镇店之宝”文本，将字体设置为“方正姚体简体”，将文本颜色设置为“#f16f9b”；在小矩形中输入“经典套装系列”文本，将字体设置为“方正兰亭黑简体”，将文本颜色设置为“#ffffff”，如图9-72所示。

图9-72　输入文本

STEP 10 在页面右侧添加彩带素材（配套资源:\素材文件\第9章\化妆品\彩带.jpg），选择“矩形工具”，绘制3个叠加的矩形。将底层矩形的填充颜色设置为“#f16f9b”，将中间矩形的填充颜色设置为“#ffffff”，取消顶层矩形的填充，设置该矩形的描边颜色为“#f16f9b”，将描边粗细设置为“2点”，并向中心缩小该矩形，然后旋转底层的红色矩形，制作商品展示框，如图9-73所示。

图9-73　商品展示框

STEP 11 在商品展示框左侧输入文本，将前两排文本的字体设置为“方正兰亭粗黑简体”，将第三排文本的字体设置为“方正兰亭黑简体”，将价格文本的字体设置为“方正艺黑简体”，将“¥”文本的字体设置为“微软雅黑”，将粉红色文本颜色设置为“#f16f9b”，其余为“#000000”或“#ffffff”；调整其位置及大小。在“全新上市 高颜值套装”文本下方绘制圆角矩形，将其描边颜色设置为“#f16f9b”，将描边粗细设置为“1点”，将圆角半径设置为“10像素”；在价格文本下方绘制矩形和心形，将矩形的填充颜色设置为“#f16f9b”，将心形的填充颜色设置为“#ffffff”，将描边颜色设置为“#f16f9b”，将描边粗细设置为“2点”，如图9-74所示。

图9-74 输入文本并绘制图形

STEP 12 添加化妆品素材（配套资源:\素材文件\第9章\化妆品\化妆品 (4).jpg）到商品展示框右侧，然后调整其位置和大小，如图9-75所示。

图9-75 添加素材

STEP 13 为商品展示框图层创建并复制组，修改复制组中的文本与商品，完成其他商品展示图的制作，如图9-76所示。然后保存文件，完成本例的操作（配套资源:\效果文件\第9章\返场活动页.psd）。

图9-76 活动页中其他商品展示

课后练习

本练习将利用收集的素材（配套资源:\素材文件\第9章\毛巾\）制作无线终端毛巾详情页。根据毛巾的风格，我们选用白色和蓝色作为店铺的主色，符合毛巾可爱、小清新的风格特点，同时还对面料、生产工艺进行了详细描述，促进消费者购买。制作完成的无线终端毛巾详情页如图9-77所示（配套资源:\效果文件\第9章\无线终端毛巾详情页.psd）。

图9-77　制作完成后的无线终端毛巾详情页

第10章　无线终端H5设计

近年来，H5网页凭借其强大的互动性和炫酷的视觉效果异军突起，各种H5网页在朋友圈纷纷被刷屏，迅速成为无线终端营销的“主力军”。在这样的背景下，越来越多的网店也将目光投向H5，希望通过H5来进行营销推广，因此，设计和制作无线终端H5网页成为网店美工的一项重要工作。本章将先介绍H5的基础知识，再具体讲解H5网页的制作方法，以帮助大家完成H5的设计制作工作。

学习目标：

* 了解H5的类型
* 熟悉H5的制作工具

技能目标：

* 掌握使用MAKA工具制作H5的方法
* 掌握使用iH5工具制作H5的方法

10.1 H5的基础知识

2014年是H5推广元年，随着一批H5小游戏出现并在朋友圈被疯狂刷屏，各式各样的H5推广如同雨后春笋般“纷纷面世”，H5凭借其丰富多样的形式、强大的互动性和良好的视听体验迅速火爆全国。如今越来越多的店铺选择使用H5来进行营销推广，H5的设计和制作逐渐成为网店美工的重要工作，下面对H5的相关知识做具体的介绍。

10.1.1 H5概述

什么是H5？在词源上，H5是HTML5的缩写，但是我们在实际生活中接触使用的H5概念，其实已经超越了HTML5的范畴。

要搞清楚什么是H5，就要明白什么是HTML，HTML（HyperText Markup Language）意为“超文本标记语言”，可以将其理解为一种网页编辑的标识规范，现在的绝大多数网页都是建立在HTML之上的，而HTML5就是第5代HTML。HTML5在功能上实现了巨大突破，能够独立完成视频、音频、画图的操作而无须依赖第三方插件；并且具有极强的兼容性，能够适应包括PC、Mac、iPhone和Android等几乎所有的电子设备平台。

而我们在本书中所使用的H5概念，并不是指HTML5这种语言本身，而是指运用HTML5制作的移动网页。受惠于HTML5的强大功能，H5不仅视觉效果好，更拥有之前移动网页所没有的强大功能，如网页版App、网页小游戏、互动页面等。H5的优势很快被商家发现并重视，成为营销推广的新法宝，在几年时间内迅速发展壮大，本书中所讲，也正是指设计H5页面来进行营销推广。图10-1所示即为H5网页“立下你的2019Flag”，该H5页面可以让人们通过简单的步骤为2019年定下目标，切中了广大网友的内心需要，获得了超过2500万次的点击量。

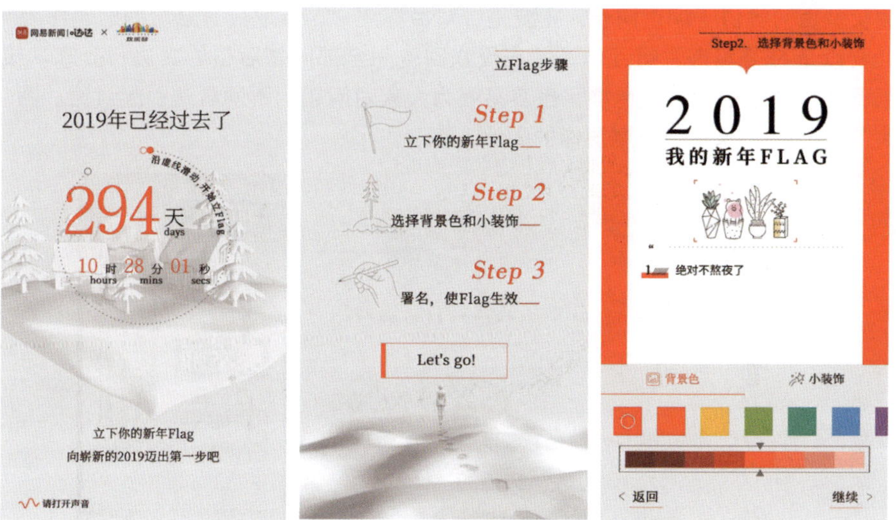

图10–1　“立下你的2019Flag”H5网页

10.1.2　H5的类型

经过了几年的发展，H5的营销潜力被逐渐发掘，为了博取关注，其推广形式也不断推陈出新，最终呈现场景型、测验型、展示型、视频型、技术型和游戏型6种类型，下面将对其进行具体介绍。

1. 场景型

场景型即通过文字、画面和音乐等手段，为受众营造某种特定的场景，通过场景来讲故事，使受众沉浸其中。一些H5还可以通过互动的方式，让受众自主选择故事的发展，更具趣味性和代入感。图10-2所示的滴滴快车的H5“出行不妨轻松一点”，先以趣味的动图展示人们在打车时的各种窘境，然后展示人们使用滴滴快车就可轻松出行，取得了极佳的效果。

图10–2　场景型H5

2. 测验型

测验型页面类似于调查问卷，主要是针对目标用户，选取具有悬念的话题作为测试内容，让受众选择答案来进行互动，并在受众回答完全部问题后引导其进行分享。该类H5因为强互动性容易引起二次传播，也容易因为大家对问题的不同看法引起讨论。图10-3所示即为测验型H5“嗨！点击测测你的内外人格”。

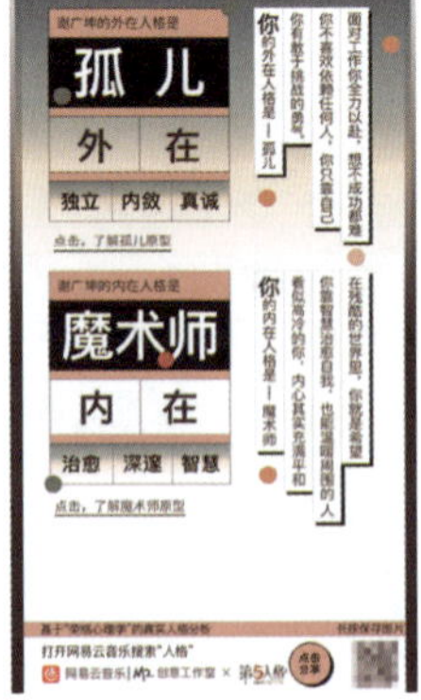

图10–3　测验型H5

3. 展示型

展示型H5页面就像是网页版的PPT，本身不具备互动性，但是视觉设计优秀，凭借画面就足以打动受众。

4. 视频型

视频型页面在H5中播放视频，以动态的图像配合音乐，可对受众产生强烈刺激，效果远胜图文，而且能够在实现和视频广告一样的视觉效果的同时与受众展开多元的人机互动。图10-4所示即为视频型H5“记忆重构”，以多段精美的视频来推动故事情节发展，并在其中穿插了各种互动，给受众带来了一场沉浸式的解谜体验。视频型H5的缺点是成本较高。

图10-4 视频型H5

5. 技术型

技术型页面以技术优势取胜、运用炫酷的技术来吸引受众的H5，能够给受众带来非常新颖的视觉体验，常见的技术型H5包括全景/VR、3D画面、重力感应以及多屏互动等。

6. 游戏型

人们凭借H5网页强大的互动性，可以制作各种网页游戏，网页游戏可以吸引受众进行长时间、反复的互动，也容易被二次传播。

随着H5技术的不断完善和设计人员的开拓创新，未来还将涌现越来越多的H5网页类型。对于网店来说，H5网页还属于新兴的营销手段，是网店塑造店铺形象、吸引消费者、维系社群的新竞争领域，众多商家都对H5非常重视并投入了很多资源来推广H5网页营销活动。

所有类型的H5都可以助力网店营销。场景型H5可以触动消费者痛点，凸显商品价值；测试型H5可以帮助商家了解消费者的偏好和消费心理，也可以便捷地获取消费者的反馈信息；展示型H5可以展示商品或活动形象；视频型H5可以直接而全面地展示商品，展现店铺风格和特色；技术型H5可以提高营销信息的趣味性，降低消费者对于营销的反感；游戏型H5可以吸引消费者持续互动，在其中进行广告软植入也能起到一定的营销效果。

↘ 10.1.3 H5的制作工具

要制作一个H5移动网页，最直接的方法就是使用HTML5语言进行编程，自行编程可以最大限度地发挥HTML5的功能，制作的H5页面也最具个性，最能体现制作者的想法。但是使用HTML5语言编程是一项专业性极强的工作，绝大多数网店美工并没有掌握HTML5的编程技能，现学的时间成本也很高，所以网店美工要制作H5页面就需要使用一些H5制作工具。

H5制作工具有很多，其核心都是将H5的制作过程转化为添加并编辑模块的方式，这样在制作H5时就绕过了编程这一环节，降低了H5的制作门槛和制作时间。下面对常用的H5制作工具进行简单介绍。

（1）兔展： 兔展是H5的“先行者”，早在2014年就开始提供H5制作服务。兔展的H5编辑制作页面简单、易上手，模板多样，动画效果添加便捷，而且其免费版都有着较强的功能，足以完成较简单的H5移动网页的制作。但是兔展的模板精美度一般，自主推广功能较少。

（2）人人秀： 人人秀同样定位为初学者都可顺畅使用的H5制作工具，其特点是操作简单，互动功能强大，有红包功能、抽奖功能和投票功能等自主推广功能，其缺点在于价格较高，免费版功能严重缺失，不能嵌入视频和添加特效。

（3）MAKA： MAKA是一款操作简单，专注于推广的H5制作工具。在用户进入MAKA首页时，就会自动打开一个窗口，让用户选择所属行业和职位，依次为用户推荐模板，并且还会根据最近的营销热点来推荐模板。但其提供的文字样式、图片样式和特效类型都较少。

（4）iH5： iH5定位为专业的H5在线制作工具，其优势在于强大的编辑能力，能用HTML5编程实现的效果基本都能用iH5制作出来。iH5支持图片、音频、视频和网页的上传，能够制作多种动画，支持多种方式的人机互动，而且其免费版也完全开放了编辑功能。其缺点在于上手难度较大，学习成本较高，主要面对企业级用户和专业设计师。图10-5所示即为iH5的编辑页面，可以发现其与Photoshop的界面布局类似，这减少了网店美工学习iH5的难度和时间。

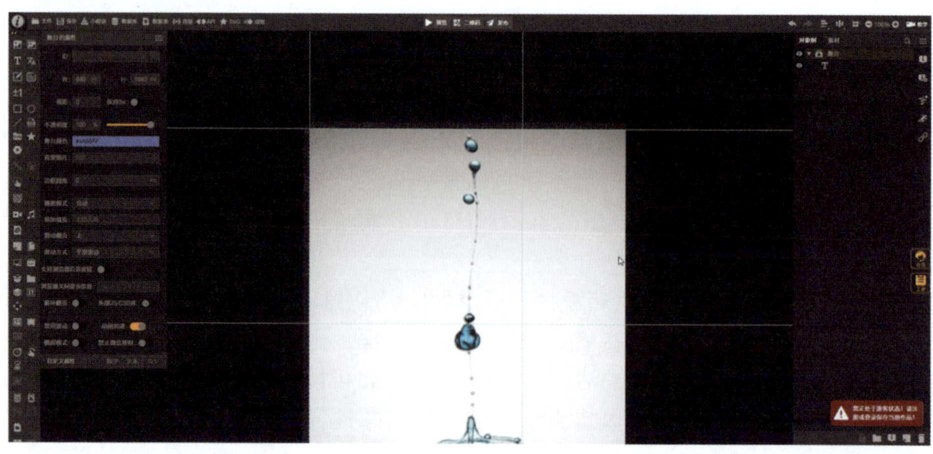

图10-5 iH5的编辑页面

经验之谈：

除了利用模块进行H5制作外，H5制作工具还有psd文件导入功能，如果有些视觉效果用H5制作工具难以实现，网店美工在Photoshop中制作psd文件后，直接导入为H5即可。

经验之谈：

由于不同无线设备的屏幕尺寸和比例不同，这里推荐单页面设计尺寸为640像素×1240像素。但是信息集中在640像素×1040像素间，两端的画面只是主体画面的延伸，这样可避免页面信息显示不全。

10.1.4　H5的制作流程

优秀的H5网页是技术、画面和创意的完美结合，并能够迎合受众的喜好、引起受众的转发。要制作优秀的H5需要进行主题策划、构思创意方案、技术支持、素材准备和实际制作5个环节，下面分别进行介绍。

（1）主题策划：H5制作的第一步就是了解商家给出的需求，并以此策划整个H5的主题，如品牌推广、活动促销、新品宣传、主题推荐等，然后分析该H5的受众并据此来决定H5的类型。

（2）构思创意方案：根据定下的主题，并结合受众的喜好、近期社会热点、时令节日等信息构思创意方案，以使H5具有吸引力，并能引导受众转发形成二次传播。

（3）技术支持：讨论实现创意方案所需要的技术条件和技术难度，如果没有足够的技术支持，则可能导致创意方案无法实现、制作时间拖长以及资金投入增加等问题。

（4）素材准备：准备H5制作工作中所需要的图片、音频、视频、文案等素材，并将其调整为符合H5制作工具要求的大小及格式。

（5）实际制作：使用H5制作工具制作H5网页并发布。

商家还可以通过其他的手段来增加H5的吸引力，如在其中加入优惠券或抽奖等，也可以通过转发、集赞有奖的方式来助力H5的传播。

10.2　H5的制作

网店美工在制作H5时，可使用一些H5制作工具来让制作过程简单化。下面我们分别用MAKA工具、iH5工具来对H5的制作方法进行介绍。

10.2.1　使用MAKA工具制作H5

微课：使用MAKA工具制作H5

MAKA工具中有很多不同类型的模板，其操作方法也比较简单，可以让网店美工快速地制作出H5页面。本例主要是制作一个女装上新的H5页面，通过修改模板中的背景、图片、文案等来展现店铺活动内容，其具体操作步骤如下。

STEP 01 登录MAKA官方网站，进入MAKA首页页面，在左侧列表中单击“玩转H5”选项即可查看不同场景和行业的H5模板，浏览模板，可以看到有些模板可以直接使用，有些模板则需要花钱购买，如图10-6所示。

图10-6 查看模板

STEP 02 单击“促销活动”超链接，在下方选择一个合适的模板，进入该模板的详情页后，单击按钮，如图10-7所示。

图10-7 选择模板

STEP 03 查看应用模板后的效果，在界面下方可选择相应的H5页面模板，单击页面中的图片和文字模块即可在界面左侧和右侧列表中进行相应修改，如图10-8所示。

图10-8 应用模板

STEP 04 单击界面右侧的按钮，查看界面左侧出现的不同背景图，若是不满意网站默认的图片和纹理，也可以自己进行上传，如图10-9所示。

图10-9 查看默认的背景效果

STEP 05 单击界面左侧的按钮，打开“打开”对话框，在其中选择“女装背景.jpg”图片（配套资源:\素材文件\第10章\MAKA女装\女装背景.jpg），单击按钮，回到编辑区。此时背景图片已经更改，单击界面右侧的按钮，将该背景图片应用到所有页面，如图10-10所示。

图10-10 更改模板背景

STEP 06 返回第1张页面模板，双击文本框定位鼠标插入点，修改文本内容，如图10-11所示。

图10-11 修改文本内容

STEP 07 选择修改文本上方的所有图片和文本，在界面上方单击按钮，将其全部删除，如图10-12所示。

图10-12　删除图片和文本

STEP 08 在左侧列表中选择“文本”选项，在其中选择已经设计好的文本，在页面编辑区选择该设计文本，按住【Ctrl】键，向右下方拖动文本左上角的控制点，缩小图像，并调整其位置，如图10-13所示。

图10-13　添加设计文本

STEP 09 在界面下方选择第2张页面模板，单击鼠标右键，在弹出的快捷菜单中选择“删除该页面”命令，在打开的提示框中单击按钮，即可删除整张页面模板，如图10-14所示。

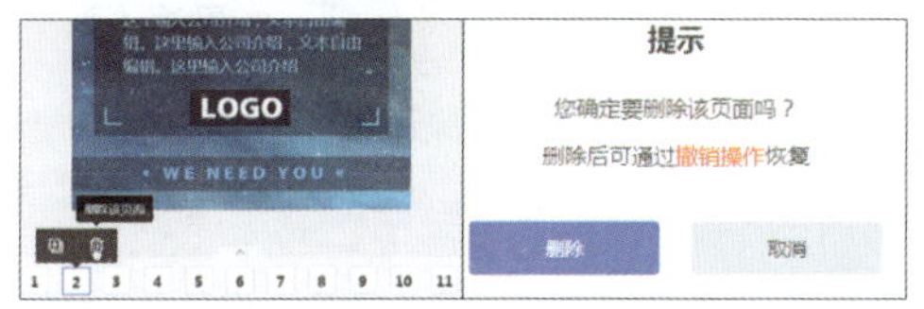

图10-14　删除第2张页面模板

STEP 10 使用相同的方法，删除第6张、第7张页面模板，如图10-15所示。

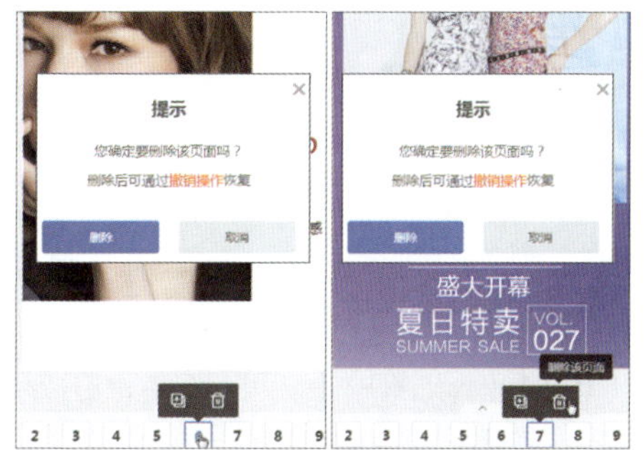

图10-15　删除第6张、第7张页面模板

STEP 11 选择第2张页面模板，单击选中图片，在界面右侧列表中单击按钮，在界面左侧列表中单击按钮，如图10-16所示。

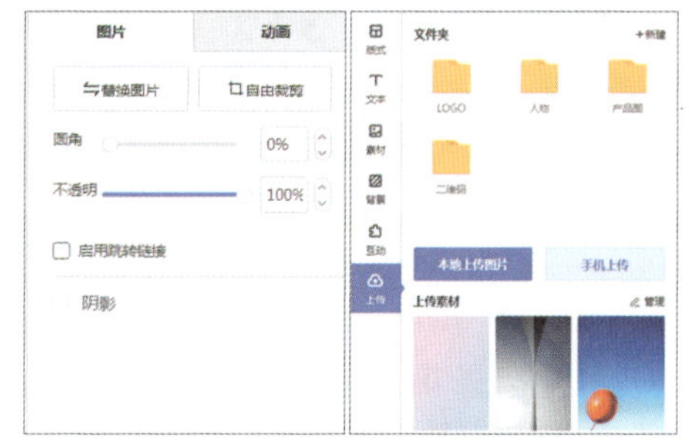

图10-16　上传本地图片

STEP 12 打开“打开”对话框，在其中选择“女装1.jpg~女装3.jpg”图片（配套资源:\素材文件\第10章\MAKA女装\女装1.jpg~女装3.jpg），单击按钮，即可上传图片，回到图像编辑区，在界面中单击需要替换的图片，在左侧上传素材列表中单击替换的新图片，完成图片的替换。

STEP 13 在界面中选择替换后的新图片，在右侧列表中选择“动画”选项，将进场动画设置为“淡入”，将退场动画设置为“淡出”，如图10-17所示。

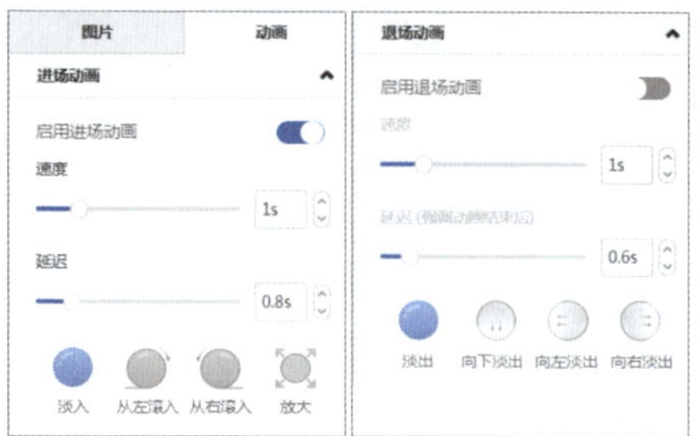

图10-17　设置动画效果

STEP 14 修改图片下方的文字，在界面右侧列表中设置文本颜色为“黑色”，如图10-18所示。

图10-18　修改文本颜色

STEP 15 选择第3张页面模板，使用相同的方法修改其中的图片、图片背景和文字，选择“点击购买”按钮，在界面右侧按钮设置列表中的“网页链接”下拉列表框后输入商品的网页链接，如图10-19所示。

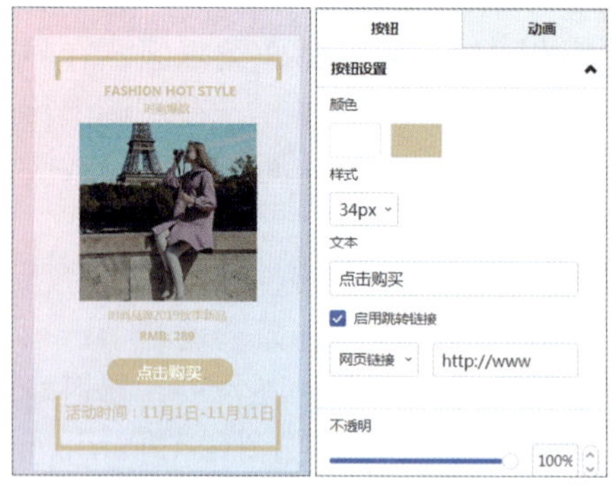

图10-19　为按钮添加链接

STEP 16 使用同样的方法修改第4张~第7张页面模板的图片、图片背景和文字，修改第4张~第7张页面模板后的效果如图10-20所示。

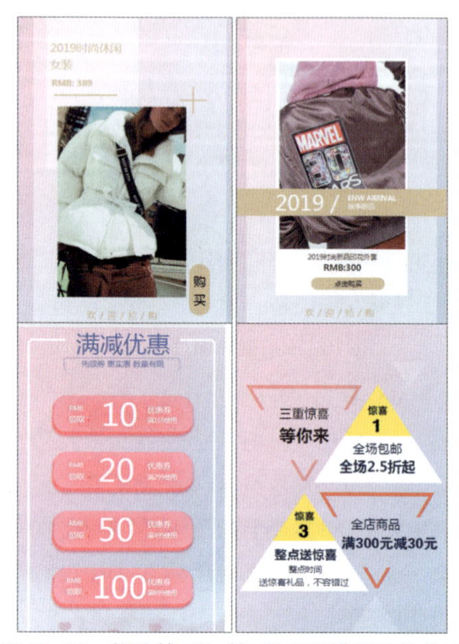

图10-20　修改第4张~第7张页面模板后的效果

STEP 17 选择第8张页面模板，修改其中的文字与图片，在左侧列表中选择“互动”选项，在页面中添加“倒计时”组件；在界面右侧按钮设置列表中设置倒计时时间为“2019-11-01 10:00”，如图10-21所示。最后按【Ctrl+S】组合键保存文件，完成本例的制作（配套资源:\效果文件\第10章\MAKA女装.jpg）。

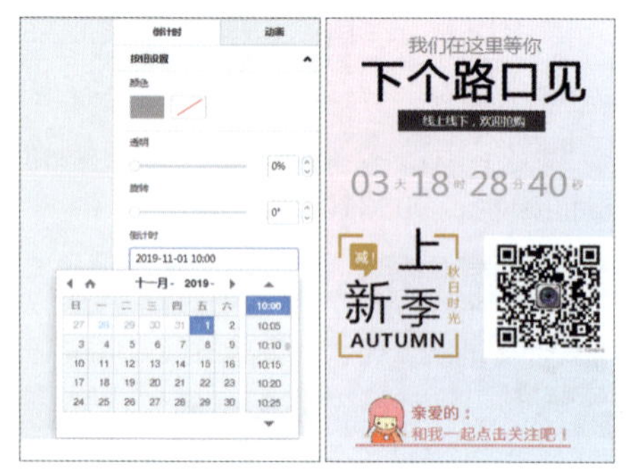

图10-21　设置倒计时时间

↘ 10.2.2　使用iH5工具制作H5

iH5是一款非常强大的H5制作工具，它可以实现人机交互的多种效果。本例将使用iH5工具制作一个美妆店铺的活动H5，该H5中主要通过商品的展示来体现促销活动内容，其具体操作步骤如下。

STEP 01 登录iH5官方网站，进入首页页面，在右上角单击+ 创建作品按钮，打开"新建作品"对话框，在该页面中选择"新版工具"，并单击创建作品按钮，在打开的页面中单击关闭按钮，如图10-22所示。

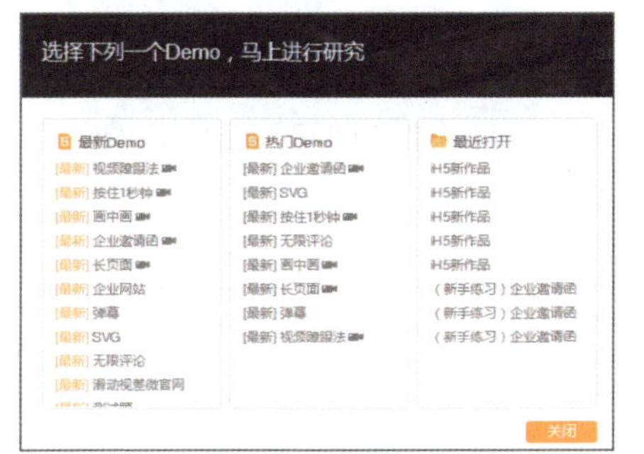

图10-22　创建作品

STEP 02 查看iH5的布局界面，为了方便后面的操作，需要单击界面右下角的按钮，新建一个页面，并修改该页面的名称为"背景"，如图10-23所示。

图10-23　新建页面

STEP 03 选择"背景"页面，单击界面左上角的按钮，在页面编辑区单击鼠标左键，打开"打开"对话框，在其中选择"植物1.png"图片（配套资源:\素材文件\第10章\iH5护肤素材\植物1.png），单击打开(O)按钮，即可将素材置入到页面中，在页面编辑区调整素材的大小与位置，如图10-24所示。

图10-24　添加"植物1"素材

STEP 04 选择"植物1"页面，在界面上方选择【动效】/【飞入（从下）】命令，在界面右上角选择"飞入（从下）"页面，在左侧"飞入（从下）的属性"属性栏中单击开始前隐藏按钮，如图10-25所示。

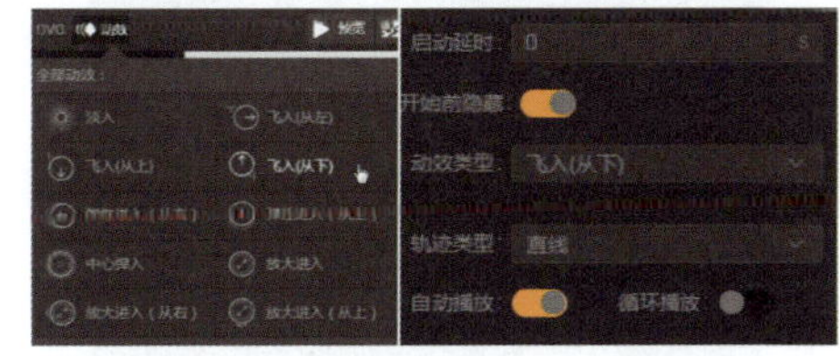

图10-25　设置飞入（从下）动效

STEP 05 继续选择"背景"页面，使用相同的方法将"植物2.png"图片（配套资源:\素材文件\第10章\iH5护肤素材\植物

2.png）添加到页面中，调整其大小与位置，如图10-26所示。

图10-26　添加“植物2”素材

STEP 06 选择“植物2”页面并设置飞入（从右）动效，在左侧“飞入（从右）的属性”属性栏中单击按钮，在“启动延时”文本框中输入“1”，如图10-27所示。

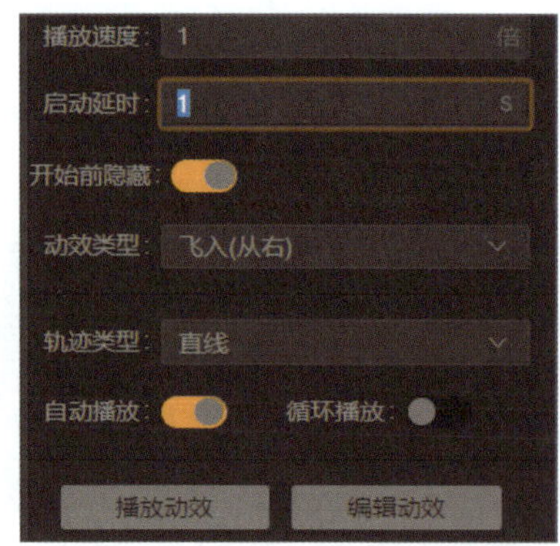

图10-27　设置飞入（从右）动效

STEP 07 继续将“植物3.png~植物5.png”图片（配套资源:\素材文件\第10章\iH5护肤素材\植物3.png~植物5.png）添加到页面中，调整其大小与位置，如图10-28所示。

图10-28　添加其他植物素材

STEP 08 使用相同的方法为“植物3.png~植物5.png”各图片页面设置动效，动效依次为飞入（从左）动效（在左侧“飞入（从左）的属性”属性栏中单击按钮，在“启动延时”文本框中输入“2”）；飞入（从上）动效（在左侧“飞入（从上）的属性”属性栏中单击按钮，在“启动延时”文本框中输入“3”）；淡入动效（在左侧“淡入的属性”属性栏中单击按钮，在“启动延时”文本框中输入“4”），如图10-29所示。

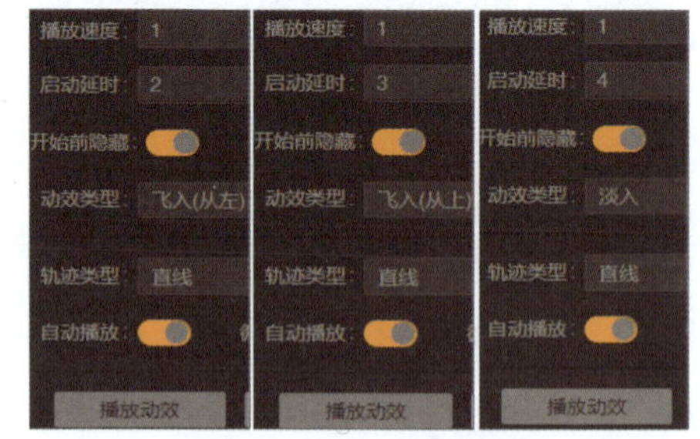

图10-29　设置其他动效

STEP 09 选择“背景”页面，单击界面左上角的■按钮，在页面编辑区按住鼠标左键拖动绘制矩形。选择"矩形1"，在左侧"矩形1的属性"属性栏中设置该矩形的填充颜色为"#FFFFFF"，调整矩形的大小与位置，如图10-30所示。

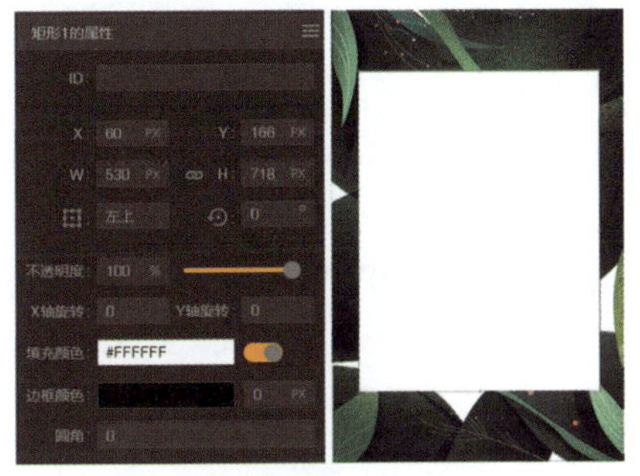

图10-30　绘制矩形

STEP 10 选择"矩形1"页面，为"矩形1"页面设置放大进入动效，在左侧"放大进入的属性"属性栏中单击开始前隐藏按钮，在"启动延时"文本框中输入"5"。

STEP 11 选择"背景"页面，将"文案.png"图片（配套资源:\素材文件\第10章\iH5护肤素材\文案.png）添加到矩形中，调整其大小与位置，并为"文案"页面设置淡入动效，在左侧"淡入的属性"属性栏中单击开始前隐藏按钮，在"启动延时"文本框中输入"6"，如图10-31所示。

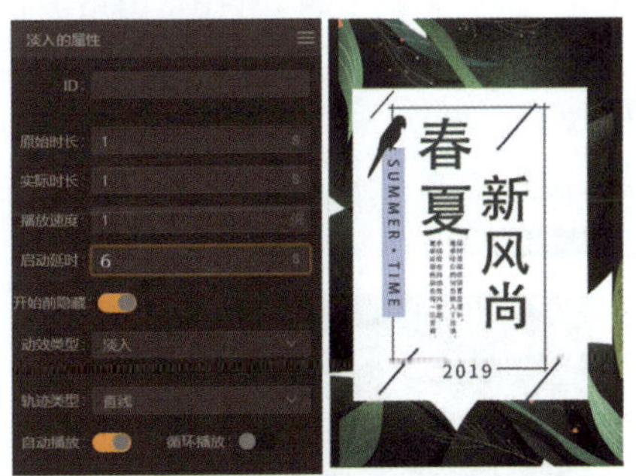

图10-31　添加"文案"素材并设置动效

STEP 12 选择"背景"页面，在界面上方选择【小模块】/【向右滑动1】命令，如图10-32所示。

图10-32　设置"向右滑动1"命令

STEP 13 在页面编辑区将该模块拖动到矩形下方，设置该模块的动效（与"文案"的动效一致），如图10-33所示。

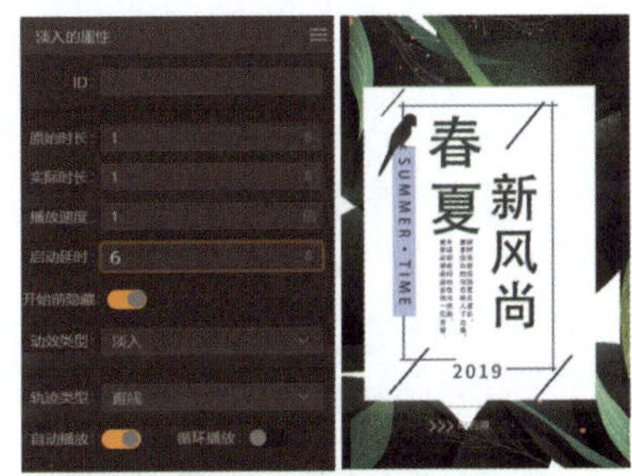

图10-33　设置"小模块"动效

STEP 14 单击界面顶部的▶预览按钮，即可预览当前的页面效果。

STEP 15 选择"舞台"页面，单击界面右下角的■按钮，新建一个页面（页面2），选择该页面，在界面上方选择【小模块】/【图文展示】/【图文展示1】命令，如图10-34所示。

图10-34　设置"图文展示1"命令

STEP 16 选择"图文展示1-1"页面，在左侧"图文展示1-1的属性"属性栏中单击编辑banner内容数据按钮，打开"编辑数据"对话框，如图10-35所示。

图10-35　打开banner的“编辑数据”对话框

STEP 17 单击“编辑数据”对话框中第一列的图片，打开“打开”对话框，在其中选择“美妆1.jpg”图片（配套资源:\素材文件\第10章\iH5护肤素材\美妆1.jpg），单击打开(O)按钮，即可上传新素材。使用相同的方法将“美妆2.jpg~美妆3.jpg”图片（配套资源:\素材文件\第10章\iH5护肤素材\美妆2.jpg~美妆3.jpg）添加到“编辑数据”对话框的第一列中，并将第五列中的文案修改为“#国民美妆品牌#”，如图10-36所示。

图10-36　编辑banner图片和文本数据

经验之谈：

当商品内容比较复杂时，可以单击右上角的导入按钮，导入Excel表格。

STEP 18 返回页面编辑区，在左侧“图文展示1-1的属性”属性栏中的“促销文本”和“banner文本”文本框中输入“#000000”，在“按钮文本”文本框中输入“立即购买”，并单击编辑商品内容数据按钮，打开“编辑数据”对话框，如图10-37所示。

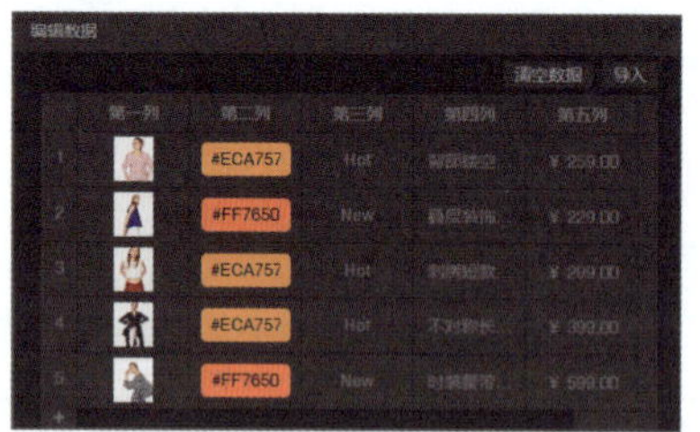

图10-37　打开商品的“编辑数据”对话框

STEP 19 使用相同的方法修改“编辑数据”对话框中第一列的所有图片（配套资源:\素材文件\第10章\iH5护肤素材\1.jpg~5.jpg），并将第四列中的文案依次修改为“温和卸妆水”“粉色指甲油”“保湿补水面膜”“嫩肤清洁套装”“天然不刺激护肤套装”，如图10-38所示。

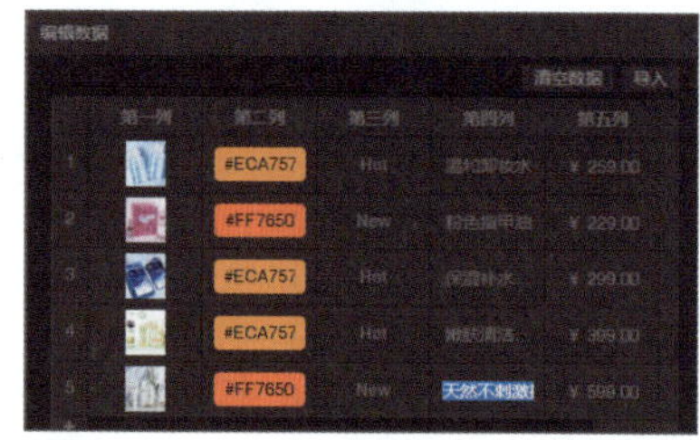

图10-38　编辑商品图片和文本数据

STEP 20 选择“舞台”页面，单击界面右下角的按钮，新建一个页面（页面3），选择该页面，将“背景2.jpg”图片（配套资源:\素材文件\第10章\iH5护肤素材\背景2.jpg）添加到页面中，调整其大小与位置，并为“背景2”页面设置淡入动效，在左侧“淡入的属性”属性栏中单击开始前隐藏按钮，如图10-39所示。

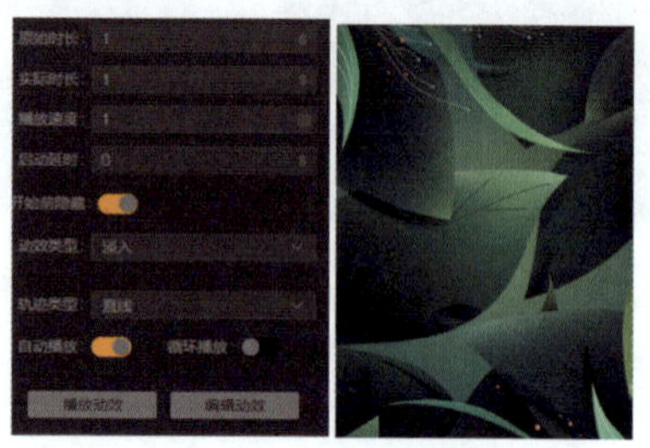

图10-39　添加背景素材

STEP 21 选择“页面3”页面，单击界面左上角的■按钮，在页面编辑区绘制矩形，得到“矩形1”页面。选择“矩形1”页面，在左侧“矩形1的属性”属性栏中设置该矩形的填充颜色为“#FFFFFF”，将不透明度设置为“80%”，调整矩形的大小与位置，如图10-40所示。

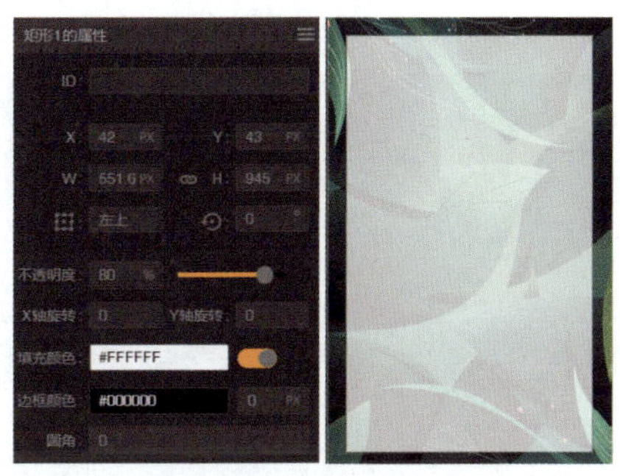

图10-40 绘制大矩形

STEP 22 选择“矩形1”页面，为“矩形1”页面设置闪烁动效，在左侧“闪烁的属性”属性栏中单击开始前隐藏按钮，在“启动延时”文本框中输入“1”，如图10-41所示。

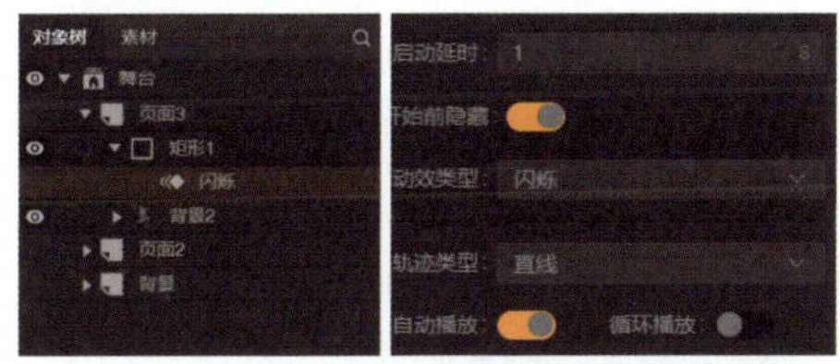

图10-41 设置闪烁动效

STEP 23 继续绘制矩形，得到“矩形2”页面，选择“矩形2”页面，在左侧“矩形2的属性”属性栏中设置该矩形的填充颜色为“无”，在“边框颜色”文本框中输入“#1D7510”，将大小设置为“2”，调整矩形的大小与位置。

STEP 24 选择“页面3”页面，单击界面左上角的T按钮，在页面编辑区按住鼠标左键拖动，在文本框内输入“限量新品~等你来抢”文本，在左侧“限量新品~等你来抢的属性”属性栏中设置字体大小为“30px”，字符间距为“14px”，如图10-42所示。

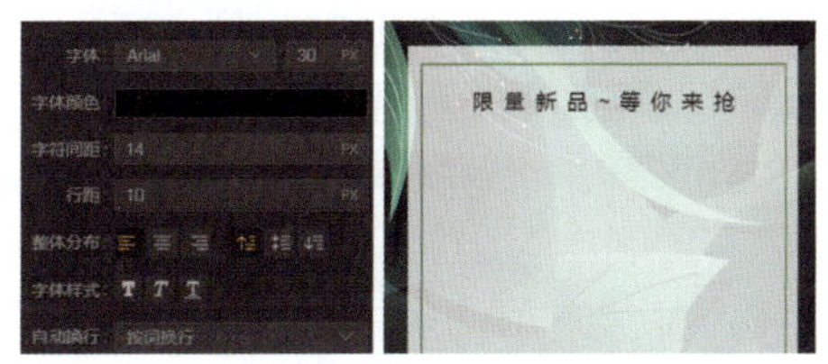

图10-42 输入并调整文本

STEP 25 选择“限量新品~等你来抢”页面，并为该页面设置飞入（从上）动效，在左侧“飞入（从上）的属性”属性栏中单击开始前隐藏按钮，在“启动延时”文本框中输入“2”。

STEP 26 选择“页面3”页面，单击界面左上角的■按钮，在页面编辑区绘制矩形，得到“矩形3”页面。选择“矩形3”页面，在左侧“矩形3的属性”属性栏中设置该矩形的填充颜色为“#EBEBEB”，在“边框颜色”文本框中输入“#159E00”，将大小设置为“2px”；按住【Alt】键移动并复制1个矩形，得到“矩形4”页面，调整矩形的大小与位置，如图10-43所示。

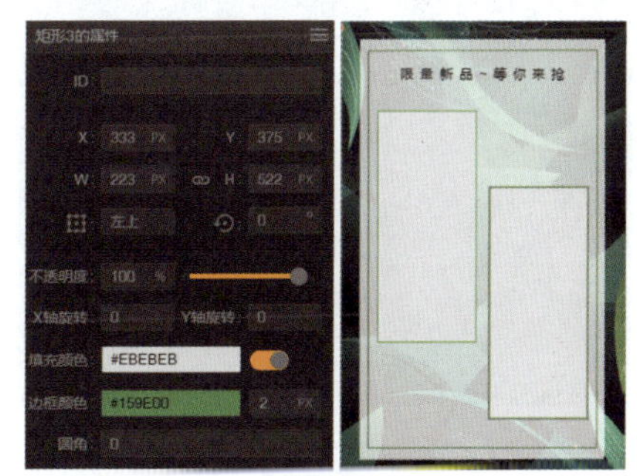

图10-43 绘制小矩形

STEP 27 选择“矩形3”页面，并为该页面设置飞入（从左）动效，在左侧“飞入（从左）的属性”属性栏中单击开始前隐藏按钮，在“启动延时”文本框中输入“3”。

STEP 28 继续在左侧“飞入（从左）的

属性”属性栏中单击编辑动效按钮，在下方打开时间轴面板，在该面板中拖动时间轴到0s，在打开的“矩形3的属性”属性栏中设置“不透明度”为“0%”；再拖动时间轴到0.05s，设置“不透明度”为“50%”；继续拖动时间轴到1s，设置“不透明度”为“100%”。完成后在“飞入（从左）的属性”属性栏中单击另存为按钮，在打开的“创建动效”对话框中输入动效名称为“矩形动效1”，单击确定按钮，如图10-44所示。

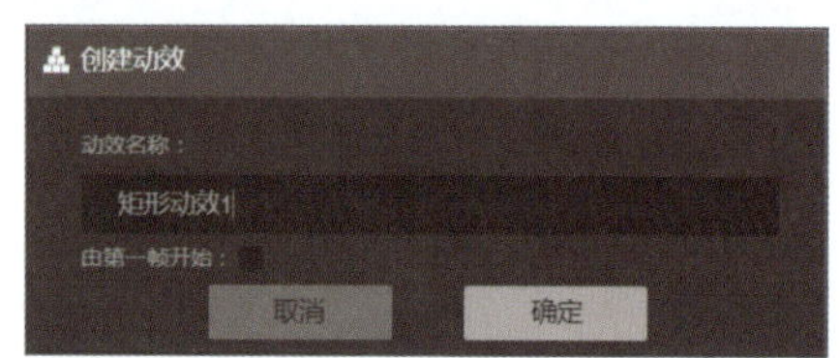

图10-44　创建矩形动效

STEP 29 选择“矩形4”页面，并为该页面设置飞入（从右）动效，在左侧“飞入（从右）的属性”属性栏中单击开始前隐藏按钮，在“启动延时”文本框中输入“3”，使用相同方法为其创建“矩形动效2”，如图10-45所示。

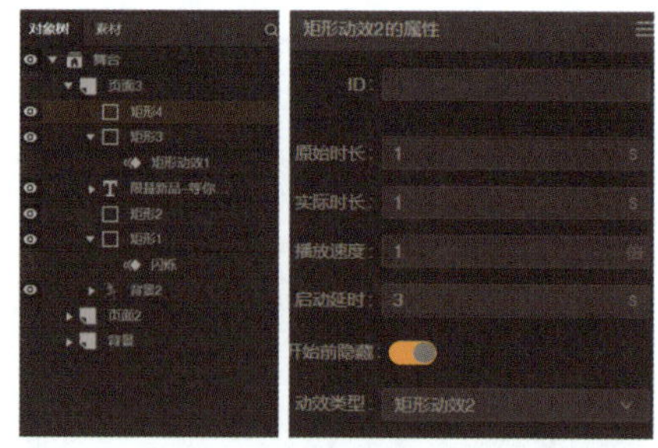

图10-45　设置飞入（从右）动效

STEP 30 选择“页面3”页面，将“护肤品1.png~护肤品2.png”图片（配套资源:\素材文件\第10章\iH5护肤素材\护肤品1.png~护肤品2.png）分别添加到2个矩形中，调整其大小与位置。

STEP 31 使用相同的方法为“护肤品1.png~护肤品2.png”各图片页面设置动效，动效依次为飞入（从上）动效（在左侧“飞入（从上）的属性”属性栏中单击开始前隐藏按钮，在“启动延时”文本框中输入“3”）；飞入（从下）动效（在左侧“飞入（从下）的属性”属性栏中单击开始前隐藏按钮，在“启动延时”文本框中输入“3”），如图10-46所示。

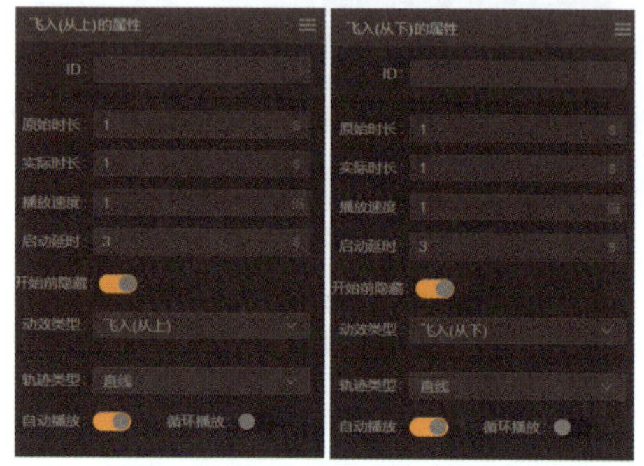

图10-46　设置护肤品的动效

STEP 32 选择“页面3”页面，单击界面左上角的T按钮，在页面编辑区按住鼠标左键拖动，在护肤品1图片下方输入“新品”文本，在左侧“新品的属性”属性栏中设置字体大小为“60px”、字符间距为“16px”，按住【Alt】键移动并复制1个文本，修改复制的文本为“上市”，如图10-47所示。

图10-47　输入、复制与修改文本

STEP 33 使用相同的方法为“新品”页面设置动效，动效为淡入动效，在左侧

“淡入的属性”属性栏中单击按钮，在“启动延时”文本框中输入“4”；选择“淡入”页面，按【Ctrl+C】组合键复制淡入动效，再选择“上市”页面，按【Ctrl+V】组合键粘贴淡入动效，如图10-48所示。

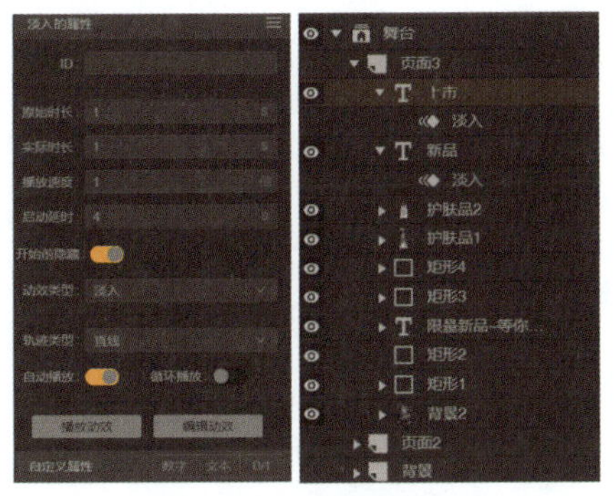

图10-48　设置淡入动效

STEP 34 最后按【Ctrl+S】组合键保存文件，完成本例的制作（配套资源:\效果文件\第10章\iH5美妆.jpg）。单击界面上方的按钮，查看预览效果，如图10-49所示。

图10-49　最终效果

10.3 实战演练——制作新品促销H5

本实战主要使用MAKA工具来制作新品促销H5，新品促销H5制作后的效果如图10-50所示。

图10-50　新品促销H5制作后的效果

1. 设计思路

针对本例使用MAKA工具来制作新品促销H5，我们将从以下几个方面阐述其制作方法。

（1）在MAKA官方网站中找到适合新品促销的H5模板。

（2）通过修改模板中的素材、文案、形状，并添加不同的动画，完成本例的制作。

2. 知识要点

完成本例新品促销H5的制作，我们需要掌握以下知识。

（1）运用字体大小、颜色、粗细的搭配来显示文字的层级。

（2）各页面元素的动画设置。

（3）注重感官的习惯性与舒适性，合理控制各页面的内容。

微课：制作新品促销H5

3. 操作步骤

用MAKA工具来制作新品促销H5的具体操作步骤如下。

STEP 01 登录MAKA官方网站，进入MAKA首页页面，在左侧列表中单击“玩转H5”选项，在页面选择一个合适的模板，进入该模板的详情页后，单击 会员免费用 按钮，如图10-51所示。

图10-51 应用模板

STEP 02 查看应用模板后的效果，选择页面左上角多余的图标并删除，在左侧列表中选择“上传”选项，在打开的菜单栏中单击 本地上传图片 按钮，打开“打开”对话框，在其中选择“文案1.png~文案5.png”图片（配套资源:\素材文件\第10章\MAKA新品促销\文案1.png~文案5.png），单击 打开(O) 按钮，即可上传素材。回到图像编辑区，在界面中单击需要替换的文案图片，在左侧上传素材列表中单击替换的新文案图片，完成图片的替换，调整图片的大小与位置，如图10-52所示。

图10-52 替换文本图片

STEP 03 删除英文文本与主文本外部的矩形，将“新风尚·焕新季”文本内容修改为“时尚休闲春装”文本，并将该文本外的矩形删除，调整文本与其他元素图片的位置，如图10-53所示。

图10-53 删除其他元素

STEP 04 在界面中选择文本中的花型图片，在右侧列表中选择“动画”选项，将进场动画修改为“旋转出现”，如图10-54所示。

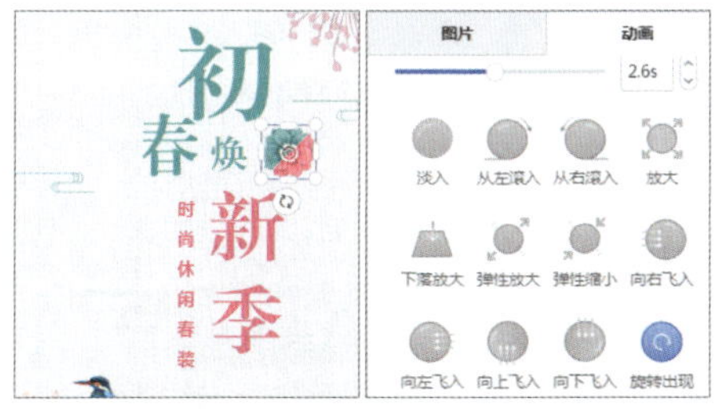

图10-54　设置“旋转出现”动画

STEP 05 使用同样的方式上传“花瓣.png”图片（配套资源:\素材文件\第10章\MAKA新品促销\花瓣.png），回到图像编辑区，单击上传素材列表中的花瓣素材，将花瓣放置到界面中，如图10-55所示。

图10-55　添加花瓣素材

STEP 06 在图层管理中选择花瓣图层，在界面上方选择“图层调整”下拉列表，在打开的列表中不断单击“下移一层”选项，直至将花瓣图层移动到文案下方、背景图层上方，并调整花瓣图层位置，如图10-56所示。

图10-56　调整图层顺序

STEP 07 继续选择花瓣图层，在右侧列表中选择“图片”选项，将“不透明”改为“30%”；继续选择“动画”选项，将“速度”修改为“6s”，将进场动画修改为“向下飞入”，如图10-57所示。

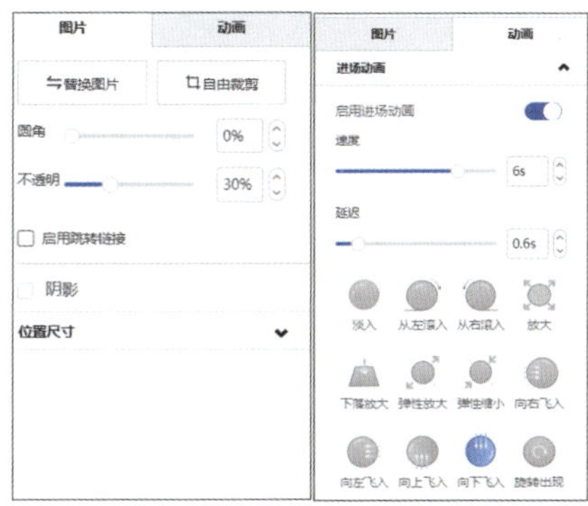

图10-57　设置图片样式与动画效果

STEP 08 使用同样的方式上传“麋鹿.png”图片（配套资源:\素材文件\第10章\MAKA新品促销\麋鹿.png），在界面下方选择第2张页面模板，删除页面中间的细节文本，将麋鹿图片添加到页面中，调整其位置与大小，并在右侧列表中选择“动画”选项，将“速度”修改为“1s”、“延迟”修改为“2s”，如图10-58所示。

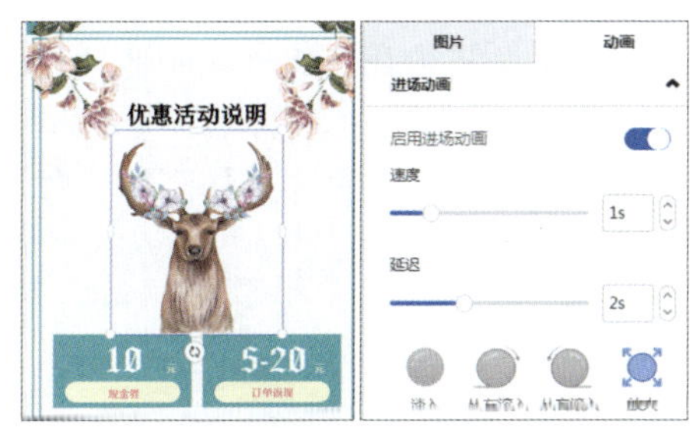

图10-58　添加素材并设置动画效果

STEP 09 将“优惠活动说明”文本内容更改为“关注店铺更优惠”文本，并修改页面中所有的文本字体为“方正木棉新诗体”，如图10-59所示。

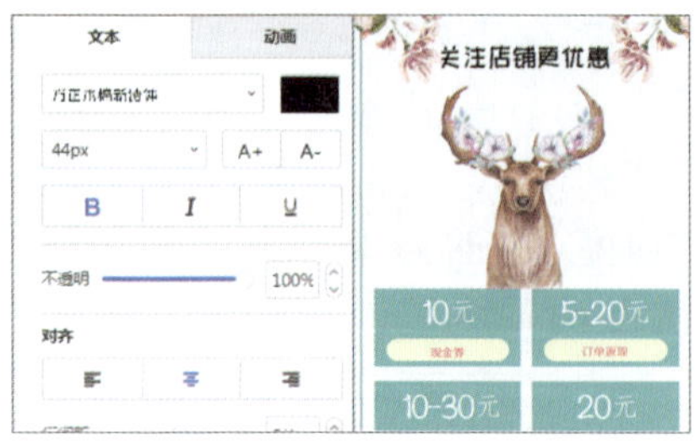

图10-59 修改文本字体

STEP 10 在上传列表中上传“优惠券.png”图片（配套资源:\素材文件\第10章\MAKA新品促销\优惠券.png），选择页面中的优惠券图片，在上传素材列表中单击新上传的优惠券图片，即可完成优惠券图片的替换，如图10-60所示。

图10-60 替换优惠券图片

STEP 11 在界面下方选择第3张页面模板，在上传列表中上传新品图片（配套资源:\素材文件\第10章\MAKA新品促销\新品1.jpg~新品2.jpg），使用同样的方法替换页面中的新品图片。在页面中选择替换后的新品图片，在右侧列表中选择“图片”选项，单击选中“阴影”复选框，为页面中的2张新品图片添加阴影，如图10-61所示。

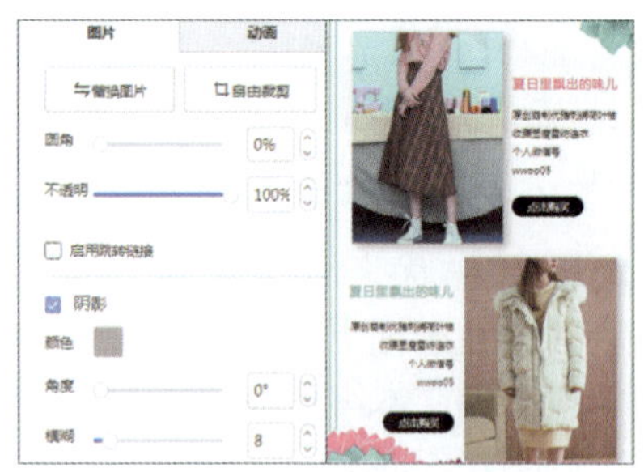

图10-61 添加素材并设置阴影

STEP 12 双击界面中的文本，修改其中的文本内容，选择“点击购买”按钮，在右侧列表中选择“按钮”选项，打开“按钮设置”下拉列表，单击颜色下方的黑色模块，选择“自定义”选项，在下方颜色文本框内输入“e55c8a”，更换按钮颜色，如图10-62所示。

图10-62 更换按钮颜色

STEP 13 使用相同方法更换另一个按钮颜色，将色彩值设置为“#2caea9”，并在“按钮设置”下拉列表中设置2个按钮的阴影为“3px”，如图10-63所示。

图10-63 更换按钮颜色并设置阴影

STEP 14 在界面下方选择第4张页面模板，在上传列表中再上传4张新品图片（配套资源:\素材文件\第10章\MAKA新品促销\新品3.jpg~新品6.jpg），并将页面中的女装图片替换为新上传的新品图片，修改页面中的文本内容和按钮颜色，如图10-64所示。

图10-64　添加素材并修改按钮颜色和文本

STEP 15 在界面下方选择第5张和第6张页面模板，单击鼠标右键，在弹出的快捷菜单中选择“删除该页面”命令，在打开的提示框中单击 删除 按钮，如图10-65所示。

图10-65　删除模板

STEP 16 在左侧列表中选择“上传”选项，在上传列表中上传4张新品图片（配套资源:\素材文件\第10章\MAKA新品促销\新品7jpg~新品10.jpg）。

STEP 17 在界面下方选择第5张页面模板，在界面右下方打开“图层管理”下拉列表，在图层管理中选择人物图层；在左侧上传素材列表中选择STEP 16上传的新品图片，依次将页面中的人物图片更换为新品图片，双击更改页面中的文本内容，并将页面中的文本字体设置为“方正康体简体”，如图10-66所示。

图10-66　添加素材并修改文本字体

STEP 18 在界面下方选择第6张页面模板，删除页面上方的二维码和矢量图，在左侧列表中选择“互动”选项，在页面中添加“地图”组件，在界面右侧地图设置列表中设置店铺的地址。

STEP 19 调整“地图”组件在页面中的位置与大小，在右侧列表中选择“动画”选项，将“速度”修改为“1s”，将“延迟”修改为“1s”，将进场动画修改为“放大”，如图10-67所示。

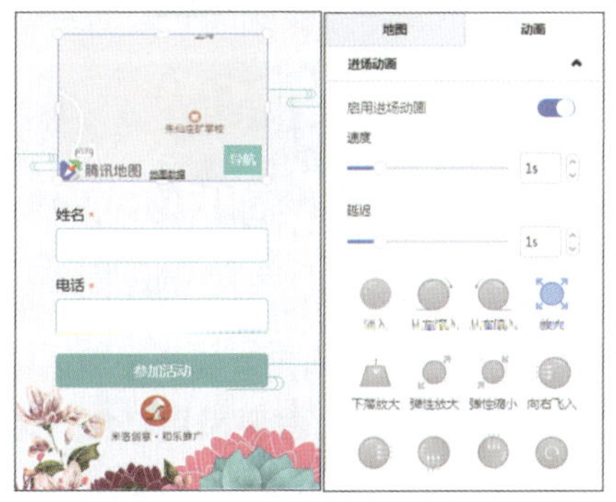

图10-67　设置地图的动画效果

STEP 20 选择页面中“地图”组件下方的“表单”组件，在右侧列表中选择“动画”选项，将“速度”修改为“1s”，将“延迟”修改为“1.5s”，将进场动画修改为“向下飞入”，并删除表单下方的Logo图片。最后按【Ctrl+S】组合键保存文件，完成本例的制作，查看最终预览效果（配套资源:\效果文件\第10章\MAKA新品促销.jpg）。

课后练习

（1）本练习将利用素材（配套资源:\素材文件\第10章\MAKA女包\）制作H5，具体包括封面、优惠券、促销商品等板块。制作后的效果如图10-68所示（配套资源:\效果文件\第10章\MAKA女包.jpg）。

图10-68　使用MAKA工具制作的H5

（2）本练习将利用收集的素材（配套资源:\素材文件\第10章\iH5双11\），使用iH5工具制作H5展示效果，主要采用红色作为H5的主色。制作后的效果如图10-69所示（配套资源:\效果文件\第10章\iH5双11.jpg）。

图10-69　使用iH5工具制作的H5